主　编／韩玉麒　李　静

GONGCHENG XIANGMU
GUANLI SHIWU

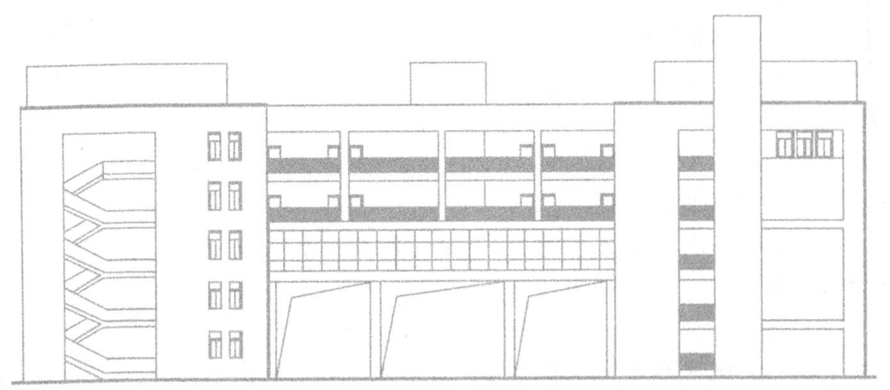

内 容 提 要

全书从建设工程项目管理基本概念和项目组织入手，按照项目的实施顺序展开，并以此分为带你进入项目管理世界、建设工程项目策划与决策管理、完备的组织与项目体系是项目成功的前提、带你进入进度控制世界、建设工程项目施工成本控制、如何进行工程项目风险管理、建设工程项目质量控制与安全管理、工程合同管理与项目竣工验收8个学习项目，突出“四控”（进度控制、成本控制、质量控制、安全控制）、“三管”（组织管理、合同管理、风险管理）。每个学习项目均以通俗易懂的小故事开题，以激发学生的学习兴趣，并在每个学习项目后都设置了小结与习题。为了配合学生考取职业资格证书的要求，每个学习项目均设置了项目练习，提供了真实的报告模板，具有比较强的实用性。本书突显高等职业教育课程的实用性、可操作性等鲜明特点。

图书在版编目（CIP）数据

工程项目管理实务/韩玉麒，李静主编．—天津：天津大学出版社，2013.7（2018.8 重印）

21世纪高职高专“十三五”精品规划教材

ISBN 978-7-5618-4741-1

Ⅰ.①工… Ⅱ.①韩… ②李… Ⅲ.①工程项目管理－高等职业教育－教材 Ⅳ.①F284

中国版本图书馆 CIP 数据核字（2013）第176409号

出版发行 天津大学出版社
地　　址 天津市卫津路92号天津大学内（邮编：300072）
电　　话 发行部：022-27403647
网　　址 publish. tju. edu. cn
印　　刷 北京虎彩文化传播有限公司
经　　销 全国各地新华书店
开　　本 185mm×260mm
印　　张 16
字　　数 399千
版　　次 2013年8月第1版
印　　次 2018年8月第2次
定　　价 38.00元

前　言

“工程项目管理”是高等职业院校工程管理、工程造价等土建类相关专业的核心课程。该课程的主要培养目标是使学生掌握建设工程项目管理的基本理论和方法，具备工程进度控制、成本控制、质量控制、安全控制的基本技能，能够收集、整理、处理工程信息，有一定的工程风险分析能力，培养学生的团队合作精神、主动思考问题和解决问题的综合素质。

本书编写主要依据《中华人民共和国建筑法》《中华人民共和国合同法》《中华人民共和国招标投标法》《建设工程项目管理规范》，以建设工程项目为载体，基于建设工程项目管理工作过程，合理设计学习情境和各任务单元内容。本书内容共包括8个学习项目，从建设工程项目管理基本概念和项目组织入手，突出“四控”（进度控制、成本控制、质量控制、安全控制）和“三管”（组织管理、合同管理、风险管理），每个学习项目均以典型的案例引入，突显高等职业教育课程开发新思路和成果，具有实用性、可操作性等鲜明特点。

为有效引导学生学习，本教材在每个学习项目前设置了学习目标和引例。学习目标包括“知识目标”“技能目标”“素养目标”，提示学生通过学习要掌握的知识、达到的技能，基本了解学习的内容框架。引例以通俗易懂的小故事开题，更能激发学生的学习兴趣。

每个学习项目都设置了项目习题，习题贴近相关职业资格考试对知识、技能和素质的要求,增强了学生考取资格证书的能力。

每个学习项目都设置了项目练习,所有的练习具有较强的连贯性,从项目建议书开始,到项目可行性分析、项目结构分解、承发包模式、工程进度管理、成本管理、质量管理等均有和教材内容相贴近的项目练习。

本书配备的附录部分,为教材内容在实际工程中的应用,有项目建议书模板、可行性分析报告模板,进度报告模板等,为学生将来在工作中的实际应用提供了参考。

本书由韩玉麒、李静任主编,汪敏、梅艺参与编写。韩玉麒老师完成第一、二、三项目章节编写,李静老师完成第四、五项目章节编写,孟建华老师完成第六项目章节编写,汪敏、梅艺老师分别完成第七、八项目章节编写。

由于时间仓促、水平有限,本书难免会有不足之处,恳请读者提出宝贵意见,批评指正。

编者

2013 年 3 月

目　录

项目1 “一举而三役济”的皇宫修复工程
——带你进入项目管理世界

【知识目标】

了解项目的概念与特点，掌握工程项目管理的概念与特点。

掌握工程项目管理的分类、任务。

【技能目标】

能够识别工程项目，能够区分不同对象的项目管理任务与步骤。

【素养目标】

建立初步的项目管理理念。

引例 一举而三役济——中国最早的成功项目管理

公元1015年，皇城失火，烧得皇宫面目全非。宋真宗钦点丁谓担任重修宫殿工程总指挥。要说，这个活不难干。打开国库，搬出金银可劲儿花就是了。可要是统筹规划地干，用最少的钱费最少的力气，把皇宫多快好省地盖起来，就不那么容易了。

摆在丁谓面前的难题主要有两个，建材问题和运输问题。试想，修建皇宫这样浩大的工程，单凭牛马的脊背、劳工的肩膀运送建材，那要费多大的劲。

作为项目负责人，丁谓经过深思熟虑之后，命人在皇宫前开挖沟渠，把京城附近的汴河水引入渠中，随即以小船、竹筏把木料、石块径直送到工地一线。开渠挖出的土也不用运走，就地留下用来烧砖。等工程基本完工，把渠水排净，将灰土瓦砾等工程废料填进沟里，覆上土压实，又是一条光亮平整的大街。

简单来说，丁谓采取了“挖沟取土烧砖，引水入沟保证运输，填沟处理垃圾”的方案，顺利地解决了取土烧砖、材料运输、清理废料这三个工程中最难解决的问题。既节省了时间和费用，又使整个工程井然有序。对此，宋朝大科学家沈括在《梦溪笔谈》中不吝赞美之词，赞扬丁谓英明神武“一举而三役济，计省费以亿万计”，为国为民省下了大笔银子。丁谓的高明由此可见一斑。

结论 良好的项目管理能达到事半功倍的效果。

1.1 建设工程项目简介

1.1.1 项目的含义和特点

许多制造业的生产活动往往是连续不断和周而复始的活动，它可称为作业(Operation)。而项目(Project)是一种非常规性、非重复性和一次性的任务，通常有确定的目标和确定的约束条件(时间、费用和质量等)。项目是指一个过程，而不是指过程终结后所形成的成果。例如某个住宅小区的建设过程是一个项目，而建设完成后的住宅楼及其配套设施是这个项目完成后形成的产品。

从项目管理的角度而言，项目作为一个专门术语，它具有如下几个基本特点：

(1)一个项目必须有明确的目标；

(2)任何项目都是在一定的限制条件下进行的，包括资源条件的约束(人力、财力和物力等)和人为的约束，其中质量(工作标准)、进度、费用目标是项目普遍存在的三个主要约束条件；

(3)项目是一次性的任务，由于目标、环境、条件、组织和过程等方面的特殊性，不存在两个完全相同的项目，即项目不可能重复；

(4)任何项目都有其明确的起点时间和终点时间，它是在一段有限的时间内存在的；

(5)多数项目在其进行过程中，往往有许多不确定的因素。

根据以上定义，以下活动都可以看做是一个项目：

(1)建造一栋房屋；

(2)举行一次晚会；

(3)某个新产品的开发过程；

(4)一次外出游玩活动。

1.1.2 建设工程项目的含义和特点

建设工程项目也称为建设项目，或工程项目。顾名思义，建设工程项目是指为了完成特定目标而进行的投资建设活动。《辞海》对“建设项目”的定义为：“在一定条件约束下，以形成固定资产为目标的一次性事业。一个建设项目必须在一个总体设计或初步设计范围内，由一个或若干个互有内在联系的单项工程所组成，经济上实行统一核算，行政上实行统一管理。”建设工程项目除了具有一般项目的基本特点外，还有自身的特点，建设工程项目的特点表现在以下几个方面。

(1)对象性：具有明确的建设任务，如建设一个住宅小区或建设一座发电厂等。

(2)目标性：具有明确的质量、进度和费用目标。

(3)寿命周期性：项目的一次性决定了项目的周期性，项目始终有确定的开始和结束时间。

(4)一次性、唯一性：建设过程具有一次性特点，建设成果具有唯一性特点。建设成果和建设过程固定在某一地点,产品具有唯一性的特点。由于建设工程项目的目标都为某一特定建筑物,因而其建设成果只能固定在某一地点。

(5)整体性:建设产品具有整体性的特点。对一个工程项目范围的认定标准,是具有一个总体设计或初步设计。凡属于一个总体设计或初步设计的项目,不论是主体工程还是相应的附属配套工程,不论是由一个还是由几个施工单位施工,不论是同期建设还是分期建设,都视为一个工程项目。

(6)复杂性:工程项目管理的复杂性主要表现在工程项目涉及的单位多,各单位之间关系协调的难度和工作量大;工程技术的复杂性不断提高,出现了许多新技术、新材料和新工艺;大中型项目的建设规模大;社会、政治和经济环境对工程项目的影响,特别是对一些跨地区、跨行业的大型工程项目的影响,越来越复杂。

【思考练习】

区分下列活动,哪些是建设工程项目?

(1)某房地产公司策划的一次房产销售晚会。

(2)某公司某个新产品的开发过程。

(3)修建一幢房屋。

(4)某建筑公司的一次招标会议。

(5)某电力公司电厂的建造过程。

1.1.3 建设工程项目的分类

1. 常规分类

(1)住宅建筑:用来居住的房屋建筑物。市场受宏观经济、税收政策和政府的财政金融政策的影响较大。这一市场具有高度竞争性,同时也具有潜在的高风险和高回报。

(2)公用建筑:学校、医院、体育馆、电影院、大型娱乐设施等。和住宅建筑相比公用建筑成本更高,项目具有较大的复杂性,工期也较长。

(3)工业与重工业建筑:化工厂、矿场等。通常规模较大、技术复杂。

(4)基础设施建筑:高速公路、隧道、桥梁、地铁等。其基础设施的规模不确定,一般规模越大,技术条件也越复杂,同时对建筑的安全性、耐久性要求也越高。

2. 按参与方分类

对于不同的工程项目参与方,所涉及的工程项目的范围是不同的,即工作起始点和终结点的定义。

(1)工程项目(全过程):从项目构思、策划、实施、使用直至终止的全过程,突出建设阶段和使用阶段。

(2)工程建设项目:针对投资业主而言,涉及从项目构思、策划、实施到项目建成交付使用为止,仅突出建设阶段。

(3)工程承包项目:承包商所涉及的工程项目,主要是建设阶段。

(4)工程设计项目:对设计单位而言,重点在设计阶段。

(5)工程监理项目:对监理单位而言的,工作范围依监理合同约定而不同。

3. 我国工程建设项目分类

按投资者登记注册类别分为:国有、集体、股份合作、联营、有限责任公司、港澳台商、外商、个人投资的工程建设项目。

按我国现行计划管理体制分为:基本建设、更新改造、房地产开发投资和其他固定投资的工程建设项目。

按资金来源分为:国家预算类资金、国内贷款、外资、自筹资金以及其他资金等投资的工程建设项目。

按工程建设项目隶属关系分为:中央项目和地方项目。

按工程建设项目性质分为:新建、扩建和改造项目。

按工程建设项目规模分为:大型、中型、小型项目。

1.1.4 工程建设项目的建设程序

在建设行业中,通常将工程建设项目建设的各个阶段和各项工作的先后顺序称为工程项目建设程序。我国工程建设项目的建设程序如下图 1.1 所示。

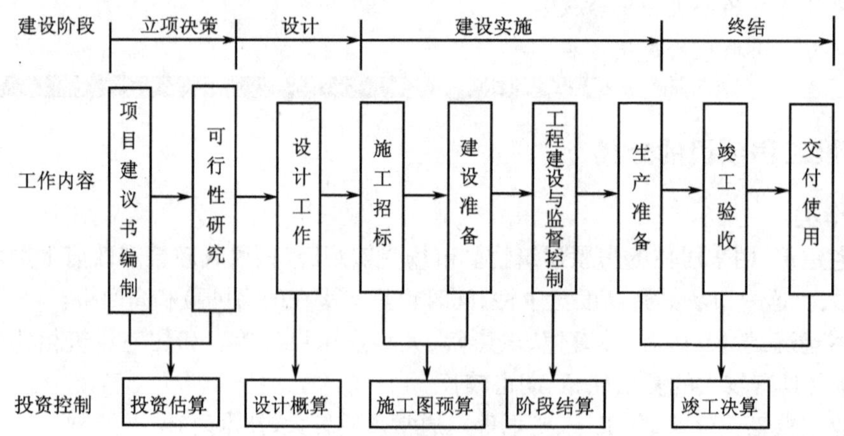

图 1.1 工程建设项目的建设程序

立项决策阶段的工作内容:完成项目建议书编制、可行性研究,并做出立项决策。

设计阶段的工作内容:完成项目的初步设计、技术设计、施工图设计、招标文件的编制等工作。

实施阶段的工作内容:完成施工招标工作,并做好建设准备、工程建设与监督控制与生产准备工作。

终结阶段的工作内容:完成竣工验收,并进行交付使用。

1.2 建设工程项目管理简介

1.2.1 建设工程项目管理的概念

建设工程项目管理是指在一定约束条件下,以建设工程项目为对象,以最优实现建设工程项目目标为目的,以建设工程项目经理负责制为基础,以建筑工程承包合同为纽带,对建设工程项目进行高效率的计划、组织、协调、指挥、控制的系统管理活动。

建设工程项目管理的含义有多种表述,英国皇家特许建造学会(CIOB)对其做了如下的表述:自项目开始至项目完成,通过项目策划(Project Planning)和项目控制(Project Control),以使项目的费用目标、进度目标和质量目标得以实现。此解释得到许多国家建造师组织的认可,在工程管理业界有相当的权威性。在上述表述中:

(1)“自项目开始至项目完成”指的是项目的实施期;

(2)“项目策划”指的是目标控制前的一系列筹划和准备工作;

(3)“费用目标”对业主而言是投资目标,对施工方而言是成本目标。

项目决策期管理工作的主要任务是确定项目的定义,而项目实施期项目管理的主要任务是通过管理使项目的目标得以实现。

1.2.2 建设工程项目管理的过程

建设工程项目管理是工程管理的一个部分,在整个工程项目全寿命中,决策阶段的管理(项目前期的开发管理)是 DM(Development Management);实施阶段的管理是项目管理 PM(Project Management);使用阶段(或称运营阶段)的管理是 FM(Facility Management),即设施管理。工程参与方的项目管理如图 1.2 所示。

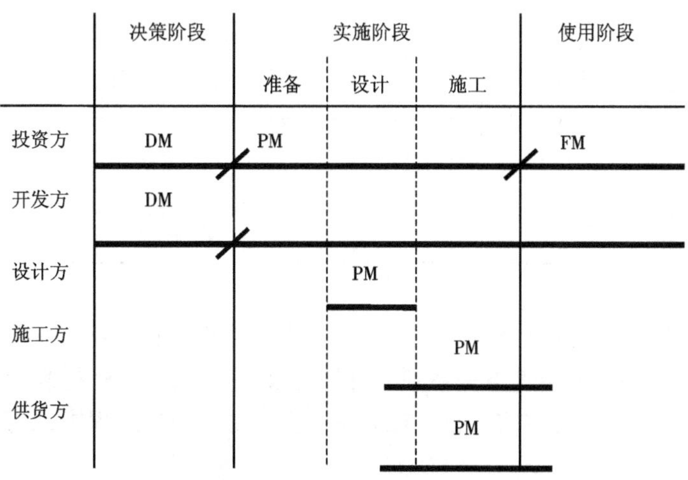

图 1.2 工程参与方的项目管理

1.2.3 建设工程项目管理的类型和任务

一个工程项目往往由许多参与单位承担不同的建设任务,由于各参与单位的工作性质、工作任务和利益不同,因此就形成了不同类型的项目管理。

按建设工程项目不同参与方的工作性质和组织特征划分,建设工程项目管理有如下类型:

(1)业主方项目管理;

(2)设计方项目管理;

(3)施工方项目管理;

(4)供货方项目管理;

(5)建设项目总承包方项目管理。

1. 业主方项目管理的目标和任务

业主方项目管理服务于业主的利益,其项目管理的目标包括项目的投资目标、进度目标和质量目标。

项目的投资目标、进度目标和质量目标之间既有矛盾的一面,也有统一的一面,它们之间的关系是对立统一的。

业主方的项目管理工作涉及项目实施阶段的全过程,即在设计前的准备阶段、设计阶段、施工阶段、动用前准备阶段和保修期分别进行安全管理、投资控制、进度控制、质量控制、合同管理、信息管理和组织和协调,如表 1.1 所示。

表 1.1 业主方项目管理的任务

	设计前的准备阶段	设计阶段	施工阶段	动用前准备阶段	保修期
安全管理					
投资控制					
进度控制					
质量控制					
合同管理					
信息管理					
组织和协调					

该表格内容有 7 行和 5 列,构成业主方 35 个分块项目管理的任务。其中安全管理是项目管理中最重要的任务,因为安全管理关系到人身的健康与安全,而投资控制、进度控制、质量控制和合同管理等则主要涉及物质的利益。在业主进行项目管理的过程中,根据具体项目,完成该控制表的填写。

2. 设计方项目管理的目标和任务

设计方项目管理的目标包括设计的成本目标、设计的进度目标和设计的质量目标以及项

目的投资目标。

设计方项目管理的任务包括：

(1)与设计工作有关的安全管理；

(2)设计成本控制和与设计工作有关的工程造价控制；

(3)设计进度控制；

(4)设计质量控制；

(5)设计合同管理；

(6)设计信息管理；

(7)与设计工作有关的组织和协调。

3. 施工方项目管理的目标和任务

施工方项目管理的目标包括施工的成本目标、施工的进度目标和施工的质量目标。

施工方项目管理的任务包括：

(1)施工安全管理；

(2)施工成本控制；

(3)施工进度控制；

(4)施工质量控制；

(5)施工合同管理；

(6)施工信息管理；

(7)与施工有关的组织与协调。

4. 供货方项目管理的目标和任务

供货方项目管理的目标包括供货方的成本目标、供货的进度目标和供货的质量目标。

供货方项目管理的任务包括：

(1)供货安全管理；

(2)供货成本控制；

(3)供货进度控制；

(4)供货质量控制；

(5)供货合同管理；

(6)供货信息管理；

(7)与供货有关的组织与协调。

5. 建设项目总承包方项目管理的目标和任务

建设项目总承包方项目管理的目标包括项目的总投资目标和总承包方的成本目标、项目的进度目标和项目的质量目标。

建设项目总承包方项目管理的任务包括：

(1)建设项目总承包安全管理；

(2)投资控制和总承包方成本控制；

(3)建设项目总承包进度控制；

(4)建设项目总承包质量控制；

(5)建设项目总承包合同管理;

(6)建设项目总承包信息管理;

(7)与建设项目总承包方有关的组织和协调。

1.3 建设工程监理

1.3.1 建设工程监理的概念

建设工程监理即工程监理,是指具有相应资质的工程监理企业,接受建设单位的委托,承担其项目管理工作,并代表建设单位对承建单位的建设行为进行监控的专业化服务活动。其项目管理工作包括投资控制、进度控制、质量控制、合同管理、信息管理和组织与协调工作。

1.3.2 建设工程监理的工作任务

工程监理单位是建筑市场的主体之一,建设工程监理是一种高智能的有偿技术服务。在国际上把这类服务归为工程咨询(工程顾问)服务。我国的建设工程监理属于国际上业主方项目管理的范畴。工程监理单位从事建设工程监理活动,应当遵守国家有关法律、行政法规,严格执行工程建设程序、国家工程建设强制性标准和有关标准、规范,遵循守法、诚信、公平、科学的原则,认真履行委托监理合同。

工程监理单位与建设单位应当在实施建设工程监理前以书面形式签订委托监理合同。合同条款中应当明确合同履行期限,工作范围和内容,双方的责任、权利和义务,监理酬金及其支付方式,合同争议的解决办法等。

综上所述,建设工程监理的工作性质有如下几个特点。

(1)服务性:工程监理机构受业主的委托进行工程建设的监理活动,它提供的不是工程任务的承包,而是服务,工程监理机构将尽一切努力进行项目的目标控制,但它不可能保证项目的目标一定实现,它也不可能承担由于不是它的缘故而导致项目目标的失控。

(2)科学性:监理单位与监理人员必须具有与工程项目相匹配的科学知识与技术能力。

(3)独立性:监理单位与监理人员不得与项目参与各方具有人际、经济关系,从而保持自己的独立性。

(4)公正性:监理单位与监理人员必须以公正的态度对待委托方和被监理方。

建设工程监理应当依照法律、行政法规及有关的技术标准、设计文件和建设工程承包合同,对承包单位在施工质量、建设工期和建设资金使用等方面,代表建设单位实施监督。

1.3.3 建设工程监理的工作任务与方法

1. 建设工程监理的工作程序

建设工程监理一般应按下列程序进行:

(1)编制建设工程监理规划;

(2)按建设工程进度,分专业编制建设工程监理实施细则;

(3)按照建设监理细则进行建设监理;

(4)参与工程竣工预验收,签署建设监理意见;

(5)建设监理业务完成后,向项目法人提交建设工程监理档案资料。

2. 建设工程监理主要工作内容

监理工作的主要内容简要地说为“三控制、三管理、一协调”:

(1)“三控制”为投资控制、进度控制、质量控制;

(2)“三管理”为合同管理、安全管理和风险管理;

(3)“一协调”主要指的是施工阶段项目监理机构组织协调工作。

3. 建设工程监理规划(依据《建设工程监理规范》GB 50319—2000)

建设工程监理规划的编制应针对项目的实际情况,明确项目监理机构的工作目标,确定具体的监理工作制度、程序、方法和措施,并应具有可操作性。编制建设工程监理规划的程序和依据应符合下列规定:

(1)建设工程监理规划应在签订委托监理合同及收到设计文件后开始编制,完成后必须经监理单位技术负责人审核批准,并应在召开第一次工地会议前报送业主;

(2)应由总监理工程师主持,专业监理工程师参加编制;

(3)符合编制建设工程监理规划的依据;

(4)符合建设工程的相关法律法规及项目审批文件;

(5)符合与建设工程项目有关的标准、设计文件和技术资料;

(6)符合监理大纲、委托监理合同文件以及建设项目相关的合同文件。

建设工程监理规划一般包括以下内容:

(1)建设工程概况;

(2)监理工作范围;

(3)监理工作内容;

(4)监理工作目标;

(5)监理工作依据;

(6)项目监理机构的组织形式;

(7)项目监理机构的人员配备计划;

(8)项目监理机构的人员岗位职责;

(9)监理工作程序;

(10)监理工作方法及措施;

(11)监理工作制度;

(12)监理设施。

4. 建设工程监理实施细则(依据《建设工程监理规范》GB 50319—2000)

1)建设工程监理实施细则的编制程序和依据

建设工程监理实施细则的编制程序和依据应符合下列规定。

(1)建设工程监理实施细则应在工程施工开始前编制完成,并必须经总监理工程师批准。

(2)建设工程监理实施细则应由各有关专业的专业工程师参与编制。

(3)编制建设工程监理实施细则的依据如下：

①已批准的建设工程监理规划；

②相关的专业工程的标准、设计文件和有关的技术资料；

③施工组织设计。

2)建设工程监理实施细则应包括下列内容：

(1)专业工程的特点；

(2)监理工作的流程；

(3)监理工作的控制要点及目标值；

(4)监理工作的方法和措施。

5. 旁站监理

(1)旁站监理是指监理人员在房屋建设工程施工阶段监理中，对关键部位、关键工序的施工质量实施全过程现场跟班的监督活动。

(2)按规定旁站监理的房屋建设工程的关键部位、关键工序，在基础工程方面包括：土方回填，混凝土灌注桩浇筑，地下连续墙、土钉墙、后浇带及其他结构混凝土、防水混凝土浇筑，卷材防水层细部构造处理，钢结构安装。在主体结构工程方面包括：梁柱节点钢筋隐蔽过程，混凝土浇筑，预应力张拉，装配式结构安装，钢结构安装，网架结构安装，索膜安装。

(3)施工企业根据监理企业制定的旁站监理方案，在需要实施旁站监理的关键部位、关键工序进行施工前 24 小时，应当书面通知监理企业派驻工地的项目监理机构。项目监理机构应当安排旁站监理人员按照旁站监理方案实施旁站监理。

(4)旁站监理人员的主要职责是：

①检查施工企业现场质检人员到岗、特殊工种人员持证上岗以及施工机械、建筑材料准备情况；

②在现场跟班监督关键部位、关键工序的施工，执行施工方案以及工程建设强制性标准情况；

③核查进场建筑材料、建筑构配件、设备和商品混凝土的质量检验报告等，并可在现场监督施工企业进行检验或者委托具有相应资格的第三方进行复验；

④做好旁站监理记录和监理日记，保存旁站监理原始资料。

(5)旁站监理人员应当认真履行职责，对需要实施旁站监理的关键部位、关键工序在施工现场跟班监督，及时发现和处理旁站监理过程中出现的质量问题，如实准确地做好旁站监理记录。凡旁站监理人员和施工企业现场质检人员未在旁站监理记录上签字的，不得进行下一道工序施工。

(6)旁站监理人员实施旁站监理时，发现施工企业有违反工程建设强制性标准行为的，有权责令施工企业立即整改；发现其施工活动已经或者可能危及工程质量的，应当及时向监理工程师或者总监理工程师报告，由总监理工程师下达局部暂停施工指令或者采取其他应急措施。

【思考练习】

某体育场施工进行到二层看台混凝土浇筑工程，按照施工组织安排预订在某晚进行，在施

工当天，施工方联系监理方到场，但当天旁站监理人员却没有联系到，施工方告知监理方后，即开始混凝土浇筑工作，施工过程中因工人操作失误，导致脚手架坍塌，施工人员一死三伤，试讨论：

1. 该工程施工过程中有什么不符合施工规程之处；

2. 该施工过程中出现的事故应由哪方承担责任，承担何种责任。

项目小结

1.1 建设工程项目简介

项目的概念、项目的特征。

建设工程项目的概念、特征、分类。

1.2 建设工程项目管理简介

项目管理的概念、项目管理程序、项目参与各方的任务。

1.3 建设工程监理

监理的概念、内容、任务、旁站监理。

项目习题

一、单项选择题

1. 对于一个建设工程项目来说，(　　)是管理的核心。

A. 设计方项目管理　　B. 施工方项目管理

C. 业主方项目管理　　D. 供货方项目管理

2. 设计和施工任务综合的承包，设计、采购和施工任务综合的承包项目管理都属于(　　)的项目管理。

A. 建设项目设计方　　B. 建设项目总承包方

C. 建设项目投资方　　D. 建设项目采购方

3. 在业主方的项目管理中，(　　)是项目管理中的最重要的任务。

A. 安全管理　　B. 成本管理　　C. 技术管理　　D. 范围控制

4. 设计方作为项目建设的一个参与方，其项目管理主要服务于(　　)和设计方本身的利益。

A. 业主方的利益　　B. 施工方的利益

C. 项目的整体利益　　D. 项目的投资目标

5. 以下属于施工方项目管理目标的是(　　)。

A. 施工的成本目标　　B. 施工的效益目标

C. 项目的投资目标　　D. 项目的效益目标

6. 施工方项目管理的核心任务是对项目的(　　)进行有效的控制。

A. 进度目标、质量目标、投资目标　　B. 进度目标、质量目标、成本目标

C. 工期目标、质量目标、投资目标　　D. 工期目标、质量目标、成本目标

7. 建设工程项目不同参与各方的项目管理之间存在着(　　)的关系。

A. 对立　　B. 统一　　C. 对立统一　　D. 不相关

二、多项选择题

1. 建设工程项目管理的内涵是:自项目开始至项目完成,通过项目策划和项目控制使项目(　　)的三大目标得以实现。

A. 费用　　B. 协调　　C. 质量　　D. 进度

E. 合同

2. 一个建设工程项目的建设是由多个单位共同参与完成的,参与单位的(　　)不同,相应项目管理的类型也就不同。

A. 工作性质　　B. 工作方法　　C. 工作任务　　D. 环境

E. 利益

3. 项目的实施阶段包括(　　)。

A. 施工阶段　　B. 设计阶段　　C. 终结阶段　　D. 可行性研究阶段

E. 立项阶段

4. 下列属于业主方项目管理目标的是(　　)。

A. 投资目标　　B. 进度目标　　C. 质量目标　　D. 设计目标

E. 采购目标

三、简答题

1. 简述建设工程项目管理的类型。

2. 简述设计方项目管理的目标与任务。

3. 简述建设工程项目总承包方项目管理的目标与任务。

4. 简述项目监理的主要任务和方法。

项 目 练 习

班级同学自行组合,进行分组,建立项目管理小组,每组 8 人左右,组内以选举方式安排人员分工(如图 1.3 所示),并确定各人员分工的职责。拟定名单,提交老师。

1. 项目经理

项目经理是公司法人在本工程项目上的全权委托人,在项目工程实施中全面履行合同。

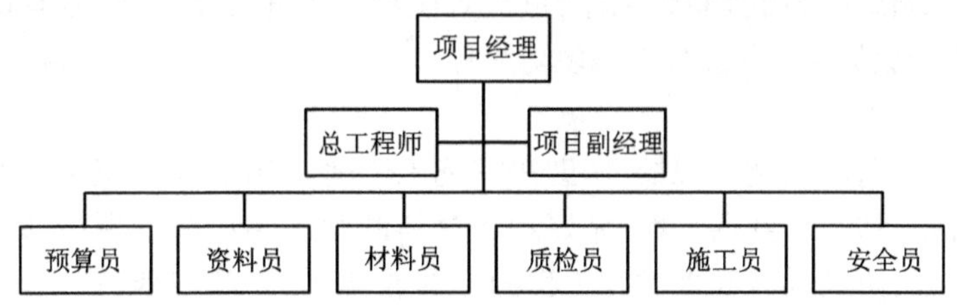

图1.3 项目人员分工

对工程质量、施工进度、施工安全、文明施工等进行全面管理。

2. 项目副经理

制订咨询工作计划,协调各专业之间的关系,保证各种工作条件,对项目进度、项目安全负责,参加业主方组织的有关会议,召集监理、施工、设计方各种会议。

3. 项目总工程师

负责建设项目咨询中的技术和质量管理工作。解决建设项目管理咨询技术难点,确保在咨询过程中执行国家有关技术规范,确保工程质量,主持技术、质量会议,参加业主方组织的有关会议,召集监理、施工、设计方各种会议。

4. 造价工程师(预算员)

(1)负责按时完成现场月度工程量审核以及进度款结算工作。

(2)负责参与现场技术洽商工作,并及时收集整理与结算有关的各种文件资料。

(3)每月向项目经理提供有关工程量审核以及进度款结算的报告。

5. 资料员

按照管理制度的有关规定,负责拟定具体管理实施细则和实用信息分类编码体系,报上级批准后组织执行。

(1)协助工程部经理、项目经理做好相关工作。

(2)与公司设计、监理、承包商等单位的信息与资料传递工作。

(3)负责项目资料的整理和归档工作。

(4)负责各施工单位的施工资料及监理资料的检查监督工作。

(5)参与工程竣工验收及工程交接工作,检查并完善相关事宜。

6. 材料员

(1)工程的大宗材料(如钢筋、水泥、木材、模板、钢管及批量的耗材)由公司材料供应部采购,零星材料及变更材料由项目部材料员采购。

(2)掌握本工程的总计划及月、周计划,并编制工程材料供应计划。

(3)根据材料供应计划进行市场询价,向经理汇报,确定价格。

(4)熟悉工程进度及市场情况,按计划进行采购,并满足质量进度要求。

(5)掌握材料的性能,质量要求,按检验批次提供合格证给技术员。

7. 质检工程师(质检员)

(1)质量工程师是建设工程质量的主要监督人员,负责施工质量最终评定。

(2)参加分项、分部工程检查验收工作,负责对质量缺陷进行评估,提出整改意见。

(3)负责评判质量体系中质量纠正与预防流程。

8. 施工员

在项目经理领导下,深入施工现场,协助搞好施工监理,与施工队一起复核工程量,提供施工现场所需材料规格、型号和到场日期,做好现场材料的验收签证和管理,及时对隐蔽工程进行验收和工程量签证,协助项目经理做好工程的资料收集、保管和归档,对现场施工的进度和成本负有重要责任。

9. 安全员

保证在施工中不出安全问题,严格按施工规范施工,随时监督。定时或不定时在工地做好安全检查、与施工班组做好安全技术交底、做好安全记录和安全资料。

项目2　凡事预则立，不预则废——工程项目策划与决策管理

【知识目标】

了解项目策划、决策的概念，特点。

掌握项目策划和项目决策过程。

【技能目标】

掌握项目建议书，可行性报告的编制方法。

能够完成项目的建设书、可行性研究报告的书写。

【素养目标】

建立项目策划和决策的理念。

引例　凡事预则立，不预则废——三峡工程百年论证

新中国成立以来的最大建筑工程项目——三峡工程，从最初提出设想，到最后论证完成，开始建设，前后耗费了近百年的时间。

1919年孙中山发奋著成《建国方略》。在此书中，孙中山提出：此宜昌以上迄于江源一部分河流，两岸岩石束江，使窄且深……改良此上游一段，当以水闸堰其水，使舟得溯流以行，而又可资其水力。孙中山对这段长江河段的论述被后人普遍看做是这位革命先行者对三峡工程的最初设想。

1944年，当时民国政府邀请美国垦务局设计总工程师萨凡奇到三峡考察，萨凡奇对三峡进行了10天的考察，随后拿出了著名的《扬子江三峡计划初步报告》，但它仅仅停留在纸上。因为民国政府当时根本没有财力，即使建成，中国因工业落后，也不需要那么多电。

1949年，新中国成立，三峡工程被重新提上议事日程。1955—1960年，中苏专家联手在三峡进行了大规模的勘察设计工作，并提出随实地高蓄水位200米、220米、235米三种方案，长江流域规划办公室倾向于235米高程方案。关于三峡工程可行性问题的争论随即展开。

1956年夏天，毛泽东第三次横渡长江，写下著名诗篇《水调歌头·游泳》，第一次向全中国

人民表明了他“高峡出平湖”的设想。

1958 年，中共中央在南宁召开政治局扩大会议，三峡问题第一次被提到正式会议上讨论。毛泽东提议把林一山和李锐两人找来各抒己见，多位专家分别对三峡工程提出同意和反对意见，争论激烈。在此背景下，长江流域规划委员会用原来准备修建三峡的力量启动了葛洲坝工程，准备以葛洲坝工程作为三峡的试验模版。

1986 年，水利电力部成立了三峡工程论证领导小组。论证的内容，主要集中在兴建三峡工程的必要性、技术上的可行性、水库移民安置、生态环境问题、经济上的合理性、三峡工程的建设方案和兴建时机等。1988 年，论证工作全部结束，14 个专题论证报告有 9 个获得一致签字通过。1989 年 9 月，论证领导小组在重新论证的基础上，编写出了建三峡的可行性研究报告。报告推荐采用“一级开发，一次建成，分期蓄水，连续移民”的方案：大坝坝顶高程为 185 米，一次建成，初期运行水位为 156 米，最终蓄水水位为 175 米；水库总库容 393 亿立方米，防洪库容 221.5 亿立方米；水电站总装机容量为 1 768 万千瓦，年发电量 840 亿千瓦时；移民不间断迁移，20 年完成。

1989 年 4 月 3 日，姚依林副总理在第七届全国人民代表大会第二次全体会议召开的中外记者招待会上答记者问时说：“主张建三峡工程的人是有道理的，反对上三峡工程的人也是有道理的。因此，这个问题还需要经过详细论证。我认为，治理整顿期间以及将来‘八五’期间，都不会有大规模上三峡工程的计划。”三峡工程的上马又一次被延缓。

1992 年，经过国务院三峡工程审查委员会审查的可行性研究报告，被拿到第七届全国人民代表大会第五次全体会议上审议，首开重大工程经人民代表大会审议表决的先河，显示了三峡工程的非同小可。4 月 3 日本次会议对“关于兴建长江三峡工程的决议”进行表决。决议虽获通过，但人大代表总数中近 1/3 未投赞成票，这在人民代表大会历史上从未出现过。

1994 年 12 月 14 日，三峡工程在长期的争论之后，终于正式开工。但三峡工程所涉及的一系列问题还将持续地受到公众的关注。

结论 凡事预则立，不预则废，工程项目在决定建设前，必须要经过详细的调研可行性论证，才能确保项目的顺利实施和运行过程。

2.1 工程项目前期策划

2.1.1 工程项目策划的概念

古人云：兵无谋不战，谋当底于善。其中谋指的是筹划、运筹。在工程项目管理中“谋”往往放在前期策划过程中。工程项目的确立是一个极其复杂同时又十分重要的过程。工程项目策划是指在项目建设前期，通过调查研究和收集资料，在充分占有信息的基础上，针对项目的决策和实施，或决策和实施的某个问题，进行组织、管理、经济和技术等方面的科学分析和论证。这将使项目建设有正确的方向和明确的目的，也使建设项目设计工作有明确的方向并充分体现业主的建设目的。其根本目的是为项目建设的决策和实施增值。

2.1.2 工程项目策划的目的

我国项目建设一般遵循如图2.1所示的基本建设程序。

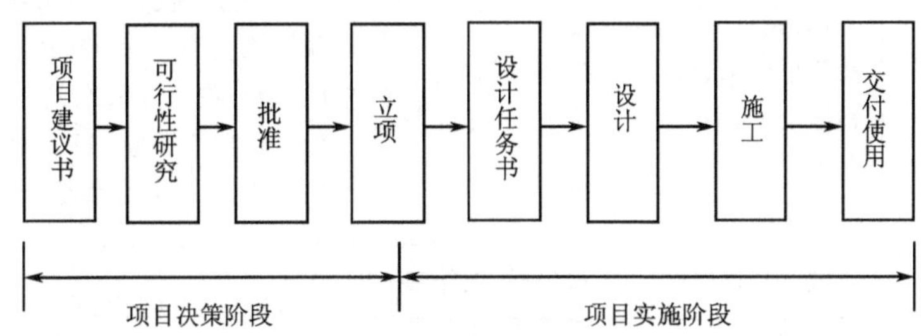

图2.1 项目建设程序

工程项目策划就是把建设意图转换成定义明确、要求清晰、目标明确且具有强烈可操作性的项目策划文件的活动过程,回答为什么要建、建什么以及怎么建项目的问题,从而为项目的决策和实施提供全面完整的、系统性的计划和依据。项目策划的意义在于其工作成果使项目的决策和实施有据可依。

2.1.3 工程项目策划的特点

工程项目策划工作具有以下特点:

(1)重视同类工程项目的经验和教训的分析;

(2)坚持开放型的工作原则;

(3)策划是一个知识管理的过程;

(4)策划是一个创新求增值的过程;

(5)策划是一个动态过程。

2.1.4 工程项目策划的任务

工程项目策划可分为项目决策和项目实施两个阶段,项目决策和项目实施两个阶段的策划任务可以进行归纳,如表2.1所示。

表2.1 项目决策和实施阶段的策划任务表

策划任务	项目决策阶段	项目实施阶段
环境调查和分析	项目所处的建设环境,包括能源供给、基础设施等;项目所要求的建筑环境,其风格和主色调是否和周围环境相协调;项目当地的自然环境,包括天气状况、气候和风向等;项目的市场环境;项目的政策环境以及宏观经济环境等	建设期的环境调查和分析需要调查分析自然环境、建设政策环境、建筑市场环境、建设环境(能源、基础设施等)和建筑环境(风格、主色调等)

续表

策划任务	项目决策阶段	项目实施阶段
项目定义和论证	包括项目的开发或建设的目的、宗旨及其指导思想;项目的规模、组成、功能和标准,项目的总投资和建设开发周期等	需要进行投资目标分解和论证,编制项目投资总体规划;进行进度目标论证,编制项目建设总进度规划;需要进行项目功能分解、建筑面积分配,确定项目质量目标,编制空间和房间手册等
组织策划	包括项目的组织结构分析、决策期的组织结构、任务分工以及管理职能分工、决策期的工作流程和项目的编码体系分析等	确定项目实施各阶段的项目管理工作内容,确定项目风险管理与工程保险方案
管理策划	制定建设期管理总体方案、运行期管理总体方案以及经营期管理总体方案等	包括投资控制、进度控制、质量控制、合同管理、信息管理和组织协调;确定业主筹建班子的组织结构、任务分工和管理职能分工,确定业主方项目管理班子的组织结构、任务分工和管理职能分工,确定项目管理工作流程,建立编码体系
合同策划	策划决策期的合同结构、决策期的合同内容和文本、建设期的合同结构总体方案等	确定方案设计竞赛的组织,确定项目管理委托的合同结构,确定设计合同结构方案、施工合同结构方案和物资采购合同结构方案,确定各种合同类型和文本的采用
经济策划	进行开发或建设成本分析、开发或建设效益分析;制定项目的融资方案和资金需求量计划等	项目实施的经济策划包括编制资金需求量计划,进行融资方案的深化分析
技术策划	包括技术方案分析和论证、关键技术分析和论证、技术标准和规范的应用和制定等	对技术方案和关键技术进行深化分析和论证,明确技术标准和规范的应用和制定
风险分析	对政治风险、政策风险、经济风险、技术风险、组织风险和管理风险等进行分析	进行政治风险、政策风险、经济风险、技术风险、组织风险和管理风险分析

2.1.5 项目策划与决策的过程

项目策划分析与决策一般采取分阶段由粗到细,由浅到深地进行,不同阶段的要求不尽相同,过程如下:

(1)投资机会研究阶段，工程项目构思产生和选择；
(2)编制项目建议书阶段；
(3)可行性研究阶段；
(4)项目评估阶段；
(5)项目决策与审批阶段。

2.2　项目建议书的编写

2.2.1　项目建议书及其作用

项目建议书是项目单位就新建、扩建事项向上级项目管理部门申报的书面申请文件。目前广泛应用于国家项目的立项审批工作中。它要从宏观上论述项目设立的必要性和可能性，把项目投资的设想变为概略的投资建议。项目建议书的呈报可以供项目审批机关做出初步决策。它可以减少项目选择的盲目性，为下一步可行性研究打下基础。

项目建议书的作用如下：
(1)作为项目拟建主体上报审批部门审批决策的依据；
(2)作为项目批复后编制项目可行性研究报告的依据；
(3)作为项目的投资设想变为现实的投资建议的依据；
(4)作为项目发展周期初始阶段基本情况汇总的依据，国家选择项目的依据。

外资项目只有在项目建议书批准后，方可开展对外工作。

项目建议书研究内容包括进行市场调研、对项目建设的必要性和可行性进行研究、对项目产品的市场、项目建设内容、生产技术和设备及重要技术经济指标等分析，并对主要原材料的需求量、投资估算、投资方式、资金来源、经济效益等进行初步估算，其编制依据主要包括以下几点：
(1)国家宏观社会、经济信息资料；
(2)项目所在地有关资料；
(3)已有类似项目的有关数据；
(4)市场预测及技术分析。

2.2.2　项目建议书编制的内容

项目建议书编制包括以下内容：
(1)建设项目提出的必要性和依据；
(2)市场预测和市场需求分析；
(3)项目选址和建设条件；
(4)资源条件和外部协作条件；
(5)建设规模和产品方案设想；
(6)主要技术工艺和技术方案设想；

(7)工程进度安排;

(8)投资测算和资金筹措方案;

(9)经济效益和社会效益的初步评价。

项目建议书的具体详细内容见本书附录3。

2.2.3 项目的审批、核准与备案

1. 项目审批制

1)项目审批制的适用范围

使用政府性资金的建设项目都必须使用审批制。政府性资金包括:财政预算投资资金(含国债资金),国际金融组织和外国政府贷款等主权外债资金,纳入预算管理的专项建设资金;法律、法规规定的其他政府性资金。政府投资按照资金来源、项目性质和宏观调控需要,分别采用直接投资、资本金注入、投资补助、转贷、贴息等投资方式。只要使用了上述所列的政府性资金的建设项目,都要采取审批制。

根据不同省、市、自治区发改委的有关规定,按照具体行业和投资方式与投资金额具体划分审批主体。按照项目级别,由对应级别的发改委审批,由上级发改委进行备案。

2)项目审批制的环节

项目审批制的5个方面,即项目建议书、可行性研究报告、初步设计、资金申请报告和竣工验收。采用直接投资和资本金注入方式的,从投资决策角度只审批项目建议书和可行性研究报告,除特殊情况外不再审批开工报告,同时应严格政府投资项目的初步设计、概算审批工作;采用投资补助、转贷和贷款贴息方式的,只审批资金申请报告。如果为当地省市的重点政府项目,要由投资主管部门审批项目建议书、可行性研究报告、初步设计、开工报告和组织竣工验收;如果为申请中央政府投资和国家有特殊规定的项目,则按国家规定办理。

2. 项目核准制与备案制

1)项目核准制与备案制的适用范围和管理权限

对于企业不使用政府投资建设的项目,不再实行审批制,区别不同情况实行核准制和备案制。其中,政府仅对重大项目和限制类项目从维护社会公共利益角度进行核准,其他项目无论规模大小,均改为备案制,项目的市场前景、经济效益、资金来源和产品技术方案等均由企业自主决策、自担风险,并依法办理环境保护、土地使用、资源利用、安全生产、城市规划等许可手续和减免税确认手续。

2)项目核准制与备案制的环节

项目核准制需要的材料,即项目申请报告(一式6份)、立项申请、企业营业执照、国土预审意见、选址意见书、环评等。

项目申请报告应主要包括以下内容:

(1)项目申报单位情况;

(2)拟建项目情况;

(3)建设用地与相关规划;

(4)资源利用和能源耗用分析;

(5)生态环境影响分析；

(6)经济和社会效果分析。

项目申请报告的编制深度基本要达到可行性研究报告的深度。但与可行性研究报告相比，项目申请报告更加注重社会效益、资源的总体平衡和对环境的影响等，而不再更多地研究项目的投资效益。

立项申请应主要包括以下内容：

(1)建设单位；

(2)项目名称；

(3)建设地点；

(4)占地面积；

(5)建筑面积；

(6)建设规模(层数)；

(7)投资规模；

(8)建设期限。

国土资源行政主管部门出具的项目用地预审意见，城市规划行政主管部门出具的选址意见书，环境保护行政主管部门出具的环境影响评价文件的审批意见，根据有关法律法规应提交的其他文件，只有这些附件文件齐备，才能向上报送。

如项目所使用地块为划拨用地的，还需提供城市规划行政主管部门出具的城市规划审查意见，国土资源行政主管部门出具的项目用地预审意见。如为招拍挂、转让用地的，需提供国有土地使用权出让合同，城市规划行政主管部门出具的城市规划许可。

相比较核准制，项目备案制给予了企业更大的决策权，项目备案需递交的材料包括：

(1)立项申请；

(2)企业营业执照；

(3)国土预审意见；

(4)选址意见书；

(5)环评；

(6)《企业投资项目备案申请表》。

2.3　项目可行性分析及可行性分析报告的编写

2.3.1　项目可行性研究的概念和作用

1. 项目可行性研究的概念

项目可行性研究是指在工程项目决策时，对与该项目相关的技术、经济、社会、环境等方面进行调查研究，对项目各种可能的拟建方案进行技术经济分析论证，研究项目在技术上的先进适用性，在经济上的合理有利性和建设上的可行性，并对项目建成后的经济效益、社会效益、环境效益等进行科学的预测和评价的一种科学分析方法。据此提出该项目是否应该投资建设以及选定最佳投资建设方案,为项目投资决策提供依据。

项目可行性研究是从项目建设和生产经营的全过程考察分析项目的可行性,是项目前期工作中重要的一环,通过可行性研究,使项目的投资决策工作建立在科学和可靠的基础上,从而实现项目投资决策的科学化,减少或避免投资决策的失误,提高项目的经济效益和社会效益。

2. 项目可行性研究的作用

可行性研究的作用有以下几点:

(1)作为工程项目投资决策的依据;

(2)作为编制设计文件的依据;

(3)作为筹集资金和银行申请贷款的依据;

(4)作为与有关协作单位签订合同或协议的依据;

(5)作为环保部门审查项目对环境影响的依据;

(6)作为项目的科研试验、机构设置、职工培训、生产组织的依据。

2.3.2 项目可行性研究的过程与内容

国际上通常把投资项目建设周期分为投资前期(建设前期)、投资时期(建设时期)、投资回收期(生产或使用时期)3 个时期,每一时期再细分为若干阶段。其中,把投资前期分为项目设想、项目初选、项目拟定、项目决策 4 个阶段。与之相对应的,联合国工业发展组织编写的《工业可行性研究编制手册》规定:投资前期的可行性研究工作分为机会研究、初步可行性研究、详细可行性研究、项目评估报告 4 个阶段。在这 4 个阶段,可行性研究的内容依次由浅入深、精度由粗到细、工作量由小增大。

在上述项目可行性研究的任何一个阶段,只要研究结论为“不可行”,则不必进行下一个阶段的工作,项目周期到此为止;反之,则继续深入研究,直至全部通过评审。对于大型的、复杂的、不明确的项目,项目可行性研究的每一阶段都很必要,都是研究的重点;而对于小型的、简单的、明确的项目,也可简化调整论证的步骤,不一定通过全部 4 个阶段。

1. 机会研究——项目设想阶段

机会研究是指在一定的地区和部门,利用自然资源和市场需求调查预测资料,选择寻求最佳的投资机会,对项目投资方向提出设想的工作。

机会研究的内容比较广泛,通常包括:

(1)自然资源条件;

(2)项目产品的需求状况及发展前景;

(3)项目建设在相似地区的成功或失败的经验;

(4)项目建设的范围和内容,规模和发展前景;

(5)投资机会的资金条件;

(6)政府对该类项目发展的有关政策法令;

(7)项目的经济和财务因素的初步研究。

机会研究比较粗略,主要依靠笼统的估计而不是依靠详细的计算分析。这个阶段的投资估算精确为±30%，所需费用约占投资总额的0.2%～1.0%。如果机会研究的结论为可行的，就可以进行下一阶段的初步可行性研究了。

2. 初步可行性研究——项目初选阶段

初步可行性研究是在机会研究完成后认为可行的建设项目，在进行正式的详细可行性研究之前开展的预备性研究。其主要任务是确定该项目是否需要进行详细可行性研究，并确定哪些关键性问题需要进行辅助性专题研究。它可以在广泛的方案分析论证后，对所涉及的问题进行分类，确定下一阶段研究的重点和难点，并排除一些明显不可行或不利的方案，以缩小工作范围，避免不必要的工作浪费。

初步可行性研究与详细可行性研究的内容基本相同，只是详尽程度略有差异，前者较为粗略。在初步可行性研究阶段需要对以下内容进行粗略的审查：市场和生产能力，材料供应状况，建厂地区和厂址选择，项目设计，管理费，人力，项目进度，项目财务分析。

所谓辅助研究是对投资项目的一个或几个重要方面进行的单独研究，一般有以下几种：

(1)产品市场研究；

(2)原材料和其他投入物的研究；

(3)实验室和中间试验；

(4)现场地区研究；

(5)规模的经济性研究；

(6)设备选择的研究。

初步可行性研究阶段投资估算的精确度可达±20%，所需费用约占总投资额的0.25%～1.5%。在初步可行性研究通过后，即应对项目进行详细可行性研究。

3. 详细可行性研究——项目拟定阶段详细可行性研究（通常简称为可行性研究）

详细可行性研究的结构和内容、步骤和方法，都有比较成熟的做法和专门的规定。在这一阶段，投资前期的工作做到最为详尽和深入、全面和具体。其投资估算一般根据项目实际情况具体测算，计算精度应控制在±10%以内，大型项目所需费用占投资总额的0.5%～1%，中小型项目约占1%～3%。在此阶段，应当给出项目的可行性研究报告，初步确定项目的可行性。

4. 项目评估报告——项目决策阶段

项目评估报告是在可行性研究报告的基础上进行的，其主要任务是对拟建项目的可行性研究报告进行审核，提出评价意见，以最终决定项目投资是否合理、可行，并选择最佳投资方案。它一般由投资决策部门组织进行，或由其委托银行、咨询公司进行编制。从投资决策的角度看，它也是广义的可行性研究的一部分。项目评估报告的主要内容包括：

(1)全面审核可行性研究报告中反映的各种情况是否确实；

(2)分析可行性研究报告中各项指标的计算是否正确，包括各种参数、基础数据、定额费率的选择；

(3)从企业、国家和社会等方面综合分析和判断工程项目的经济效益和社会效益；

(4)分析和判断可行性研究的可靠性、真实性和客观性，对项目做出最终投资决策，最后写出项目评估报告。

不同的项目，其具体研究内容不同。按照《工业可行性研究编制手册》，其可行性研究内容包括以下内容。

(1)实施要点。

(2)项目背景和历史:

①项目的主持者;

②项目历史;

③已完成的研究和/或调查的费用。

(3)市场和工厂生产能力:

①需求和市场;

②销售预测和经销情况;

③生产计划;

④工厂生产能力的确定。

(4)原材料投入:

①原料;

②经过加工的工业材料;

③部件;

④辅助材料;

⑤工厂用物资;

⑥公用设施,特别是电力。

(5)厂址选择(包括对土地费用的估计)。

(6)项目设计:

①项目范围的初步确定;

②技术和设备;

③土建工程。

(7)工厂机构和管理费用:

①机构设置;

②管理费用估计。

(8)人力。

(9)制定实施时间安排。

(10)财务和经济评价。

可行性研究步骤及内容,如表 2.2 所示。

表 2.2 可行性研究步骤及内容

工作阶段	投资机会研究	初步可行性研究	详细可行性研究与报告编写
工作性质	项目设想	项目初选	项目拟定

续表

工作阶段	投资机会研究	初步可行性研究	详细可行性研究与报告编写
工作内容及成果	鉴别投资方向，寻找投资机会，提出项目建议，为初步选择项目提供依据	对项目进行专题辅助研究，编制初步可行性研究报告，确定是否有必要进行详细可行性研究，进一步判明工程项目生命力	对项目进行深入细致的技术经济论证，编制可行性研究报告，提出结论性意见，作为项目投资决策的重要依据
投资估算精度	±30%	±20%	±10%
费用占投资总额/%	0.2～1.0	0.25～1.5	小项目1.0～3.0 大项目0.2～1.0
所需时间/月	2～3	4～6	6～12或更长

2.3.3　可行性研究报告的编写

可行性研究的内容，随研究的对象不同而有所差别，难以千篇一律地硬性规定。但大体上都包括以下主要内容和基本格式。

1. 可行性研究报告正文

(1)总论。

(2)市场需求预测与建设规模。

(3)建设条件与选址。

(4)工程技术方案。

(5)环境保护与劳动安全。

(6)企业组织与人员培训。

(7)实施计划与建设进度。

(8)投资估算与资金规划。

(9)经济效益与社会效益评价。

(10)结论与建议。

2. 可行性研究报告附件

(1)研究工作的依据性文件。

(2)项目建设的基础性文件。

(3)可行性研究报告附图。

(4)可行性研究报告基本报表。

(5)可行性研究报告辅助报表。

可行性研究报告的具体详细内容，请见本书附录4。

2.4 工程项目评价与决策

2.4.1 工程项目评价

工程项目评价是指在前期可行性研究的基础上，运用各种方法，来计算项目的投入和产出效益比，通过多方案比较，对项目的经济可行性和合理性进行分析，作出全面的评估评价。工程项目评价是可行性研究的有机组成和重要部分，工程项目评价包括财务评价、环境影响评价、国民经济评价和社会评价四个层次。

1. 财务评价

财务评价是在国家现行财税制度和市场体系下，分析预测项目的财务效益与费用，计算财务评价指标，考察拟建项目的盈利能力和清偿能力，据以判断项目的财务可行性。

工程项目财务评价包括以下内容。

(1)财务盈利能力分析。通过计算反映项目盈利能力的评价指标来评价项目的财务盈利能力。

(2)清偿能力分析。用于考察项目计算期内各年的财务状况及清偿能力。

(3)外汇效果分析。分析考察项目各年外汇余缺程度，以评价项目的创汇能力。

(4)财务风险分析。分析项目的各种不确定因素和随机因素以及它们对项目经济效果的影响程度。

财务评价指标按是否考虑货币的时间因素，可分为静态指标和动态指标。不考虑货币的时间因素时称静态指标。

1)静态指标

(1)投资回收期。投资回收期是指以项目的净收益抵偿全部投资所需的时间，当项目的投资回收期(P_t)小于部门或行业的基准投资回收期(P_c)时，认为项目在财务上是可行的。

(2)投资利润率。投资利润率是指项目达到设计生产能力后的一个正常生产年份的年利润总额与项目总投资的比率。

投资利润率 = 年利润总额(年平均利润总额)/总投资 × 100%

注 投资利润 = 年产品销售收入 - 年产品销售税金及附加 - 年总成本费用

总投资 = 投资 + 利息 + 流动资金

(3)投资利税率。投资利税率是指项目达到设计生产能力后的一个正常年份的利税总额或项目生产期内的年平均利税总额与投资的比率。

投资利税率 = 年利税总额/总投资 × 100%

注 年利税总额 = 利润总额 + 税金 + 其他

(4)资本金利润率。资本金利润率是指项目达到设计生产能力后的一个正常年份年利润总额与项目自有资本金的比率。

资本金利润率 = 年利润总额/资本金 × 100%

注 资本金的含义为设立企业必须有法定的资本金。资本金是指企业在工商行政管理部门登记的注册资金。

2）动态指标

（1）财务净现值（*FNPV*）。财务净现值是指项目按照行业基准利率或设定的折现率，计算的项目净现值。

$$FNPV=\sum_{t=0}^{n}(C_{\mathrm{I}}-C_{\mathrm{O}})_t\times\frac{1}{(1+i_{\mathrm{c}})^t}$$

式中　C_{I}——项目期间收入；

C_{O}——项目期间支出；

i_{c}——折现率。

（2）财务净现值率（*FNPVR*）。净现值率是指项目财务净现值与全部投资现值（I_p）的比值，是反映项目投资效果的相对指标。

$$FNPVR=\frac{FNPV}{I_{\mathrm{p}}}$$

（3）财务内部收益率（*FIRR*）。财务内部收益率是指项目在计算期内各年净现金流量的现值累计等于零时的折现率。当项目的财务内部收益率大于行业基准利率时，认为项目是可行的。

$$FIRR=\sum_{t=0}^{n}(C_{\mathrm{I}}-C_{\mathrm{O}})_t\frac{1}{(1+i_{\mathrm{r}})^t}=0$$

式中　i_{r}——内部收益率，当 $i_{\mathrm{r}}>i_{\mathrm{c}}$ 时，项目收益为正。

内部收益率的近现值可以使用插值法进行计算。

2. 国民经济评价

国民经济评价是从国家的整体经济出发，以能反应实际价值的影子价格、影子工资、影子汇率，计算工程项目的费用和效益并消除各项内部转移支付，然后进行经济可行性分析的工作。

国民经济评价参数有影子价格、影子工资、影子汇率、社会折现率。

1）影子价格

影子价格是指资源在最优利用情况下，单位（资源的利用单位）效益增量价值。影子价格比市场交换价格更能反映资源的真实经济价值和社会经济处于某种最优状态下时的资源稀缺程度，采用影子价格进行经济评价有利于促进资源合理利用和最优配置。从定价原则来看，它不仅能更合理地反映出产品的价值，而且还能反映社会平均劳动消耗、市场供求关系以及资源的稀缺程度。从其产生的效果来看，它有利于资源的优化配置。

使用影子价格时，项目投入物和产出物分为外贸货物、非外贸货物和特殊投入物（劳动力和土地）三种类型。

2）影子工资

影子工资是指劳动力的影子价格，它体现了国家和社会为建设项目使用劳动力而付出的代价。影子价格主要包括劳动力的机会成本，即该劳动力不被拟建道路运输设施项目使用时，在原来岗位上为社会创造的净效益；另外还包括社会为劳动力就业而付出的、职工又未得到的其他代价。

3)影子汇率

影子汇率是外汇的影子价格,它体现了从国家角度对外汇真实价值的估量,即能反映外汇对国民经济的真实价值。

4)社会折现率

社会折现率是由国家机关制定的、衡量项目国民经济效益的重要参数。社会折现率通常根据当前的投资收益水平、资金机会成本、资金供需情况、合理的投资规模以及社会折现率对长、短期项目的影响等因素确定。在我国,规定社会折现率为12%,供各类建设项目评价时统一使用。

3. 环境影响评价

环境影响评价简称环评,指对规划和建设项目实施后可能造成的环境影响进行分析、预测和评估,提出预防或者减轻不良环境影响的对策和措施,并进行跟踪监测的方法与制度。环境影响评价制度是从环境保护的角度决定开发建设活动能否进行和如何进行的具有强制性的法律制度。

环境影响评价按照对象分为:建设项目环境影响评价、规划环境影响评价、战略环境影响评价。

环境影响评价按照环境要素分为:大气环境影响评价、水环境影响评价、噪声环境影响评价、固体废物环境影响评价等。

环境影响评价按照时间分为:环境质量现状评价、环境影响预测评价、环境影响后评价。

4. 社会评价

社会评价是分析拟建项目对当地社会的影响和当地社会条件对项目的适应性及可接受程度,评价项目的社会可行性。

社会评价旨在系统调查和预测,拟建项目的建设、运营产生的社会影响与社会效益,分析项目所在地区的社会环境对项目的适应性和可接受程度,通过分析项目涉及的各种社会因素,评价项目的社会可行性,提出项目与当地社会协调关系、规避社会风险、促进项目顺利实施、保持社会稳定的方案。

进行社会评价有利于国民经济发展目标与社会发展目标协调一致,防止单纯追求项目的财务效益;有利于项目与所在地区利益协调一致,减少社会矛盾和纠纷,防止可能产生不利的社会影响和后果,促进社会稳定;有利于避免或减少项目建设和运营的社会风险,提高投资效益。

社会评价主要包括以下内容。

(1)社会影响分析。社会影响分析旨在分析预测项目可能产生的正面影响(通常称为社会效益)和负面影响。

(2)互适性分析。互适性分析主要是分析预测项目能否为当地的社会环境、人文条件所接纳以及当地政府、居民支持项目存在与发展的程度,考察项目与当地社会环境的相互适应关系。

(3)社会风险分析。社会风险分析是对可能影响项目的各种社会因素进行识别和排序,选择影响面大、持续时间长，并容易导致较大矛盾的社会因素进行预测，分析可能出现这种风险的社会环境和条件。

通过项目评价，论证和评价从正反两方面提出的意见，为决策者选择项目及实施方案提供多方面的告诫，并力求客观、准确地将与项目执行有关的资源、技术、市场、财务、经济、社会等方面的数据资料和状况真实、完整地汇集、呈现于决策者面前，使其能够处于比较有利的地位，实事求是地做出正确、合适的决策，同时也为投资项目的执行和全面检查奠定基础。

小案例：重钢搬迁的环境与社会评价

2010 年 5 月，在重庆主城已经生产了 70 年的重庆钢铁厂开始搬迁，搬迁目的地为重庆长寿区，预计 2012 年全部完成。试从以下几个方面对此次搬迁进行环境与社会评价。

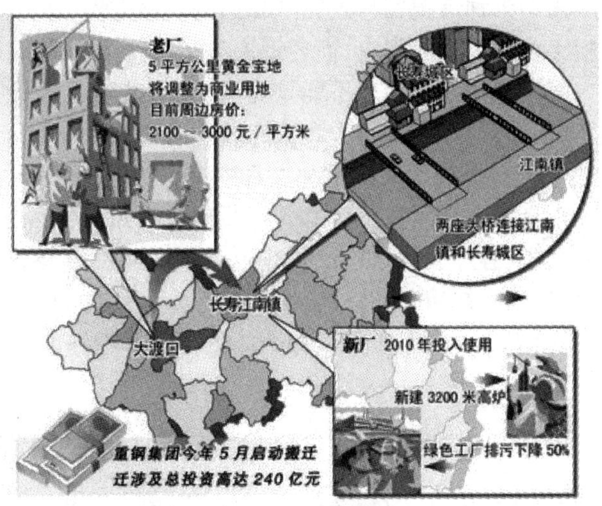

(1)环境评价。
(2)对主城区的环境影响。
(3)对长寿区的环境影响。
(4)效益比较。
(5)社会评价。
(6)社会影响分析。
(7)互适性分析。
(8)社会风险分析。

2.4.2 工程项目决策

1. 工程项目决策的概念与分类

工程项目投资决策是为了实现或达到预期的投资效果目标采用一定的理论、方法和手段对若干可行性工程项目建设方案进行研究论证从中选出最为满意的投资实施方案的过程。

工程项目决策按其特点,可以分类如下。

(1)按决策主体分为个人决策和群体决策。

个人决策:在最后选定决策方案时,由最高领导最终做出决定的一种决策形式(决策迅速,责任明确,充分发挥领导个人的主观能动性)。

群体决策:两个或以上的决策群体所做出的决策(耗时,复杂,但可集思广益,弥补个人决策的不足)。建筑工程项目由于其投资的数额巨大,多为群体决策。

(2)按决策问题的可控程度分为确定性决策、非确定性决策和风险性决策。

确定型决策:决策所需的各种情报资料已完全掌握的条件下做出的决策。

不确定型决策:资料无法加以具体测定,而客观形势又必须要求做出决定的决策。

风险型决策:决策方案未来的自然状态不能预先肯定,可能有几种状态,每种的自然状态发生的概率可以做出客观估计,但不管哪种方案都有风险的决策。

(3)按项目决策的提供因素分为客观决策和主观决策。

客观理性决策:指决策者完全运用真正可靠的客观现实的知识所做出的理性决策。

主观决策法:运用社会学、心理学、组织行为学、政治学和经济学等有关专业知识、经验和能力,在决策的各个阶段,根据已知情况和资料,提出决策意见,并做出相应的评价和选择,可以使决策更加完善。主观决策法顾名思义很依赖个体的判断和想法,因此会表现出多样化的特点。

2. 工程项目决策方法

1)*定量决策法*

定量决策法常用于数量化决策,应用数学模型和公式来解决一些决策问题,即运用数学工具、建立反映各种因素及其关系的数学模型,并通过对该数学模型的计算和求解,选择出最佳的决策方案。

(1)确定型决策。确定型决策是指决策者对供决策选择的各备选方案所处的客观条件完全了解,所有自然状态的受益值都确定且唯一,每一个备选方案只有一种结果,比较其结果的优劣就可做出决策。如招投标中的中标决策,如果以低价中标为标准,则就是一种确定性决策。

(2)风险型决策。风险型决策是指每个备选方案都会遇到几种不同的可能情况,而且已知出现每一种情况的可能性有多大,即发生的概率有多大,因此在依据不同概率所拟定的多个决策方案中,不论选择哪一种方案,都要承担一定的风险。

风险型决策多采用决策树分析法,每个决策或事件(即自然状态)都可能引出两个或多个事件,导致不同的结果,把这种决策分支画成图形很像一棵树的枝干,故称决策树。整个决策树由决策节点、方案分枝、状态节点、概率分枝和结果点 5 个要素构成。

决策树的绘制方法如下：

①绘制树形图；

②将各状态概率及损益值标于概率分枝上；

③计算各方案的期望值并将其标于该方案对应的状态节点上；

④进行剪枝，将期望值小的剪掉，用"//"标于方案枝上；

⑤剪枝后所剩的最后方案即为最佳方案。

【例 2.1】　一项工程，施工管理人员需要决定下月是否开工。如果开工后天气好，则可为国家创收 4 万元，若开工后天气坏，将给国家造成损失 1 万元，不开工则损失 1 000 元。根据过去的统计资料，下月天气好的概率是 0.3，天气坏的概率是 0.7。请做出决策。

【解】　第 1 步：将题意表格化，如表 2.3 所示。

表 2.3　工程收益表

自然状态	概率	行动方案	
		开工	不开工
天气好	0.3	40 000 元	-1 000 元
天气坏	0.7	-10 000 元	-1 000 元

第 2 步：画决策树图形，根据第一步所列的表格，再绘制决策树，如图 2.2 所示。

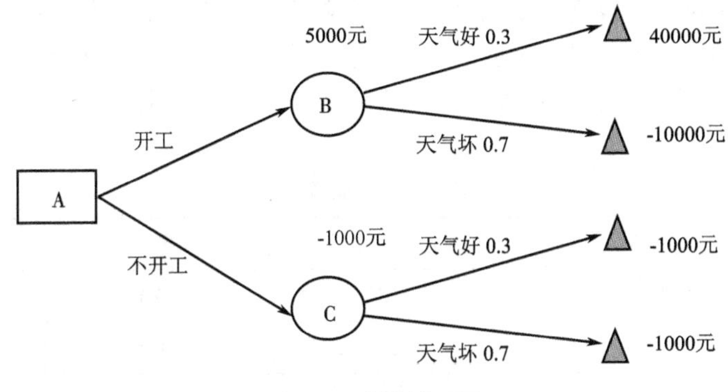

图 2.2　决策树形图

第 3 步：计算期望值。一般按反向的时间程序逐步计算，将各方案的几种可能结果的数值和它们各自的概率相乘，并汇总所得之和，其和就是该方案的期望值。

开工方案：$E = 40\ 000 \times 0.3 + (-10\ 000) \times 0.7 = 5\ 000$ 元。

不开工方案：$E = -1\ 000 \times 0.3 + (-1\ 000) \times 0.7 = -1\ 000$ 元。

第 4 步：确定决策方案。在比较方案时，若考虑的是收益值，则取最大期望值；若考虑的是损失值，则取最小期望值。

根据计算出的期望值分析，本题采取开工方案较好。

(3)不确定型决策,不确定型决策所处的条件和状态都与风险型决策相似,不同的只是各种方案在未来将出现哪一种结果的概率不能预测,因而结果不确定。

不确定决策准则及选择方法有等可能法、悲观法、乐观法和最小最大后悔值法。

①等可能性法。采用这种方法,是假定自然状态中任何一种发生的可能性是相同的,通过比较每个方案的损益平均值来进行方案的选择,在利润最大化目标下,选择平均利润最大的方案,在成本最小化目标下选择平均成本最小的方案。

②悲观法,也称保守法,是小中取大的准则。决策者不知道各种自然状态中任一种发生的概率,决策目标是避免最坏的结果,力求风险最小。运用保守法进行决策时,首先要确定每一可选方案的最小收益值,然后从这些方案最小收益值中,选出一个最大值,与该最大值相对应的方案就是决策所选择的方案。

③乐观法,也称冒险法,是大中取大的准则。决策者不知道各种自然状态中任一种可能发生的概率,决策的目标是选最好的自然状态下确保获得最大可能的利润。乐观法在决策中的具体运用是:首先,确定每一个可选方案的最大利润值;然后,在这些方案的最大利润中选出一个最大值,与该最大值相对应的那个可选方案便是决策选择的方案。由于根据这种准则决策也能有最大亏损的结果,因而称之为冒险投机的准则。

④最小最大后悔值法。决策者不知道各种自然状态中任一种发生的概率,决策目标是确保避免较大的机会损失。运用最小最大后悔值法时,首先,要将决策矩阵从利润矩阵转变为机会损失矩阵;然后,确定每一可选方案的最大机会损失;最后,在这些方案的最大机会损失中,选出一个最小值,与该最小值对应的可选方案便是决策选择的方案。

【例 2.2】 某企业打算投资某个项目,据市场预测,市场前景有三种情况:销路好、销路一般和销路差。投资该项目有三种方案:A 改进原有项目、B 新建新项目和 C 与其他企业协作。据估计,各方案在不同情况下的收益如表 2.4 所示,试问该企业应该选择哪个方案?

表 2.4　收益表　　万元

自然状态收益方案	销路好	销路一般	销路差
A 改进原有项目	180	120	-40
B 新建新项目	240	100	-60
C 与其他企业协作	100	70	16

【解】 (1)等可能性法,三种情况的收益如下:

①方案 A,收益 $E=(180+120-40)/3\ =86.7$ 万元;

②方案 B,收益 $E=(240+100-60)/3\ =93.3$ 万元;

③方案 C,收益 $E=(100+70-16)/3\ =51.3$ 万元;

选择方案 B。

(2)悲观法,按照小中取大的准则,应选择(-40,-60,16)中较大的方案,取 16 万元,选择方案 C。

(3)乐观法,按大中取大的准则,应选择(180,240,100)中较大的方案,取240万元,选择方案B。

(4)最小最大后悔值法,其步骤是:a)计算每个方案在各种情况下的后悔值(后悔值=该情况下的最大收益-该情况下该方案的收益);b)找出各方案的最大后悔值为该方案的后悔值;c)选择最大后悔值中的最小方案,则如表2.5所示。

表2.5　收益表

自然状态收益方案	销路好	销路一般	销路差
A改进原有项目	240-180=60	120-120=0	16-(-40)=56
B新建新项目	240-240=0	120-100=20	16-(-60)=76
C与其他企业协作	240-100=140	120-70=50	16-16=0

方案A的后悔值为max(60,0,56)=60万元。

方案B的后悔值为max(0,20,76)=76万元。

方案C的后悔值为max(140,50,0)=140万元。

选择后悔值最小的方案A。

2)定性决策法

定性决策法又称主观决策法,是指在决策中主要依靠决策者或有关专家的智慧来进行决策的方法,这是一种"软技术"。管理决策者运用社会科学的原理并依据个人的经验和判断能力,采取一些有效的组织形式,充分发挥各自丰富的经验、知识和能力,从对决策对象的本质特征的研究入手,掌握事物的内在联系及其运行规律,对企业的经营管理决策目标、决策方案的拟订以及方案的选择和实施做出判断。这种方法适用于受社会、经济、政治等非计量因素影响较大,所含因素错综复杂,涉及社会心理因素较多以及难以用准确数量表示的综合性问题。这种"软技术"方法是企业决策采用的主要方法,它弥补了"硬"方法对于人的因素、社会因素等难以奏效的缺陷。"硬""软"两类技术相互配合,取长补短,才能使决策更为有效。

定性决策方法有很多种,常用的有经理人员决策法、专家会议法、头脑风暴法、德尔菲法等,其中德尔菲法(Delphi Technique)是最具代表性的方法。尤其在长远的战略决策中,由于许多条件的不肯定性,德尔菲法特别适用。

项目小结

2.1　工程项目前期策划

项目策划的含义、分类、程序。

2.2　项目建议书

项目建议书的定义、内容和编写。

2.3　项目可行性分析及可行性分析报告的编写

(1)可行性研究的阶段及其内容。

(2)可行性报告的编制、步骤、内容。

2.4　工程项目评价与决策

1)项目评价

(1)财务评价:盈利能力、清偿能力。

(2)国民经济评价。

(3)环境评价。

(4)社会评价。

2)项目决策

(1)确定性决策,计算方法。

(2)风险性决策,计算方法。

(3)不确定性决策,计算方法。

项 目 习 题

一、单项选择题

1.由建设单位向国家提出的、要求建设某一建设项目的文档是(　　)。

A.项目建议书　　B.可行性研究报告

C.施工许可报告　　D.招投标报告

2.在投资机会研究阶段,投资估算误差在(　　)范围内。

A. ±40%　　B. ±30%　　C. ±20%　　D. ±10%

3.靠绘制决策树确定决策结果的决策方法是(　　)。

A.确定型决策　　B.风险型决策　　C.不确定决策　　D.集体决策

4.下列(　　)指标不是静态评价指标。

A.投资利润率　　B.投资利税率　　C.资本金利润率　　D.财务净现值

5.按照工程项目的建设程序,一般将从项目构思到项目批准正式立项的阶段称为项目的(　　)。

A.设计阶段　　B.建设准备阶段　　C.施工阶段　　D.前期策划阶段

二、案例计算题

某企业为了扩大某产品的生产,拟建设新厂,根据市场预测,产品销路好的概率是0.7,销路差的概率是0.3,有以下三种方案可供企业选择。

方案1:新建大厂,需投资300万元,据估计,销路好时,每年可获利100万元;销路差时,每年亏损20万元。服务期为10年。

方案2:新建小厂,需投资140万元,据估计,销路好时,每年可获利40万元;销路差时,每年仍可获利30万元。服务期为10年。

方案3:先建小厂,3年后销路好时再扩建,需追加投资200万元,据估计,扩建后服务期为7年,每年可获利95万元。

试问哪种方案好?

项 目 练 习

参见本书附录3和附录4,班级内各项目小组讨论后选以下项目之一拟定项目建议书。

(1)学校新建塑胶体育场及看台的项目。

(2)学校新建宿舍楼的项目。

(3)学校新建学生娱乐场所的项目(电影院、游泳池等)。

(4)学校修整学校学术报告厅的项目。

自行收集项目所在地有关资料、已有类似项目的有关数据,进行市场预测及技术分析。

项目3 麻雀虽小，五脏俱全——完备的组织与项目体系是项目成功的前提

【知识目标】

了解组织结构的类型与特点。

掌握项目结构的分解方法。

【技能目标】

能够完成项目结构的分解。

【素养目标】

建立管理组织理念；

树立项目结构分解的理念。

引例 完备的项目结构是项目完整实施的前提——上海世博会项目分解结构

2010 年上海世博会场地位于南浦大桥和卢浦大桥之间，沿着上海城区黄浦江两岸进行布局。上海世博会区规划用地范围为 5.28 平方千米，园内分为 5 大场馆群，分别是独立馆群、联合馆群、企业馆群、主题馆群和中国馆群。

在上海世博会的合同结构中，世博会工程建设指挥部办公室具体实施项目，以“依靠项目管理和依靠施工总承包”为工程建设管理基本思路。采用项目总承包模式固然可以减少合同界面，但对于世博会这种大型项目来说，很难找到能胜任的总承包商，于是选择了施工总承包模式，业主直接与施工总包签合同，而施工分包合同全部由总包和分包单位签订，这样就大大减轻了业主的工作量，同时给予施工总包单位更多的自主选择施工单位的机会。整个项目共有施工总包单位 11 个，分包单位超过 100 家。

在上海世博会的建设中，建设方对整个项目进行了完整的分解，共分为市政项目、展馆与配套项目、临时性项目、永久性项目 4 个大项目模块，20 个小项目模块，上海世博会所要建设的所有场馆与建筑均分解其中。在项目建设过程中，经仔细分析研究，将上海世博会建设项目分为三大类：第一大类是由上海世博会工程建设指挥部办公室（简称指挥部办公室）负责实施

的项目；第二大类是由其他投资主体负责建设、指挥部办公室管理的项目；第三大类是大市政项目，指挥部办公室协调项目。其中第一大类按照项目部进行分类，第二大类按照不同投资和建设主体进行分类，第三大类项目为越江隧道、轨道交通及水、电、气等大市政配套项目。不同的承包商分配有不同的项目模块，任务明确，分工合理，才顺利保证了整个上海世博会项目按时按量按质完工。

结论　完备的项目结构是项目完整实施的前提，这里的项目结构不仅仅包括项目本身的分解，还包括项目的管理结构、合同结构等。

3.1　组织论的研究内容

组织论是一门非常重要的基础理论学科，是项目管理学的母学科，它主要研究系统的组织结构模式、组织分工以及工作流程组织，如图3.1所示。

组织结构模式可用组织结构图来描述，组织结构图也是一个重要的组织工具，反映一个组织系统中各组成元素之间的组织关系（指令关系）。组织结构的组成元素可能是组织各系统部门，也有可能是项目的组成元素，如工作过程、工作任务等。

组织论的三个重要的组织工具为项目结构图、组织结构图和合同结构图。

项目结构图（Project Diagram，或称WBS）是一个组织工具，它通过树形图的方式对一个项目的结构进行逐层分解，以反映组成该项目的所有工作任务，用来描述工作对象之间的关系。

组织结构图（Organization Chart），是反映组织内各机构、岗位上下左右相互之间关系的图表，是组织结构的直观反映，也是对该组织功能的一种侧面诠释。

合同结构图反映业主方和项目各参与方之间以及项目各参与方之间的合同关系。通过合同结构图可以非常清晰地了解一个项目有哪些，或将有哪些合同以及了解项目各参与方的合同组织关系。

表3.1描述了三种组织工具的区别与联系。图3.2、图3.3、图3.4分别显示了一个组织的项目结构图、组织结构图与合同结构图。

表3.1　项目结构图、组织结构图和合同结构图的区别

	表达的含义	矩形框含义	矩形框连接的表达
项目结构图	对一个项目的结构进行逐层分解，以反映组成该项目的所有工作任务（该项目的组成部分）	一个项目组成分	直线
组织结构图	反映一个组织系统中各组成部门（组成元素）之间的组织与指令关系	一个组织系统中的组成部分（部门、小组）	单向直线，表示指令关系
合同结构图	反映一个建设项目参与单位之间的合同关系	一个建设项目的各参与单位	单向、双向箭线表示合同关系

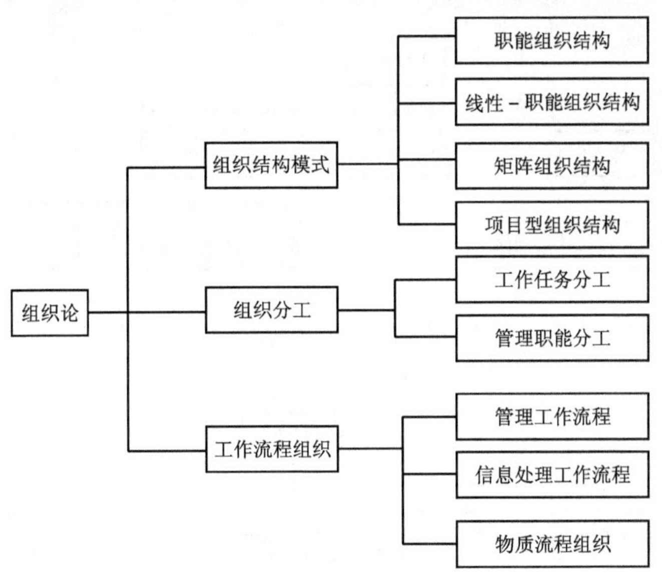

图3.1　组织论的基本内容

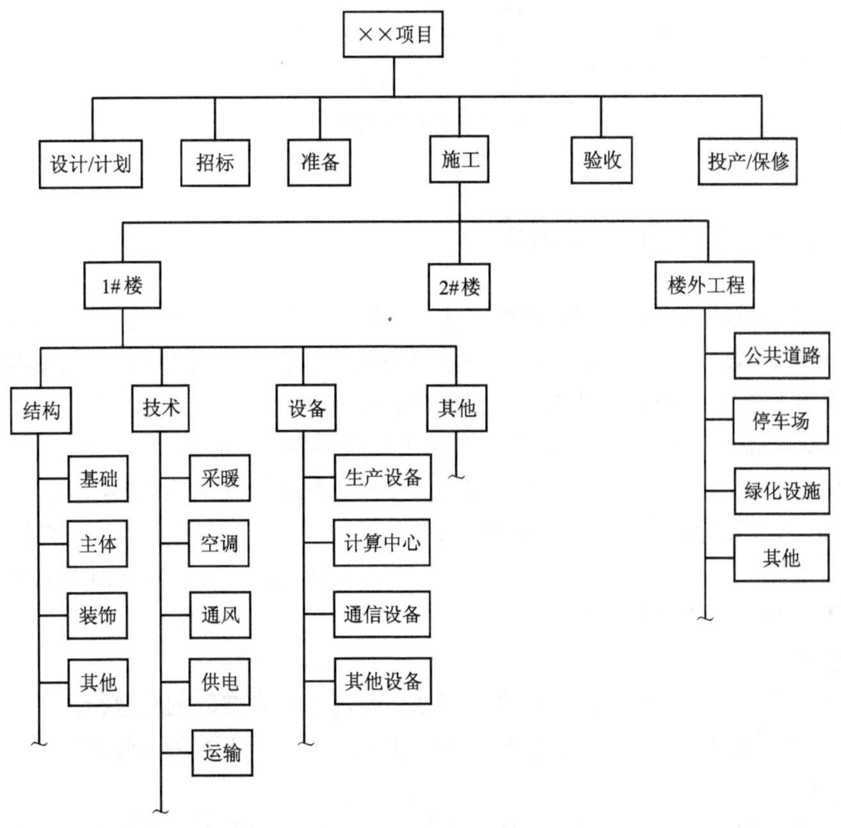

图3.2　项目结构图

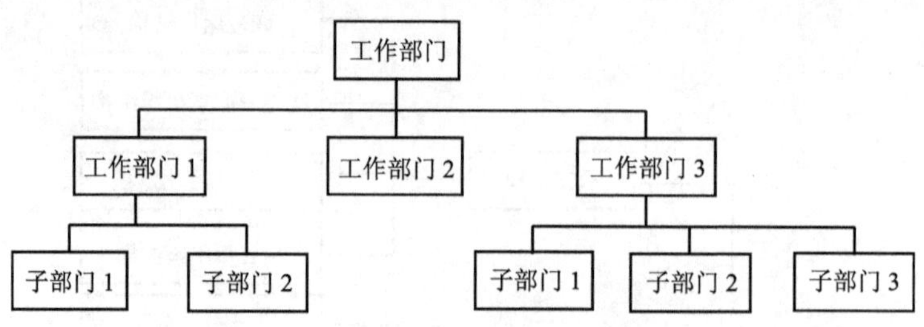

图 3.3　组织结构图

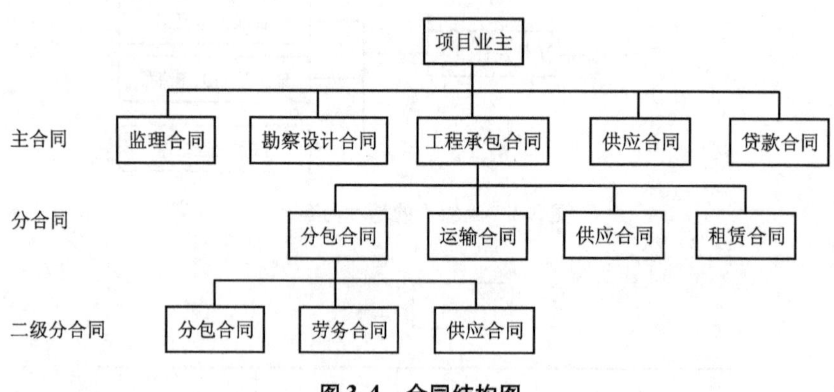

图 3.4　合同结构图

3.2　项目实施组织的典型结构

任何一个组织都是为完成一定的使命和实现一定的目标而设立的，由于每个组织的使命、目标、资源条件和所处的环境不同，所以它们的组织结构也会不同，因此人们无法找到一种适合于各种使命和目标的理想组织结构。对于项目组织管理而言，由于不同项目有不同的目标和要求，所以人们同样无法给出一个适合于各种项目的理想组织结构，因此会有许多不同的项目实施组织结构的类型。项目实施组织结构的类型按照从面向功能到面向活动的程度进行划分，可分为直线型、职能型、项目型、矩阵型四大类。其中，这四大类还可以进一步细分，如矩阵型项目组织又可以分为弱矩阵型、均衡矩阵型和强矩阵型三类。本节将全面地讨论项目实施组织的主要类型和各自的主要特性。

1. 直线型组织

直线型企业组织结构是指企业由最高管理者至最低执行者之间的行政指挥系统架构类似于一条直线，一个下级只对一个上级负责，一个下级也只由一个上级进行管理的组织与管理结构，如图 3.5 所示。

直线型组织结构是最简单和最基础的组织形式。它的特点是企业各级单位从上到下实行垂直领导，呈金字塔结构。

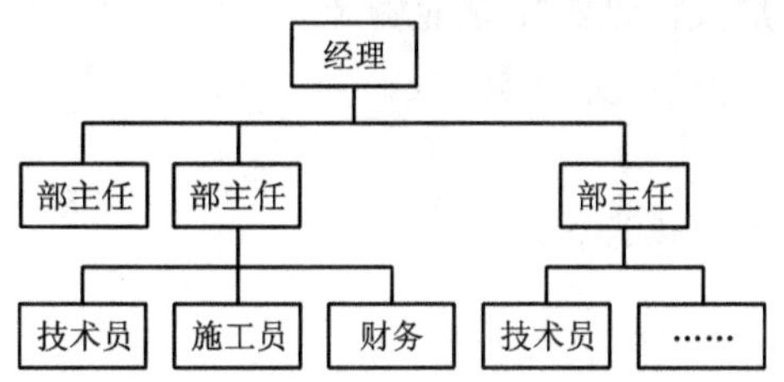

图 3.5 直线型组织结构

1）优点

（1）目标明确、沟通迅速、指挥统一。

（2）有利于项目控制。

（3）有利于全面型人才的成长。

2）缺点

（1）机构重复、浪费资源。

（2）不利于企业专业技术水平的提高。

（3）管理者负担过重。

（4）结构不稳定。

这种组织结构适用于企业规模不大，职工人数不多，生产和管理工作都比较简单的情况或现场作业管理。

2. 职能型组织

职能型组织结构在组织内设置若干职能部门，并都有权在各自业务范围内向下级下达命令，也就是各基层组织都接受各职能部门的领导，如图 3.6 所示。

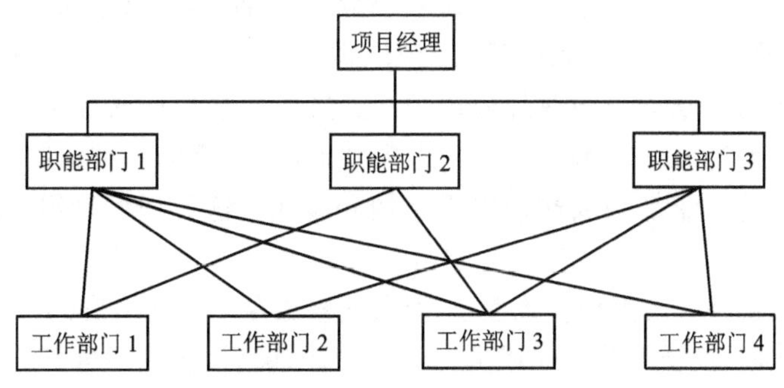

图 3.6 职能型组织结构

职能型组织结构是以工作方法和技能作为部门划分的依据。现代企业中许多业务活动都需要有专门的知识和能力，通过将专业技能紧密联系的业务活动归类组合到一个单位内部，可以更有效地开发和使用技能，提高工作的效率。

1）优点

（1）有利于企业效率、技术的提升。

(2)在某些时点,可以更加灵活地利用企业资源。

(3)有利于专业管理协调职能的充分发挥。

2)缺点

(1)指令源不唯一,破坏统一指挥原则。

(2)职能部门之间协调困难。

(3)容易出现责任不明。

职能制实行的条件是:企业必须有较高的综合平衡能力,各职能部门按企业综合平衡的结果,为同一个目标进行专业管理。否则,就不宜采用职能制。

在企业的实际管理中,经常把直线型和职能型结合起来,构成直线职能型组织结构,在这种组织内部,既设置纵向的直线指挥系统,又设置横向的职能管理系统,以直线指挥系统为主体,职能制为辅助,建立两维的管理组织。

3. 项目型组织

项目型组织是一种模块式的组织结构,它主要适合于开展各种业务项目的企业,是一种专门为开展一次性和独特性的项目任务而建立的组织结构。例如,现有的建筑施工企业、系统开发与集成企业和管理咨询企业等多数都采用这种组织结构。在项目型组织中,雇员多数属于某个项目团队,而项目团队通常是多种职能人员组合而成的。在这种组织中也会有一定数量的职能部门负责整个企业的职能管理业务,例如,人力资源管理、财务管理和业务管理部门等。项目型组织的职能部门一般不行使对项目经理的直接领导,只是为各种项目提供支持或服务。

这种项目型组织的主要使命是开展各种业务项目。在这种组织中,绝大多数人员专门从事项目工作,只有少数人从事职能管理工作。这种组织中的项目经理是专职的,而且具有较大的权力和很高的权威性。这种组织的项目团队由专职项目经理、项目管理人员、项目工作人员和少量临时抽调的项目工作人员构成。例如,一个管理咨询公司中专门负责“战略管理咨询”的项目团队,有专职的项目经理、项目管理人员和专职的项目工作人员,在开展一些特殊行业的“战略管理咨询”时才会从本公司或外公司聘用少量熟悉这一特殊行业的专业人员参加项目团队的工作。项目型组织是非常适合于开展项目和项目管理的一种组织形式,所以多数从事业务项目经营活动的企业都采取这种组织结构和模式。这种项目型组织的结构如图 3.7 所示。

项目型组织结构某种程度上和直线型很相近,比较适合于小型项目,员工与员工之间的关系也比较松散,可能项目雇员并非组织成员,一个项目结束后,雇员即可离开。上海世博会建设管理部门首层管理即采取了这种典型结构,整个总项目共分为四个大的项目模块。

4. 矩阵型组织

矩阵型组织是一种职能型组织和项目型组织的混合物,按照职能划分的纵向领导系统和按项目(任务或产品)划分的横向领导系统相结合的组织形式。这种纵横交叉的领导系统构成了矩阵结构,如图 3.8 所示。

这种组织结构中既有适合于日常运营的直线职能型组织结构,又有适合于完成专门任务的项目型组织结构,因此它适合于既有日常运营业务,又有项目工作的企业或组织。例如,各

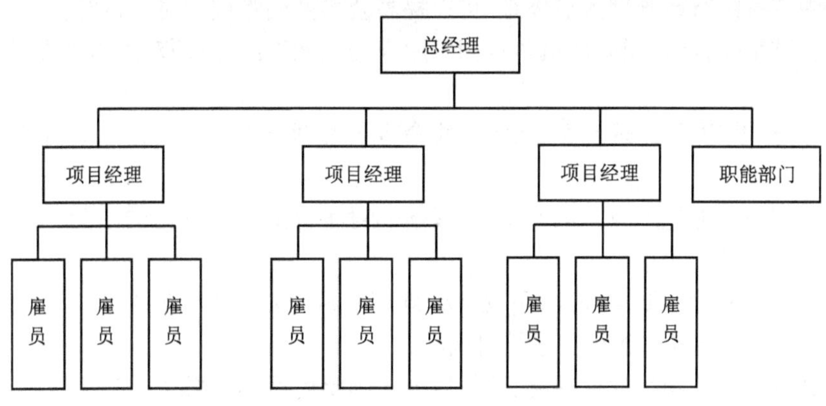

图3.7　项目型组织结构

种综合性医院、高等院校、软件开发企业和科研机构等。这种组织结构根据直线型和矩阵型的混合程度不同，又可以分为强矩阵型组织、弱矩阵型组织和均衡矩阵型组织。强弱不同的矩阵型组织分别保留了不同程度的直线职能型组织的特点。例如，在弱矩阵型组织中，项目经理的角色主要是协调者或促进者的角色，项目经理的权威性较低，有的项目经理甚至还是兼职的。同时，矩阵型组织也具有许多项目型组织的特点。再如，在强矩阵型的项目组织中，有专职的项目经理、专职的项目管理队伍，项目经理也具有较大的权力等。

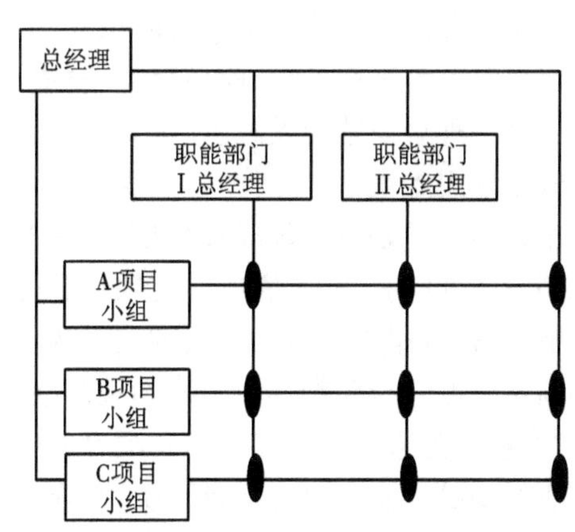

图3.8　矩阵型组织结构

矩阵型组织的主要特色是它的专业职能部门构成了矩阵型组织的“列”，同时这种组织建立的项目团队构成了矩阵型组织的“行”。矩阵型组织从不同职能部门抽调各种专业人员组成一个个项目团队，当这些项目团队的任务结束以后，项目团队的人员又可以回到原来的专业职能部门中去，所以它具有很大的灵活性。

矩阵型组织兼有直线职能型组织和项目型组织两方面的特性。在这种组织中，不但有正式设立的项目团队，而且这种项目团队有较大一部分人员是专职从事项目工作的。这种组织中的项目团队既有专职的，也有兼职的项目管理人员。

1）优点

（1）具有灵活性的特点，能够对客户和公司的要求做出较快的响应。

（2）项目经理负责整个项目，可以从职能部门抽调所需要的人员，充分调动项目的资源。

（3）当有多个项目同时进行时，公司可以对各个项目所需资源、进度与成本等进行统一协调与平衡，保证每个项目都能完成预期目标。

(4)项目中完备的行政管理人员体系,可以提高公司高层管理者对项目的信任。

(5)当项目结束时,项目团队成员各自回到原来的职能部门,方便对人力资源进行管理。

2)缺点

(1)多重领导,当项目经理与职能经理的命令发生冲突时,就会使项目团队成员无所适从。

(2)项目经理与职能经理权力的不均衡,或他们对各自成员影响力的不同,都会影响项目进度或职能部门的日常工作。

(3)对项目经理的能力要求较高,不仅要处理好资源分配、技术支持、进度安排等方面的工作,还需要懂得如何与各职能部门进行协调和配合。

(4)项目经理只关注项目的成败,而不是以公司的整体目标为努力方向。

一个大型建设项目如采用矩阵型组织结构模式,则纵向工作部门可以是投资控制、进度控制、质量控制、合同管理、信息管理、人事管理、财务管理和物资管理等部门,而横向工作部门可以是各子项目的项目管理部。矩阵组织结构适用于大的组织系统,在上海地铁和广州地铁1号线建设时都曾采用了矩阵组织结构模式。在上海世博会指挥部办公室组织结构中,也是采取了这样一种组织结构模式。

5. 组合型组织

组合型组织是一种集成直线型、职能型、矩阵型和项目型组织的全面组合。这种组织既有直线型职能部门,又有为完成各类项目而设立的矩阵型组织和项目型组织。从项目型组织的特性上说,这种组织有自己专门的项目队伍,这种项目队伍设立有自己的管理规章制度,它们使用与本企业直线职能部门不同的规章制度,它们可以建立独立的报告和权力体系结构。同时,这类组织的直线型职能部门和项目部门与项目队伍还可以为完成一些特定的项目而按照矩阵型组织的方法去组织项目团队,在项目完成后这种项目团队的人员可以回到原有的职能部门或项目部门中去。

3.3 项目工作流程组织

3.3.1 项目工作流程组织及工作流程图

项目工作流程组织可反映一个组织系统中各项工作之间的逻辑关系,是一种动态关系。在一个建设工程项目实施过程中,其管理工作的流程、信息处理的流程以及设计工作、物资采购和施工的流程组织都属于工作流程组织的范畴。

工作流程组织包括如下内容:

(1)管理工作流程组织,如投资控制、进度控制、合同管理、付款和设计变更等工作流程;

(2)信息处理工作流程组织,如与生成月度进度报告有关的数据处理工作流程;

(3)物质流程组织,如钢结构深化设计工作流程、弱电工程物资采购工作流程、外立面施工工作流程等。

工作流程图用图的形式反映一个组织系统中各项工作之间的逻辑关系,它可用以描述工作流程组织。工作流程图是一个重要的组织工具，如图 3.9 所示。工作流程图用矩形框表示工作（图 3.9(a)），箭线表示工作之间的逻辑关系，菱形框表示判别条件。也可用两个矩形框分别表示工作和工作的执行者（图 3.9(b)）。

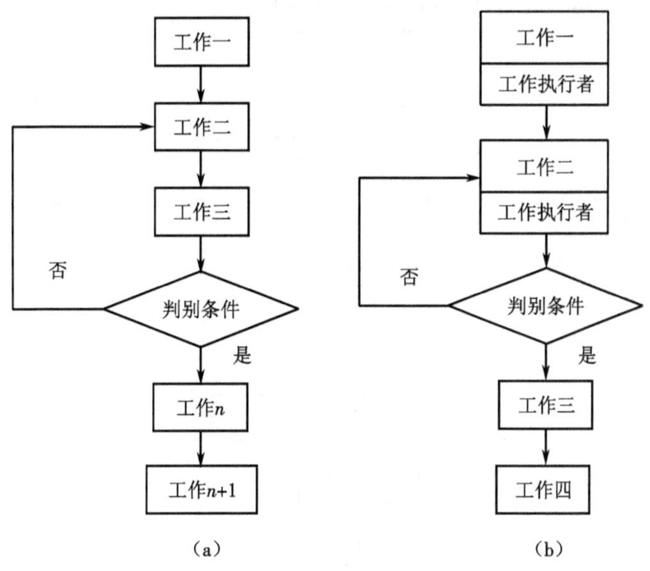

图 3.9　工作流程图

(a) 表示方法 **1**　(b) 表示方法 **2**

3.3.2　工作流程组织示例

图 3.10 为设计变更的工作流程组织。设计变更在工程实施过程中时有发生，设计变更可能由业主方提出，也可能由施工方或设计方提出。一般设计变更的处理涉及监理工程师、总监理工程师、设计单位、施工单位和业主方。

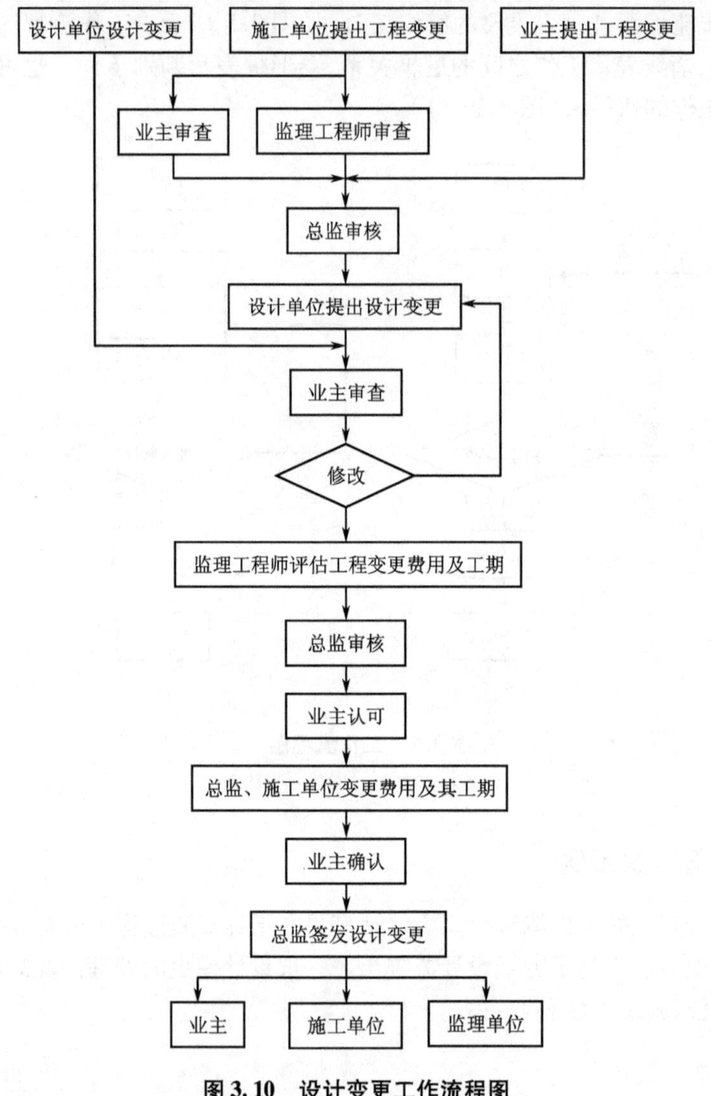

图 3.10　设计变更工作流程图

小复习

建筑工程招投标中，招投标的工作流程较为复杂，其中涉及多个单位的相互关系与关键时间节点，试分组讨论回忆招投投标的关键工作流程与关键时间节点。

3.4　工程项目结构

3.4.1　工程项目的项目结构分解

项目结构图(Work Breakdown Structure，WBS，或称 Project Diagram)是一个重要的组织工

具，它通过树形图的方式对一个项目的结构进行逐层分解，以反映组成该项目的所有工作任务（该项目的组成部分），常见的工程项目的结构分解包括两大类。

1. 技术系统的结构分解

对技术系统的分解是指假设对已经建成的工程进行分解。

1）按功能区间的分解

功能是工程建成后应具有的作用，工程不同的区位有不同的作用，项目的运行是工程所属的各个功能的综合作用的结果。

（1）以产品结构进行分解，如新建一个汽车制造厂，则可将整个项目分解成发动机、轮胎、壳体、底盘、组装、油漆、办公区、库房（或停车场）等几个大区或分厂。

（2）按平面或空间位置进行分解，如一栋办公楼，可分为办公室、展览厅、会议厅、停车场、交通、公用区间等。

2）按专业要素进行分解

要素是指功能面上有专业特征的组成部分。要素一般不能独立存在，它们必须通过有机组合构成功能。例如：一个办公区的功能面上可能有建筑、结构、给排水、供暖、通风、电器设施、器具、交通设备、办公设备等。有些要素还可以进一步分解为子要素，例如：结构可分解为基础、柱、墙体、屋顶及饰面等；电器设施又可分为供电系统和照明系统等。

2. 实施过程的分解

在整个工程中，每一个功能作为一个相对独立的部分，必然经过项目的实施的全过程。只有按实施过程进行分解才能得到项目的实施活动。例如，常见的建设工程项目分为如下实施过程：

（1）设计和计划（初步设计、技术设计、施工图设计、实施计划等）；

（2）招标投标（如图3.11所示）；

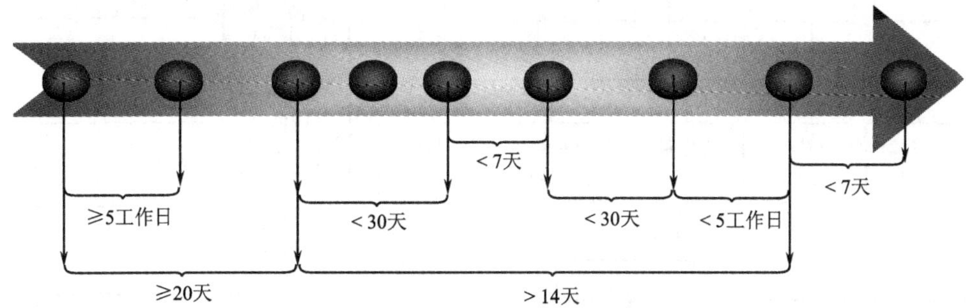

图3.11 招标与投标

（3）实施准备（现场准备、技术准备、采购订货、供应等）；

（4）施工（土建、机械和电器安装、装饰工程）；

(5)试生产/验收;

(6)投产/保修;

(7)运行等。

图3.2所示的项目结构图,就是按照项目的实施过程进行分解的。

对于建筑工程来说,工程项目结构分解是保证项目能够顺利并完整实施的必要步骤,其作用如下:

(1)保证项目结构的系统性和完整性;

(2)通过结构分解,使项目的形象透明,人们对项目一目了然,项目的概况和组成明确、清晰;

(3)用于建立项目目标保证体系;

(4)项目分解结构是进行项目分标,建立项目组织,落实组织责任的依据,项目单元的责任人也就是项目组织成员,所以项目结构对项目组织形式有规定性;

(5)是网络分析的基础,可用于进度、资源的计划和控制;

(6)作为项目报告系统的对象,是进行各部门、各专业协调的手段。

图3.12为某国际会展中心工程项目结构分解图,图3.13为世博会项目分解结构图。

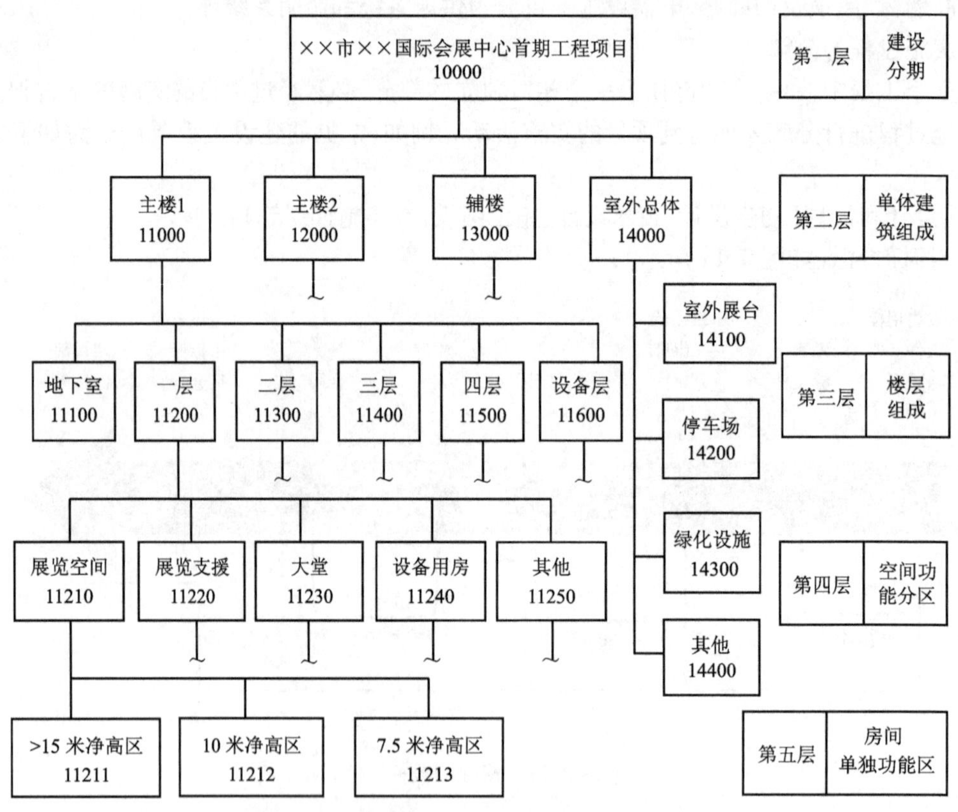

图3.12　某国际会展中心工程项目结构分解图

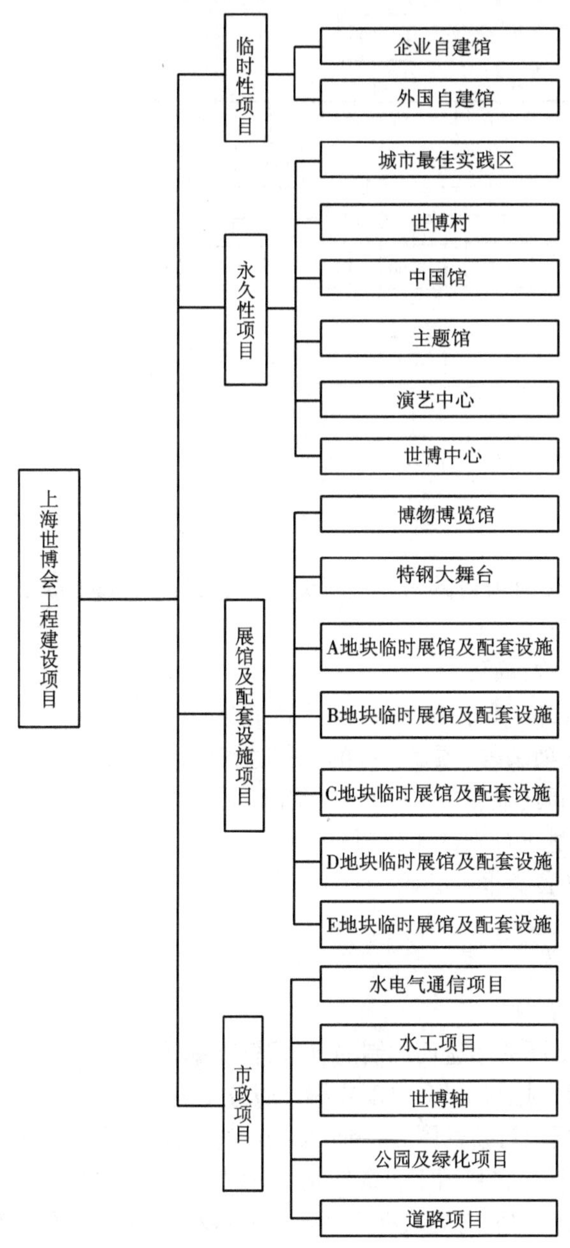

图3.13　世博会项目结构分解图

3.4.2　工程项目结构的编码

编码由一系列符号（如文字）和数字组成（如图3.14所示），编码工作是信息处理的一项重要的基础工作。

一个建设工程项目有不同类型和不同用途的信息，为了有组织地存储信息、方便信息的检

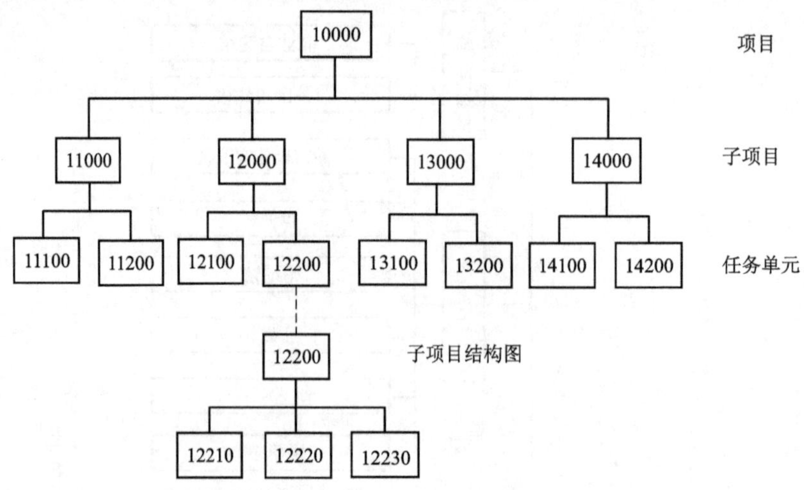

图 3.14　项目结构编码图

索和信息的加工整理,必须对项目的信息进行编码。例如:下述编码方式:

(1)项目的结构编码;

(2)项目管理组织结构编码;

(3)项目的政府主管部门和各参与单位编码(组织编码);

(4)项目实施的工作项编码(项目实施的工作过程的编码);

(5)项目的投资项编码(业主方)/ 成本项编码(施工方);

(6)项目的进度项(进度计划的工作项)编码;

(7)项目进展报告和各类报表编码;

(8)合同编码;

(9)函件编码;

(10)工程档案编码等。

以上这些编码是因不同的用途而编制的,如投资项编码(业主方)/ 成本项编码(施工方)服务于投资控制工作/成本控制工作,进度项编码服务于进度控制工作。

项目的结构编码依据项目结构图,对项目结构的每一层的每一个组成部分进行编码,采用"父码 + 子码"的方法编制。它和用于投资控制、进度控制、质量控制、合同管理和信息管理的编码有紧密的有机联系,但它们之间又有区别。以实现项目最终成果所需进行的工作为分解对象,依次逐级分解,形成愈来愈详细的若干级别(层次)、类别,并以编码标志的若干大小不同的项目单元。

WBS 最常见的六级别形式(项目结构内容),如下:

(1)总项目;

(2)单体项目;

(3)项目任务;

(4)子任务;

(5)工作包;

(6)作业层。

3.4.3　建立项目工作分解结构的步骤

工作分解结构划分的详细程度要视具体的项目而定,建立工作分解结构的步骤如下。

(1)确定项目总目标。

(2)确定项目目标层次:确定项目目标层次就是确定工作分解结构的详细程度(即 WBS 的分层数)。

(3)划分项目建设阶段:将项目建设的全过程划分成不同的、相对独立的阶段,如设计阶段、施工阶段等。

(4)建立项目组织结构。

(5)确定项目的组成结构:按工程内容对子项目或项目的组成部分进一步分解形成的结构图表。

(7)编制工作分解结构:将上述(3)~(6)项结合在一起,即形成了工作分解结构。

3.5　工程项目承发包模式

工程承发包是一种商业行为,交易双方为项目业主和承包商,双方签订承包合同,明确双方各自的权利与义务,承包商为业主完成工程项目的全部或部分项目建设任务,并从项目业主处获取相应的报酬。

3.5.1　平行承发包模式

平行承发包指的是业主将建设工程的设计、施工以及材料设备采购的任务经过分解分别发包给若干个设计单位、施工单位和材料设备供应单位,并分别与各方签订合同。各设计单位之间的关系是平行的,各施工单位之间的关系也是平行的,各材料设备供应单位之间的关系也是平行的。平行承发包模式如图 3.15 所示。

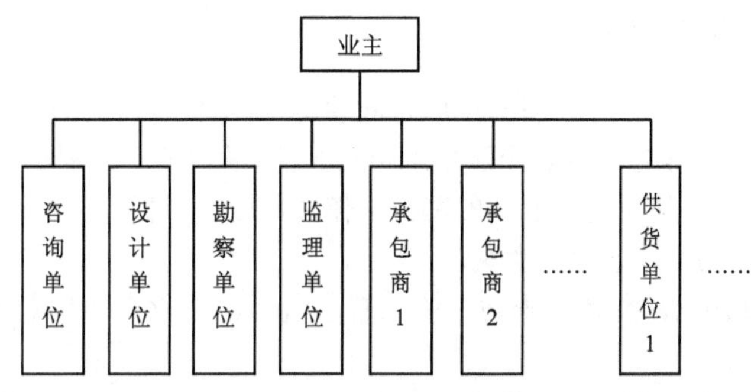

图 3.15　平行承发包模式

采用这种模式首先应合理地进行工程建设任务的分解,然后进行分类综合,确定每个合同的发包内容，以便选择适当的承建单位。进行任务分解与确定合同数量、内容时应考虑以下因素。

(1)工程情况。建设工程的性质、规模、结构等是决定合同数量和内容的重要因素。建设工程实施时间的长短、计划的安排也对合同数量有影响。

(2)市场情况。首先，由于各类承建单位的专业性质、规模大小在不同市场的分布状况不同，建设工程的分解发包应力求使其与市场结构相适应；其次，合同任务和内容对市场具有吸引力，中小合同对中小型承建单位有吸引力，又不妨碍大型承建单位参与竞争；最后，还应按市场惯例做法、市场范围和有关规定来决定合同内容和大小。

(3)贷款协议要求。对两个以上贷款人的情况，可能贷款人对贷款使用范围、承包人资格等有不同要求，因此，需要在确定合同结构时予以考虑。

1. 平行承发包模式优点

(1)有利于缩短工期。设计阶段与施工阶段有可能形成搭接关系，从而缩短整个建设工程工期。

(2)有利于质量控制。整个工程经过分解分别发包给各承建单位，合同约束与相互制约使每一部分能够较好地实现质量要求。

(3)有利于业主选择承建单位。大多数国家的建筑市场中，专业性强、规模小的承建单位一般占较大的比例。这种模式的合同内容比较单一、合同价值小、风险小，使它们有可能参与竞争。

因此，无论大型承建单位还是中小型承建单位都有机会竞争，业主可在很大范围内选择承建单位，提高择优性。

2. 平行承发包模式缺点

(1)合同数量多，会造成合同管理困难。合同关系复杂，使建设工程系统内结合部位数量增加，组织协调工作量大。需加强合同管理的力度，加强各承建单位之间的横向协调工作。

(2)投资控制难度大。这主要表现在：一是总合同价不易确定，影响投资控制实施；二是工程招标任务量大，需控制多项合同价格，增加了投资控制难度；三是在施工过程中设计变更和修改较多，导致投资增加。

3.5.2 工程项目总承包模式

工程项目总承包指企业受业主委托，按照合同约定，对工程项目的勘察、设计、采购、施工、试运行(竣工验收)等实行全过程或若干阶段承包的企业，承包者对工程项目的质量、工期、造价等向业主负责，可依法将所承包工程中的部分工作发包给具有相应资质的分包企业，分包企业按照分包合同的约定对总承包企业负责。

工程总承包的方式包括“设计－采购－施工总承包(EPC)”/交钥匙总承包和“设计－施工总承包(D-B)”两种。

(1)设计－采购－施工(EPC)/交钥匙总承包。设计－采购－施工总承包是指工程总承包企业按照合同约定，承担工程项目的设计、采购、施工、试运行服务等工作，并对承包工程的质量、安全、工期、造价全面负责。

(2)设计－施工总承包(D-B)。设计－施工总承包是指工程总承包企业按照合同约定，承担工程项目设计和施工，并对承包工程的质量、安全、工期、造价全面负责。

根据工程项目的不同规模、类型和业主要求，工程总承包还可采用施工总承包、设计－采购总承包(E-P)、采购－施工总承包(P-C)等方式。

1. 工程总承包的优点

(1)有利于优化资源配置。经验证明，实行工程总承包减少了资源占用与管理成本。

(2)有利于优化组织结构并形成规模经济。

(3)有利于政府部门打破行业垄断，并集中力量解决建筑市场最突出的问题，也有利于实行风险保障制度。因为唯有综合实力强的大公司方易获得保证担保。

(4)有利于控制工程造价，提升招标层次。在强化设计责任的前提下，通过概念设计与价格的双重竞标，把“投资无底洞”消灭在工程发包之中，并使招标成本大幅度降低。

(5)有利于提高全面履约能力，并确保质量和工期。工程总承包最便于充分发挥大承包商所具有的较强技术力量、管理能力和丰富经验的优势。对于确保质量和进度也是十分有利的。

(6)有利于推动管理现代化。工程总承包模式作为协调中枢必须建立起计算机系统，使各项工作实现了电子化、信息化、自动化和规范化，提高管理水平和效率。

2. 工程总承包的缺点

(1)建设周期较长。

(2)总报价可能较高。

(3)施工总包不利于设计施工配合。

(4)设计施工总包不利于项目控制。

3.5.3　联合体承包模式

联合体承包指的是某承包单位为了承揽不适于自己单独承包的工程项目而与其他单位联合，以一个承包人的身份去承包的行为，两个以上法人或者其他组织可以组成一个联合体，以一个承包人的身份共同承包，其模式如图3.16所示。

《中华人民共和国建筑法》(简称《建筑法》)第二十七条规定：“大型建筑工程或结构复杂的建筑工程，可以由两个以上的承包单位联合承包。”《中华人民共和国招标投标法》(简称《招标投标法》)第三十一条规定：“两个以上法人或其他组织，可以组成一个联合体，以一个投标人的身份共同投标。”《工程建设项目施工招标投标办法》第四十二条第(一)款、《工程建设项目货物招标投标办法》第三十八条第(一)款做了相同的规定。这些规定阐明工程联合承包的定义应为两个以上实行独立核算、能够独立承担民事责任、具备承担工程项目能力的法人或其他组织组成的，以一个承包单位的身份承揽工程项目行为。在具体项目操作过程中，如果工程建设联合体中标，联合投标就转化成联合承包，对于联合体承包可做如下理解。

(1)联合体承包的联合各方为法人或者法人之外的其他组织。形式可以是两个以上法人组成的联合体，两个以上非法人组织组成的联合体，或者是法人与其他组织组成的联合体。

(2)联合体是一个临时性的组织，不具有法人资格。组成联合体的目的是增强承包竞争

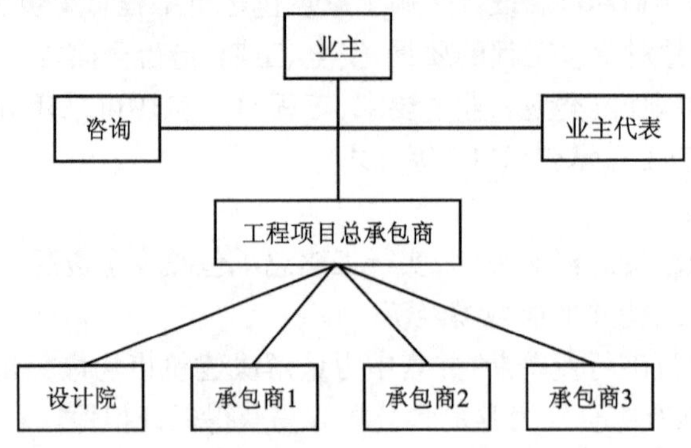

图 3.16　联合体承包模式

能力,减少联合体各方因支付巨额履约保证而产生的资金负担,分散联合体各方的承包风险,弥补有关各方技术力量的相对不足,提高共同承担的项目完工的可靠性。如果属于共同注册并进行长期经营活动的“合资公司”等法人形式的联合体,则不属于《招标投标法》所称的联合体。

(3)联合体的组成可以组成合资公司,也可以不组成。是否组成合资公司由联合体各方自己决定。对此《招标投标法》第三十一条第(四)款也有相应的规定。这说明联合体的组成属于各方自愿的、共同的、一致的法律行为。

(4)联合体对外以一个承包人的身份共同承包。也就是说,联合体虽然不是一个法人组织,但是对外承包应以所有组成联合体各方的共同的名义进行,不能以其中一个主体或者两个主体(多个主体的情况下)的名义进行,即联合体各方共同与招标人签订合同。这里需要说明的是,联合体内部之间权利、义务、责任的承担等问题则需要依据联合体各方订立的合同为依据。

(5)联合体承包的联合体各方应具备一定的条件。比如,根据《招标投标法》的规定,联合体各方均应具备承担招标项目的相应能力;国家有关规定或者招标文件对承包人资格条件有规定的,联合体各方均应当具备规定的相应资格条件。

(6)联合体共同承包一般适用于大型建设项目和结构复杂的建设项目。对此《建筑法》第二十七条有类似的规定。

在黄河小浪底工程中施工的 OTFF 联营体就是中国水利水电第一、第三、第四和第十四工程局联合;中标东盟最大的桥梁项目——印度尼西亚马杜拉大桥项目的中国交通建设集团公司就是由中国港湾工程有限责任公司和中国路桥工程有限责任公司整合联营。

3.5.4　BOT 模式

BOT(Build-Operate-Transfer)即建设 - 经营 - 转让,是指政府通过契约授予私营企业(包括外国企业)以一定期限的特许专营权,许可其融资建设和经营特定的公用基础设施,并准许其通过向用户收取费用或出售产品以清偿贷款,回收投资并赚取利润;特许权期限届满时,该基础设施无偿移交给政府。

1. BOT 方式的优点

(1)降低政府财政负担。

(2)政府可以避免大量的项目风险。

(3)组织机构简单，政府部门和私人企业协调容易。

(4)项目回报率明确，严格按照中标价实施，政府和私人企业之间利益纠纷少。

(5)有利于提高项目的运作效率。

(6)给项目所在国带来先进的技术和管理经验，促进了国际经济的融合。

2. BOT 方式的缺点

(1)项目周期长。

(2)投资人和贷款人风险大。

(3)存在各方利益冲突，会对融资造成障碍。

(4)机制不灵活。

(5)投资地政府会在一段时间内减弱或丧失对项目的控制权。

在 BOT 模式的具体运营中，又延伸出了多种相关的承包方式，包括 BOOT(Build-Own-Operate-Transfer)，即建设－拥有－运营－移交，这种方式明确了 BOT 方式的所有权，项目公司在特许期内既有经营权又有所有权；BOO(Build-Own-Operate)，即建设－拥有－运营，这种方式是开发商按照政府授予的特许权，建设并经营某项基础设施，但并不将此基础设施移交给政府或公共部门；BOOST(Build-Own-Operate-Subsidy-Transfer)，即建设－拥有－运营－补贴－移交。

案例分析

中国第一个国家正式批准的 BOT 试点项目——广西来宾电厂

20 世纪末的十年，亚洲地区每年的基建项目标底高达 1 300 亿美元。许多发展中国家纷纷引进 BOT 方式进行基础建设，如泰国曼谷二期高速公路，巴基斯坦 Hah River 电厂等等。BOT 方式在中国出现已十年有余，1984 年中国香港合和实业公司和中国发展投资公司等作为承包商与广东省政府合作在深圳投资建设了沙角电厂项目，是中国首家 BOT 基础项目。但在具体做法上并不规范。1995 年广西来宾电厂二期工程是中国引进 BOT 方式的一个里程碑，为中国利用 BOT 方式提供了宝贵的经验。此外，BOT 方式还在北京京通高速公路、上海黄浦区延安东路隧道复线等许多项目上得以运用。

广西来宾电厂位于广西壮族自治区的来宾县。装机规模为 72 万千瓦，安装两台 36 万千瓦的进口燃煤机组。该项目总投资为 6.16 亿美元，其中总投资的 25%，即 1.54 亿美元为股东投资，两个发起人按照 60∶40 的比例向项目公司出资，具体出资比例为法国电力国际占 60%，通用电气阿尔斯通公司占 40%，出资额作为项目公司的注册资本；其余的 75% 通过有限追索的项目融资方式筹措。中国各级政府、金融机构和非金融机构不为该项目融资提供任何形式的担保。项目融资贷款由法国东方汇理银行、英国汇丰投资银行及英国巴克莱银行组成的银团联合承销，贷款中 3.12 亿美元由法国出口信贷机构——法国对外贸易保险公司提供出口信贷保险。项目特许期为 18 年，其中建设期为 2 年 9 个月，运营期 15 年 3 个月。特许期满项目公司将电厂无偿移交给广西壮族自治区政府。在建设期和运营期内，项目公司将向广西壮族自治区政府分别提交履约保证金 3 000 万美元，同时项目公司还将承担特许期满电厂移交给政府后 12 个月的质量保证义务。广西电力公司每年负责向项目公司购买 35 亿千瓦时(5 000 小时)的最低输出电量(超发电量只付燃料电费)，并送入广西电网。同时，由广西建设燃料有限责任公司负责向项目公司供应发电所需燃煤，燃煤主要来自贵州省盘江矿区。

思考：

(1)广西来宾电厂采取 BOT 方式的原因是什么，有什么优缺点？

(2)项目参与方有哪些？各承担什么义务，出资方有哪些，具体出资金额多少？

项目小结

3.1　组织论的研究内容

项目结构图、组织结构图和合同结构图。

3.2　项目实施组织的典型结构

直线型、职能型、项目型、矩阵型、组合型组织结构及各种结构的含义、优缺点。

3.3　项目工作流程组织

了解工作流程。

3.4　工程项目结构

(1)项目结构分解：分解方法、过程。

(2)项目结构编码：编码规则。

3.5　工程项目承发包模式

平行承发包、总承包(EPC、设计 - 施工总承包)、联合体承包、BOT 模式及各种承包方式的特点，适用范围，优缺点。

项目习题

一、单项选择题

1. 每个部门只有唯一的上级部门，指令来源是唯一的，这种组织结构是(　　)的组织结构。

A. 直线型　　B. 职能型　　C. 矩阵型　　D. 事业部型

2. 矩阵型组织结构较适宜用于(　　)。

A. 地区分散的组织系统　　B. 地区集中的组织系统

C. 小的组织系统　　D. 大的组织系统

3. 在国际上，设计、采购和施工任务综合的承包被称为(　　)。

A. EPC 承包　　B. 联合体承包　　C. D + B 承包　　D. CM 总承包

4. 具有“可以使设计与施工有机结合，有利于承包商的进度和成本控制，但并不意味着可以降低业主投资”特点的承发包模式是(　　)。

A. 平行承发包模式　　B. 施工总分包模式

C. 施工联合体承包模式　　D. 工程项目总承包模式

5. 具有“使设计与施工相互分离，容易造成设计方案与实际施工条件脱节，忽视施工的可能性和经济性”特点的承发包模式是(　　)。

A. 平行承发包模式　　B. 设计或施工总分包模式

C. 联合体承包模式　　D. 工程项目总承包模式

6. 项目结构编码 11200 代表该项目单元是位于结构分解图的第(　　)层上。

A. 1　　B. 2　　C. 3　　D. 4

7. 按照过程化分析方法画出的结构分解图称为(　　)。

A. WBS　　B. APS　　C. ABS　　D. WBC

二、多项选择题

1. 下列关于矩阵型组织结构的描述正确的是(　　)。

A. 指令源是唯一的　　B. 指令源有两个

C. 指令路径太长　　D. 适用于大的组织系统

E. 适用于小的组织系统

2. 图 3.17 所示的项目组织结构模式的特点有(　　)。

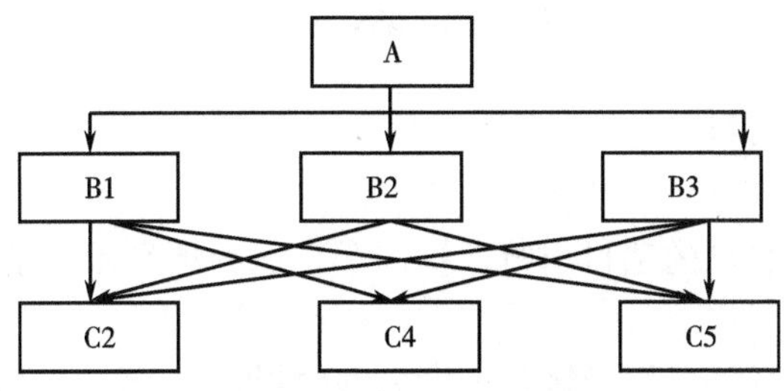

图 3.17　多选题 2 图

A. 每一个部门可根据其职能对其直接和非直接的下属部门下达指令

B. 每一个部门可能得到其直接和非直接的上级部门下达的工作指令

C. 每一个部门可能会有多个矛盾的指令源

D. 上下级指令传递的路径较长

E. 矛盾的指令会影响项目管理机构的运行

3. 以下属于平行承发包模式特点的是(　　)。

A. 设计和施工阶段有可能形成搭接关系，可以缩短整个项目工期

B. 业主与承包商之间的界面简单，从而减少业主的协调和管理工作量

C. 合同数量众多，造成业主方的合同管理困难

D. 业主的组织协调、管理工作量增大,要求业主有很强的专业管理能力和管理经验

E. 可以减少工作的不确定性,从而减少承包商对风险补偿的要求和总包的管理费用,可以节省投资

4. 以下属于工程项目总承包模式特点的是(　　)。

A. 承包商要求更高的风险补偿费,导致合同价格更高

B. 使设计与施工有机结合,有利于承包商的进度和成本控制

C. 对项目质量控制的难度增加

D. 招标发包工作难度大,容易造成较多的合同纠纷

E. 有利于项目业主对项目投资的控制

三、简答题

1. 简述直线型组织结构的优点和缺点。

2. 简述职能型组织结构的优点和缺点。

3. 简述 BOT 方式的优点。

四、案例题

某校的灾后重建项目,需要重新修建三栋教学楼、两幢学生公寓、一个足球场和一个篮球场、一个食堂、一幢图书馆。学校委托某招标公司先后进行了设计招标、施工招标(施工招标又分成Ⅰ、Ⅱ、Ⅲ三个标段分别展开)和监理招标。最后这些项目的设计任务全部由一家设计院承包,施工任务分别由甲、乙、丙三家施工单位承包,监理任务全部由一家建设管理公司承包。试分析其项目管理模式属于哪一种?

项 目 练 习

1. 项目组织结构练习

(1)根据班级情况,为自己的项目小组选择一个合适的项目团队组织结构,并对人员给予合理分工。

(2)把自己小组加于班级中,以班级为一个大的公司,画出整个班级的组织结构图。

2. 项目结构分解练习

结合项目 2 项目练习(项目建议书),假设该项目已经被批准,项目团队成员讨论自己团队的项目所包含的内容,并为自己选择的项目进行项目结构分解(参照本项目 3.4 内容)。

(1)按照项目的实施过程对项目进行分解(工作过程分解)。

(2)按照产品结构进行分解,对项目团队所选项目的平面或空间结构进行分解。

(3)对项目的分解结构进行编码。

3. 工程承包模式讨论练习

结合项目 2 的项目练习(项目建议书),假设该项目已经被批准,根据项目的分解结构,讨论决定项目的承包模式,并给出一定的理由。

项目4 “深圳速度”的国贸大厦工程——带你进入进度控制世界

【知识目标】

了解工程建设进度管理的概念，进度计划的编制、执行、检查与控制的原理与方法。

掌握工程进度计划的表示方法以及在进度计划执行过程中如何进行检查分析与调整。

【技能目标】

能够运用相关知识进行有效的进度控制。

【素养目标】

建立初步的进度控制理念。

引例　深圳速度——项目进度控制的先行军

深圳国贸大厦以方形塔楼为主体，楼高53层（地下3层），160米，第5~23层及25~43层为办公楼标准层，第24层为避难层，第49层为旋转餐厅，第50层屋面设有直径26米的直升机停机坪。塔楼北侧为5层（地下1层）长150米的裙楼，构成一个规模宏大的商场，与大厦内银行、餐厅、展销柜、证券交易厅交相辉映。裙楼内设有一玻璃拱形顶中庭，中庭两侧的连廊和参差不齐的挑檐映衬着室内的音乐喷泉，使大厦更见风致。地下部分设有可停放130辆汽车的地下停车场。大厦配备了先进的楼宇控制系统、消防系统、闭路电视监控系统，中央空调系统和垂直、手扶、观光电梯系统，是集办公、商贸、金融、饮食、观光于一体，造型优美别致，设备精良于一身的一流现代建筑。

1982年11月—1985年12月的37个月期间，中建三局建设工程股份有限公司在承建深圳国际贸易中心大厦（简称国贸大厦）时，创下了三天盖一层楼的速度，在中国建筑史上创下了引以为豪的“深圳速度”。深圳国贸大厦建成后，是当时中国的第一高楼，成为深圳地标性建筑，而且周边也因国贸大厦而被称为国贸商圈。当时深圳的建设正在如火如荼地快速进行中，国贸大厦的建设过程经报道后，成为深圳城市建设的一个典型被广为宣传。因此“深圳速度""三天一层楼"是当时媒体提到深圳时常用的词汇。

深圳国贸大厦建设虽然以快速而著称,却不是所有的施工单位都能模仿的,在某些地方即便是加长每天的工时都不可能达到。比如,深圳由于气候原因,混凝土的凝固期远短于中国内地很多城市,而且国贸大厦在施工时使用的混凝土中加入了加速凝固的凝固剂,因此混凝土在浇筑后可以很快凝固,以加盖上面一层。此外,建设中还使用了多层的楼板模板,不必等下面一层完全完成再将模板撤除而加盖上面一层,节约了不少时间,并且还使用了国内尚未使用过的滑模工艺。在其进度管理与控制中,亦采取了很多世界领先的技术。

国贸大厦是深圳最不容忽略的一个标志,它是曾经的亚洲最高,"深圳速度"的最佳代言者。虽然,近年来,越来越多的内地城市开始以与深圳相当甚至更快的速度发展,"深圳速度"也就少有人提了,但是,深圳国贸大厦的建筑进度管理,却成为中国建筑史上的一大经典。

结论 进度控制管理是项目的灵魂,合理的、科学的、讲求效率的工程项目施工进度是保证工程项目目标控制得以实现的前提。

4.1 工程建设项目进度管理的概念

4.1.1 工程建设项目进度管理的概念和基本要求

工程建设项目进度管理是指采用科学的方法确定目标进度,编制进度计划和资源供应计划,并进行进度控制,在与质量、费用目标协调的基础上,实现工期目标。

项目的组织应建立项目进度管理制度,制定进度管理目标。项目进度管理目标应按项目实施过程、专业、阶段或实施周期进行分解。

项目经理进行进度管理的程序是:a)制订进度计划;b)进度计划交底,落实责任;c)实施进度计划,跟踪检查,对存在的问题分析原因并纠正偏差,必要时对进度计划进行调整;d)编制进度报告,报送组织管理部门。

1.项目进度计划编制

项目的组织应根据合同文件、项目管理规划文件、资源条件与内外部约束条件编制项目进度计划并提出项目控制性进度计划,控制性进度计划可包括下列内容。

(1)工程建设总进度计划。工程建设项目总进度计划指的是整个项目的进度计划,它是在项目决策阶段项目定义时确定的,项目管理的主要任务是在项目的实施阶段对总进度计划进行控制。

(2)分阶段进度计划。

(3)子项目进度计划和单体进度计划。

(4)年(季)度计划。

项目经理应编制项目作业性进度计划。作业性进度计划可包括分部分项工程进度计划和月(旬)作业计划。

进度计划的编制步骤如下:

(1)确定进度计划的目标、性质和任务；

(2)进行工作分解；

(3)收集编制证据；

(4)确定工作的起止时间及里程碑；

(5)处理各工作之间的逻辑关系；

(6)编制进度表；

(7)编制进度说明书；

(8)编制资源需要量及供应平衡表；

(9)报有关部门批准。

编制进度计划可使用文字说明、里程碑表、工作量表、横道计划、网络计划等方法。作业性进度计划必须采用网络计划方法或横道计划方法。

2. 项目进度计划实施

经批准的进度计划，应向执行者进行交底并落实责任，进度计划执行者应制定实施计划措施。在实施进度计划的过程中应进行下列工作：

(1)跟踪检查，收集实际进度数据；

(2)将实际数据与进度计划进行对比；

(3)分析计划执行的情况；

(4)对产生的进度变化，采取措施予以纠正或调整计划；

(5)检查措施的落实情况；

(6)进度计划的变更必须与有关单位和部门及时沟通。

3. 项目进度计划的调整与检查

对进度计划进行的检查与调整应依据其实施结果。进度计划检查应按统计周期的规定进行定期检查，并应根据需要进行不定期检查，进度计划检查包括下述内容。

(1)工程量的完成情况。

(2)工作时间的执行情况。

(3)资源使用及进度的匹配情况。

(4)上次检查提出问题的整改情况。

(5)编制进度报告。进度报告的内容包括：a)进度执行情况的综合描述；b)实际进度与计划进度的对比资料；c)进度计划的实施问题及原因分析；d)进度执行情况对质量、安全和成本等的影响情况；e)采取的措施和对未来计划进度的预测。

进度计划的调整对象如下：

(1)工程量；

(2)起止时间；

(3)工作关系；

(4)资源提供；

(5)必要的目标调整。

进度计划调整后应编制新的进度计划，并及时与相关单位和部门沟通。

工程建设项目进度管理始于进度计划的编制，其作用是使整个工程建设过程始终纳入计划管理的轨道。从这个意义来讲，计划是工程进度管理的一项中心职能，整个进度管理工作始终是围绕进度计划来展开的。但由于影响工程进度的因素无时无处不在，计划不变是相对的，而变化是绝对的，即进度计划执行过程中由于新情况新问题的不断出现，常常使得工程建设的实际进度难以按原计划安排进行。这就要求项目管理者在实施计划的过程中要不断检查进度计划的实际执行情况，并将其与计划安排进行对比以便及时发现进度偏差，进而分析进度偏差原因，制定相应纠偏措施，以维持原有计划的正常实施，但是如果采用纠偏措施后原计划仍无法维持，则需要对原有进度计划进行调整或修正，并实施该新的进度计划。由此表明，工程建设项目监督管理是一个不断编制、执行、检查、分析和调整计划的动态循环过程。因此，工程建设项目进度管理中必须遵循以下两项原理。

1）*系统原理*

将系统原理运用于工程建设项目进度管理过程的主要含义是：a）为确保工程建设项目的目标工期得以顺利实现，进度管理过程中应按管理主体和工程建设阶段的不同分别编制计划，从而形成严密的进度计划系统；b）为确保以上各个不同管理主体进度计划的顺利实施，必须建立由各个管理主体及其不同管理层次组成的进度控制组织实施系统；c）进度管理自计划编制开始，经过计划实施过程中的跟踪检查、发现进度偏差、分析偏差原因、找出解决办法、制定调整或修正等一系列环节，再回到对原进度计划的执行或调整，从而构成一个封闭的循环系统；d）采用工程网络计划技术编制进度计划并对其执行情况实施严格的量化管理。

2）*动态原理*

动态原理是指在工程建设项目进度管理过程中应该始终遵循反馈原则和弹性原则，以确保进度控制工作的实际效果。反馈原则是指在实施进度计划的过程中应随时注重统计整理进度资料，并将其与进度计划进行比较，从而及时得出工程实际进度与计划进度的比较结果，以利于项目管理者灵敏、准确地捕捉进度管理过程中的情况变化，并对其做出迅速正确的反应和决策。弹性原则是指借助统计经验和风险分析，尽量把握各种进度影响因素的发生可能性及其作用规律，并以其为据在进行目标工期制定和进度计划安排时留有余地，使之具有必要弹性。这种出于对实际情况的应变考虑而设置的弹性，将有助于项目管理者在进度管理过程中始终处于主动地位，通过利用有效的时空余裕，缩短有关工作的持续时间或改变不同工作之间的衔接关系，使项目建设过程中已经形成的进度延误，能够通过缩短后续施工过程的持续时间来得以弥补，使项目的计划工期仍然能被控制在事先确定的目标工期范围之内。

4.1.2 工程建设项目进度管理标准的设定

工程建设项目进度管理既然以项目的建设工期为管理对象，那么工程建设项目进度管理的成效就必然由项目建设工期控制的有效程序来表征。由于没有标准也就无所谓控制，因此工程建设项目进度管理必然首先要求设立相应的控制标准，这就是目标工期。通常情况下，业主单位出于尽早投入使用和尽快收回项目投资的考虑，都会对项目的建设期限做出明确要求并在建设工程合同中约定；若是由国家或地方政府投资兴建的项目，往往还会以指令工期的方式对工程建设期限做出规定。在上述情况下，工程建设项目进度管理过程中的工期控制标准即为合同工期或指令工期。

事实上,除了取决于客观上的合同工期或指令工期要求,目标工期的制定在很大程度上还取决于施工承包企业主观能动性的发挥,因为在合同工期或指令工期不能被突破的前提下,施工承包企业在目标工期的确立过程中,通常还可能做出以下几种选择。

1. 以预期利润标准确定目标工期

在市场经济条件下,施工企业总是要以承包一项工程任务可以取得的预期利润为判断准绳,以决定是否参与这项工程的投标竞争。而一旦取得了工程承包合同,施工企业将动用其技术管理力量并全面投入人力、物力、财力从事施工生产活动,直至最终形成质量合格的建筑产品,其目的就是为了实现上述预期利润;但它并不是一个与工程进度无关的孤立过程。事实上,如果施工企业不能在工程建设项目的建造过程中保持其必要的施工进度水平,则可能引起企业生产流动资金超期占用、利息增加、人员工资和机械使用费用加大以及向业主支付误期损失费等现象的发生,从而导致企业在该工程建设项目上的预期利润无法实现。由此可见,施工企业的预期利润目标是工期取定的一个重要决定因素;实际上,工程建设项目进度管理实务中,施工企业常常需要由预期目标利润来推算目标工期的取值。

2. 以费用－工期标准确定目标工期

值得注意的是,施工企业在确定目标工期时往往并非只是单纯求快。由于工程进度过快,将会因为赶工增员或采用超常技术措施或大量使用机械化设备从而造成工程总费用的不合理支出,施工企业常常在工程进度管理过程中会努力追求一个费用最低工期并以其作为目标工期。在这里,目标工期的“工期短”“费用低”两重属性成为工程建设项目管理的一个复合性控制标准。事实上,由于建筑安装工程费用中的直接工程费随着工期缩短而增加,其间接费却随着工期缩短而减少,这样在工期取值恰当的情况下,直接工程费和间接费之和的工程费用将会较少;工程网络计划技术中将寻找这一恰当工期的过程称为工期费用优化,相应使工程费用达到最小取值的该恰当工期则被称为“费用最低工期”。显然施工企业以费用最低工期作为工程建设项目进度管理过程中的目标,以保证最低的工程建造成本完成工程承包任务为追求。

3. 以资源－工期标准确定目标工期

工程建设项目进度管理过程中,施工企业的进度计划将根据施工过程中实际可以调配的劳动力、施工机具设备、建筑材料、构配件、半成品、资金的具体状况确定。为此,企业时常面临的一个重要问题是在资源供给受限的情况下如何使工期达到最短,这一问题的实际解决过程便是施工企业确定目标工期的过程。因此,“资源限定”和“工期最短”的两重属性,同样构成了工程建设项目进度管理的一个复合性控制标准。施工企业将其作为工程建设项目进度管理中的目标工期,能够最大限度地避免工程建造过程中,由于一种或多种建设资源供给受限而导致的工程延误,从而保证企业不致因此陷入被动。

4.1.3 工程建设项目进度管理的方法与措施

1. 工程建设项目进度管理的方法

1)行政方法

用行政方法管理工程进度,重点是进行进度目标的决策和指导。如国家有关部门审批项目建议书和项目可行性研究报告、对重大建设项目进行工期决策、批准项目年度基本建设计划、制定工期定额、招投标办公室批准标底文件中的项目总工期等等,都属于项目进度管理的行政方法范畴。需要注意的是,由于项目管理者在工程进度管理过程中的主体地位并不会随着不同管理方法的应用而改变,因此,不能简单地将进度管理的行政方法理解为“行政干预”。

2)经济方法

经济方法是指通过应用经济手段制约或影响工程进度。如建设银行通过调节项目建设资金的投放速度以影响工程建设进程业主单位在工程承发包合同中写明结合工期完成情况进行经济奖惩的专门条款等等,均体现了工程建设项目进度管理的经济方法。

3)管理技术方法

管理技术方法是指在工程建设项目进度管理过程中进行的规划、控制和协调。所谓规划,是指确定项目的总进度和分进度目标,并编制其进度计划;所谓控制,是指在工程建设全过程中不断进行实际进度和计划进度的比较,一旦出现偏差则及时采取措施进行调整;所谓协调,则是指协调项目建设过程中必然产生的种种复杂关系,以确保工程建设项目进度管理目标的顺利实现。需要特别强调的是,管理技术方法中的“控制”是工程建设项目进度管理的核心环节,工程进度控制基于其本身特点可区分为多种不同的方式,如按控制的结构可分为集中控制和分散控制,按控制时效可分为事前、事中、事后控制,按控制范围可分为全面控制和重点控制,按控制程度可分为直接控制和间接控制,按有无信息反馈可分为开环控制和闭环控制,按控制所依据的原则不同可分为规划控制、随机控制和适应性控制,等等。

2. 工程建设项目进度管理的措施

工程建设项目进度管理的措施包括组织措施、技术措施、合同措施、经济措施和信息管理措施等。

组织措施主要包括:a)落实进度管理部门及人员,分派进度控制任务,进行管理职能分工;b)进行项目分解,按项目结构、合同结构或项目进展阶段建立编码体系;c)确定进度协调工作制度,确定进度协调会议的举行时间、地点、内容及参加人员等;d)分析影响进度目标实现的干扰和风险因素。技术措施则包括落实施工方案部署,选用新技术、新工艺、新材料以加快工程进度等内容。合同措施主要包括选择有利于缩短工期的承发包方式,争取尽早开工,分析合同工期以确定进度控制范围及认真对待与处理工期索赔事宜等。经济措施是指利用经济手段如业主通过行使支付控制权来控制工程进度。信息管理措施则主要包括建立进度信息收集和报告制度、定期进行计划进度与实际进度的比较分析、及时提供进度比较分析报告等。

4.2 工程建设项目进度计划

4.2.1 工程建设项目进度计划的种类

工程建设项目进度管理工作,始于进度计划的编制,而且进度管理的全部过程自始至终是围绕进度计划这个中心来展开的,因此,进度计划的编制是进度管理工作的首要环节。

按管理主体的不同,工程建设项目进度计划可区分为业主单位、设计单位及施工承包单位等不同主体所编制的不同种类的计划,这些计划既互相区别又有联系,从而构成了工程建设项目进度管理的计划系统(如表4.1~4.4所示)。其作用是从不同的层次和方法共同保证工程建设项目进度管理总体目标的顺利实现。

表4.1 业主单位的进度计划系统

序号	计划种类	计划内容	编制依据	编制目的
1	工程建设前期工作计划	安排项目可行性研究,设计任务书及初步设计等项工作的进度	预测	有效衔接建设前期各项工作并控制其时间
2	工程建设总进度计划	(1)有关总进度计划安排原则、依据的文字阐述; (2)工程建设项目一览表; (3)工程建设项目总进度计划; (4)投资计划年度分配表; (5)工程建设项目进度平衡表等组成部分	初步计划	保证初步设计所确定的自工程设计到竣工投产全过程各项建设任务的如期完成
3	工程建设项目年度计划	(1)有关年度计划安排原则、依据的文字阐述; (2)年度计划项目表; (3)年度竣工投产交付使用计划表; (4)年度建设资金平衡表; (5)年度设备平衡表等组成部分	工程建设项目总进度计划	按工程项目总进度计划要求,为分批配套投产或交付使用,依当年可投入建设资源的情况,合理安排年度建设工作内容

注:业主单位的以上各类计划既可自行编制,亦可委托项目管理单位编制。

表4.2　设计单位的进度计划系统

<table>
<tr><th>序号</th><th>计划种类</th><th>计划内容</th><th>编制依据</th><th>编制目的</th></tr>
<tr><td>1</td><td>设计总进度计划</td><td>就包括设计准备、方案设计、初步设计、技术设计、施工图设计在内的各项工作所作的总体时间安排</td><td>工程建设总进度计划、委托合同文件</td><td rowspan="5">按质、按量、按既定时间的要求提供施工图纸等各种设计文件</td></tr>
<tr><td>2</td><td>设计准备工作计划</td><td>就规划设计条件确定、设计基础资料收集、委托设计等项工作所做的时间安排</td><td rowspan="3">设计总进度计划及其对各不同设计工作阶段的时间要求</td></tr>
<tr><td>3</td><td>初步(技术)设计工作进度计划</td><td>以单位工程为对象,对包括方案设计、初步设计、技术设计、设计分析评审、项目概算及修正概算编制、审批在内的各项工作所做的时间安排</td></tr>
<tr><td>4</td><td>施工图设计工作进度计划</td><td>确定单项工程、单位工程的设计进度及其搭接关系</td></tr>
<tr><td>5</td><td>专业设计作业进度计划</td><td>对包括生产工艺、建筑结构、给排水、通风、电气设计在内的各项专业设计工作所做的时间安排</td><td>施工图设计工作进度计划,设计工日定额及设计人员数</td></tr>
</table>

注:设计准备工作计划、初步(技术)设计、工作进度计划、施工图设计工作进度计划可通称为阶段性设计进度计划。

表4.3　监理(管理咨询)单位的进度计划系统

<table>
<tr><th>序号</th><th>计划种类</th><th>计划内容</th><th>编制依据</th><th>编制目的</th></tr>
<tr><td>1</td><td>总进度计划</td><td>阐明工程建设项目前期准备、设计、施工、动用前准备及项目动用等各不同阶段的进度控制目标</td><td>工程建设总进度计划</td><td rowspan="3">形成工程项目各阶段、各不同组成部分的控制性进度计划,协调各有关单位一体化的进度控制工作,协助业主实现项目总工期目标</td></tr>
<tr><td>2</td><td>总进度分解计划</td><td>(1)年度、季度、月度进度计划
(2)设计前准备阶段进度计划
(3)设计阶段进度计划
(4)施工阶段进度计划
(5)动用前准备阶段进度计划等</td><td rowspan="2">总进度计划及其对工程建设各不同阶段与组成部分的时间要求</td></tr>
<tr><td>3</td><td>各子项目进度计划</td><td>以构成完整项目的单项工程、单位工程或分部分项工程为对象形成各级、各部分相互衔接的控制性进度计划</td></tr>
</table>

注:在监理单位进度计划编制的过程中,还应充分体现建立及落实进度控制工作制度,进行进度控制方法规划,及针对项目进度目标实现可能性所进行的风险分析,并包括工期索赔事项预防等各种内容要求。

表 4.4 施工单位的进度计划系统

序号	计划种类	计划内容	编制依据	编制目的
1	施工总进度计划	(1)计算工程量 (2)确定各单位工程的施工期限,开竣工时间与相互搭接关系 (3)初步编制及最终形成施工总进度计划	工程建设总进度计划、施工承包合同文件、施工总方案、初步设计图纸、各类定额、自然及资源条件	确定各单项工程或单位工程的施工顺序,起止时间及衔接关系
2	单位工程进度计划	(1)划分施工过程 (2)计算工程量 (3)确定劳动量及机械台班数量 (4)确定各施工过程天数 (5)初步编制及最终形成单位工程计划	施工总进度计划、单位工程施工方案及开竣工日期要求、施工图、施工定额、现场施工条件等	合理安排单位工程中各分部、分项工程的施工顺序,起止时间及衔接关系
3	阶段性施工进度计划	含年度、季度、月度施工进度计划及旬、周作业进度计划	施工总进度计划	将施工总进度计划按时间阶段进行分解落实
4	专业(或工种)工程的进度计划	系对土建、结构、安装等不同专业工程所做的进度安排	各单位工程全过程的施工进度计划	协调各专业工种的工作步调以控制工程进度
5	分部、分项工程的进度计划	为指导较复杂的分项工程如高层基础、大型设备基础的施工而编制的详细作业进度计划	单位工程施工进度计划	控制某些复杂分项工程的施工进度

注:1. 除表中所列各种目标性时间计划,施工单位的进度计划系统还可内含施工准备工作计划、劳动力使用计划、机械设备使用计划、材料构配件和半成品供应计划等各种支持性资源进度计划。

2. 如无必要,无须单列专业工程进度计划或分部、分项工程进度计划。

4.2.2 工程建设项目进度计划的表示方法

概括来讲,编制工程建设项目进度计划通常需借助两种方式,即文字说明与各种进度计划图表。其中前者是用文字形式说明各时间阶段内应完成的工程建设任务及所需达到的工程形象进度要求,后者是指用图表形式来表达工程建设各项工作任务的具体时间顺序安排。因表达效果直观并易于直接在图表上记载计划执行过程中的各种动态变化情况,及时对照反映对计划执行情况的检查、分析和调整的结果,进度计划图表是表达工程建设项目进度计划的最主要并且是不可缺少的方式。由于图表形式的不同,工程进度计划的表达有横道图、线型图、网络图等形式。

1. 用横道图表示工程进度计划

横道图又称甘特(*Gatt*)图,它是被广泛应用的进度计划表达方式。横道图的表头为工作及其简要说明，表头第二排按照所表示工作的详细程度划分时间间隔，时间单位可以为小时、天、周、旬、月季、年等，项目进展表示在时间表格上。在左侧垂直向下依次排列工程任务的各项工作名称，在右边与之紧邻的时间进度表中逐一绘制对应各项工作的横道线，使每项工作的起止时间均可由横道线的两个端点来表示，如图 4. 1 所示。

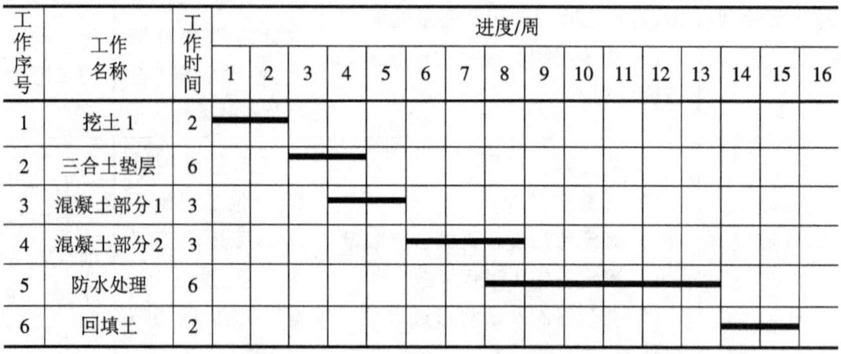

工作序号	工作名称	工作时间	进度/周															
			1	2	3	4	5	6	7	8	9	10	11	12	13	14	15	16
1	挖土 1	2	━	━														
2	三合土垫层	6			━	━												
3	混凝土部分 1	3				━	━											
4	混凝土部分 2	3						━	━	━								
5	防水处理	6								━	━	━	━	━	━			
6	回填土	2														━	━	

图 4. 1　某地基工程的进度计划横道图

横道图计划表中的进度线(横道)与时间坐标相对应，这种表达方式较为直观易懂，用其编制进度计划较为容易，它不仅能单一表达进度安排情况，而且还可以形成进度计划与资源，或资金供应与使用计划的各种组合，使用非常方便因此而受到普遍欢迎。但横道图也存在不能明确地表达工作之间的逻辑关系，无法直接进行计划的各种时间参数计算，不能表明什么是影响计划工期的关键因素，不便于进行计划的优化与调整等明显缺点，因此事实上横道图更为适合的场合是一些简单、粗略的进度计划的编制或作为网络计划分析结果的输出形式。

2. 用线形图表示工程进度计划

线型图是利用二维直角坐标系中的直线、折线或曲线来表示完成一定的工作量所需时间或在一定的时间之内所能完成的工作量的一种进度计划表达方式。线型图可以用时间 - 距离图和时间 - 速度图等不同表现形式，其中时间 - 距离图一般用于长距离管道安装、线路敷设、隧道施工及道路建设工程的进度计划表达，其具体表达方式是在确定总体工程任务的各道工序每进展一定距离所需时间之后，经描点作图形成与每一工序相对应的点与点之间的连接线，这些连接线在任一时点的斜率实际上代表着按计划安排该时点所应达到的工作效率；而时间 - 速度图则一般用于表达计划完成任务量(或金额)与时间之间的相互关系，如在进度计划执行情况检查及项目成本分析过程中经常采用的 *S* 形曲线图即为一种典型的时间 - 速度图。线型图的优点在于对进度计划进行表达的概括性强，且利用其对比实际进度与计划进度效果直观；不足之处是针对总体工程任务所含多项工作一一画线，其实际绘图操作较为困难，绘图结果也不易阅读清楚。线型图有斜线图与 *S* 曲线图等方式，斜线图是将横道图中的水平工作进度线改绘为斜线的一种与横道图含义相类似的进度计划表达方式，*S* 曲线图则是表示随着时间的推移，项目完成百分比的表示图。某工程进度 *S* 形曲线如图 4. 2 所示。

3. 用网络图表示工程进度计划

网络图是利用由箭线和节点所组成的网状图形来表示总体工程任务各项工作的系统安排

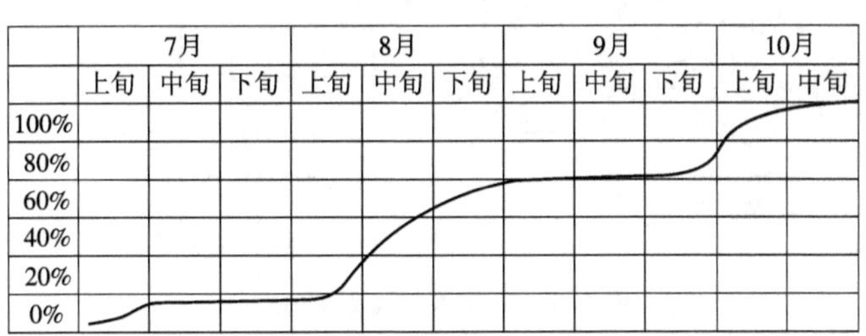

图4.2　某工程进度S形曲线

的一种进度计划表达方式。按照以箭线或节点表示工作的绘图表达方法的不同，网络图可区分为双代号网络图和单代号网络图；按工作持续时间是否按计划天数长短比例绘制，网络图可区分为时标网络图和非时标网络图；按照是否在图中表示不同工作之间的各种搭接关系，网络图还可以区分为搭接网络图和非搭接网络图。

用网络图形式表达出来的进度计划称为网络计划，而依托网络计划这一形式所产生的一套进度计划管理方法则称为网络计划方法。通常，网络计划原理与方法的集合可称为网络计划技术，它大体由以下三项内容依次组成：①进行各种形式的网络计划的编制；②进行包括工作的最早可以开始时间、完成时间，工作的最迟必须开始时间、完成时间，工作总时差、自由时差及网络计划计算工期在内的各种网络计划参数的计算；③在网络计划各种时间参数计算的基础上进行网络计划的优化、调整。由此可见，网络计划技术不仅要解决网络计划的编制问题，而且更重要的是解决网络计划执行过程中的各种动态管理问题，网络计划技术力图用统筹的方法对总体建设任务进行统一规划以求得工程建设的合理工期，因而是对工程建设进度实施系统管理的一个极为重要的方法论。

4. 网络图绘制及其参数计算

网络图是网络计划技术的表现形式和应用工具，它既是一种科学的计划管理方法，又是一种有效的工程施工组织方法。根据绘图符号的不同分为双代号网络图和单代号网络图。

双代号的网络图是指组成网络图的各项工作由节点表示工作的开始或结束，以箭线表示工作的名称（如图4.3所示）。

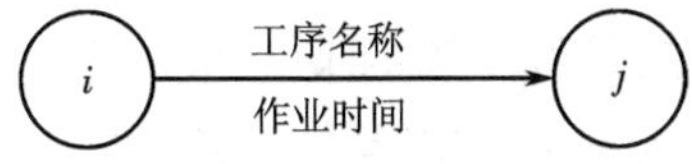

图4.3　双代号节点表

单代号网络图是指组成网络图的各项工作是由节点表示，以箭线表示各项工作的相互制约关系（如图4.4所示）。

1）网络图的构成

Ⅰ.箭线

双代号网络图中，其箭线表示一项工作。工作指能单独存在的施工活动，如工序、施工过程、施工项目等。显然，工作都要占用时间并消耗资源，或只占用时间不消耗资源。既不消耗

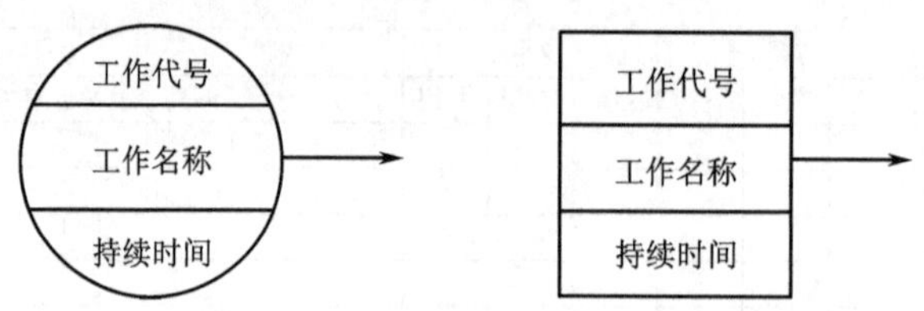

图 4.4　单代号节点表示法

资源,也不占用时间的工作称为虚工作,虚工作用虚箭线表示,用以正确表达网络计划中各项工作之间的逻辑关系。单代号网络图中的箭线仅仅表示工作之间的逻辑关系,与资源和时间无关。单代号网络图中无虚箭线。

在网络图中,箭线是指一端带箭头的实线或虚线。

Ⅰ)箭线的意义

箭线所指的方向表示工作进行的方向,箭尾表示工作的开始,箭头表示工作的结束。一条箭线表示工作的全部内容。

Ⅱ)箭线的种类

(1)实箭线一端带有箭头的实线,表示实工作。

(2)虚箭线一端带有箭头的虚线,表示虚工作。

(3)内向箭线指向某个节点的箭线。

(4)外向箭线从某个节点引出的箭线。

Ⅲ)箭线的画法

在有时标网络计划中,箭线在时间坐标上的投影长度与工作的持续时间成正比;在无时间坐标网络计划中,箭线的长度可以任意画,最好画成水平直线或以水平直线为主的折线。

Ⅱ. 节点

在网络图中箭线的出发和交汇处画上圆圈称为节点。在双代号网络图中,节点标志着工作的结束和开始的瞬间,具有承上启下的衔接作用,在双代号网络图中,一项工作用其前后两个节点的编号表示。单代号网络图中的节点表示一项工作,要消耗资源和占用时间。当有多项工作同时开始或同时结束时,常引入虚拟网络始节点和虚拟网络终节点。

箭线出发的节点称为开始节点,箭线结束的节点称为结束节点或后序节点。在一个网络图中,表示整个计划开始的节点称为网络图的起点节点,它只有外向箭线,一般表示一项任务或一个项目的开始;整个计划最终完成的节点称为网络图的终点节点,它只有内向箭线,一般表示一项任务或一个项目的完成,其余节点称为中间节点。如图 4.5 所示,1 为起点节点,5 为终点节点,2、3、4 为中间节点。

Ⅲ. 线路

线路是指从网络图的始节点开始,沿箭线行进方向前进,经过一系列节点和箭线,到达网络图的终节点而组成的线路通路。一个网络图中有多条线路,每一条线路都有自己确定的完成时间,它等于该线路上各项工作持续时间的总和。若线路上各项工作的作业持续时间之和最长时,该条线路称为关键线路。关键线路的作业时间,即为整个网络计划的总工期。组成关

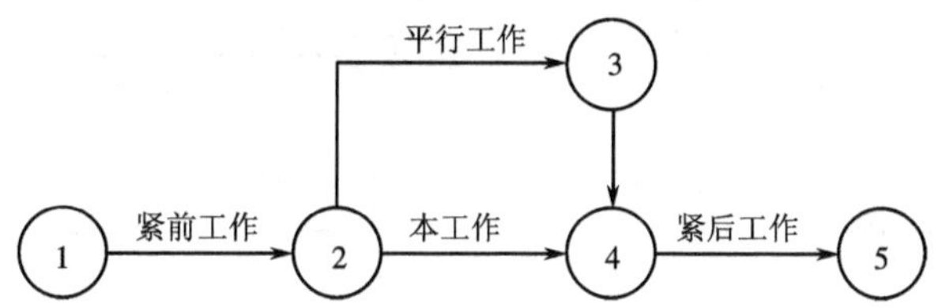

图4.5 工作的逻辑关系

键线路的所有工作称为关键工作。关键线路最少有一条,在网络图中常用粗实线或双箭线表示。

2)网络图的绘制(双代号网络图)

网络图中工作之间相互制约或相互依赖的关系称为逻辑关系,它包括工艺关系和组织关系,在网络中均应表现为工作之间的先后或平行顺序。生产性工作之间由工艺过程决定的、非生产性工作之间由工作程序决定的先后顺序称为工艺关系。工作之间由于组织安排需要或资源(人力、材料、机械设备和资金等)调配需要而规定的先后顺序关系叫组织关系。

网络图必须正确地表达整个工程或任务的工艺流程和各工作开展的先后顺序及它们之间相互依赖、相互制约的逻辑关系。因此,绘制网络图时必须遵循一定的基本规则和要求。

在一个网络图中,可以有许多工作通向一个节点,也可以有许多工作由同一个节点出发。我们把通向某节点的工作称为该节点的紧前工作(或前项工作);把从某节点出发的工作称为该节点的紧后工作(或后项工作);从同一起始节点开始的工作称为平行工作。图4.5中工作①-②、工作④-⑤、工作②-③分别是工作②-④的紧前工作、紧后工作和平行工作。

在双代号网络图中,一项工作应当只有唯一的一条箭线和相应的一对节点,且要求箭尾节点的编号小于其箭头节点的编号。例如,在图4.6的节点编号中,应有 $i<j<k$ 。网络图节点的编号顺序应从小到大,可不连续,但不允许重复。

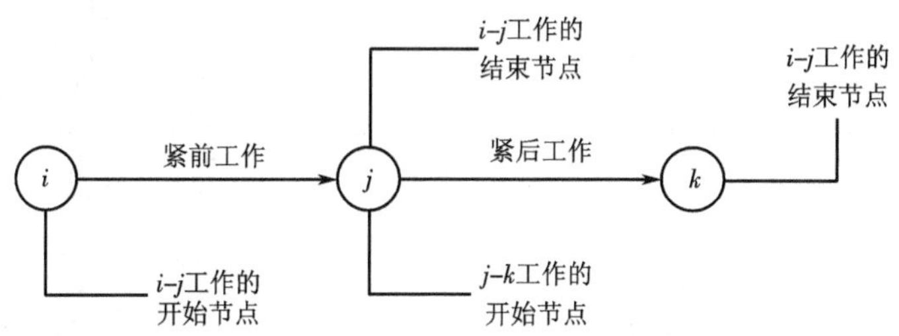

图4.6 节点编号

虚箭线是实际工作中并不存在的一项虚拟工作,故它们既不占用时间,也不消耗资源,一般起着工作之间的联系、区分和断路三个作用。联系作用是指应用虚箭线正确表达工作之间的相互依存的关系;若两项工作的代号相同时,应使用虚工作加以区分,如图4.7所示;断路作用是用虚箭线断掉多余联系(即在网络图中把无联系的工作连接上时,应加上虚工作将其断开)。

Ⅰ.双代号网络图绘制中基本的逻辑关系

双代号网络图绘制中基本的逻辑关系如表4.5所示。

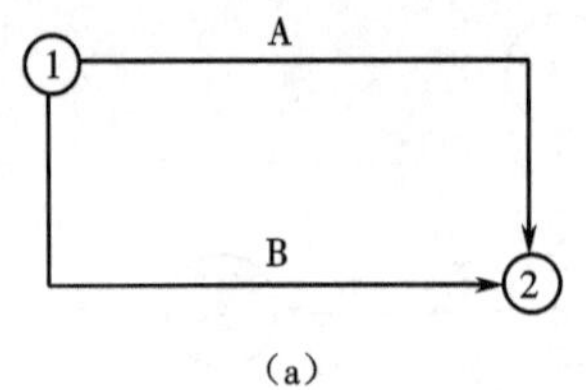

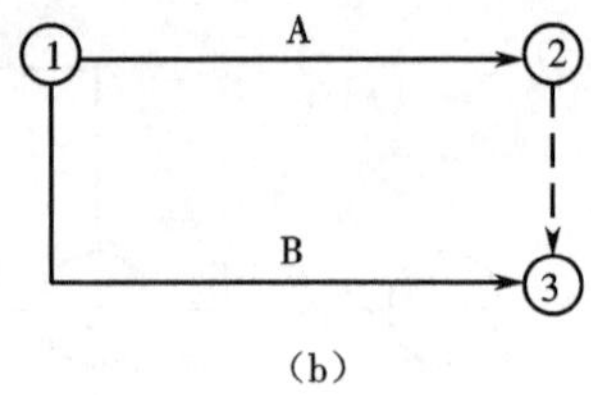

图 4.7　虚箭线的区分作用

(a)错误画法　(b)正确画法

表 4.5　双代号网络图绘制逻辑关系

序号	逻辑关系	双代号网络计划表示方法
1	A、B、C 工作依次完成	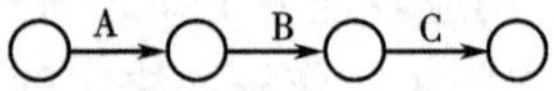
2	A 工作完成后 C 工作开始 B 工作完成后 C 工作开始	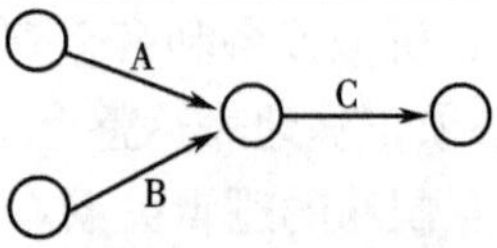
3	A 工作完成后 C 工作开始 A、B 工作完成后 D 工作开始	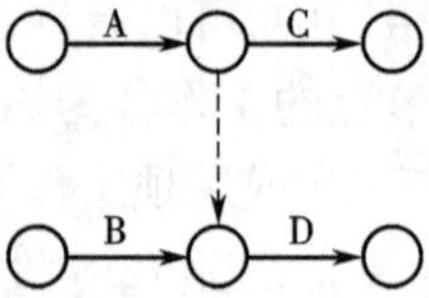
4	A、B、C 工作完成后 D 工作开始 C 工作完成后 E 工作开始	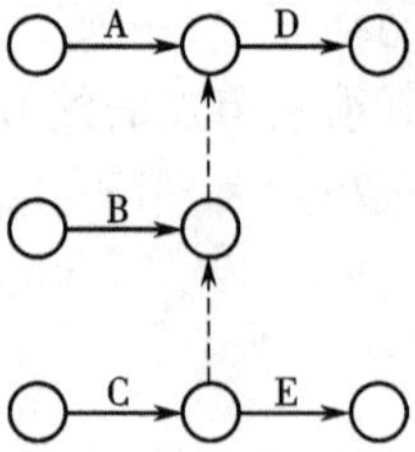
5	A、B 工作完成后 D 工作开始 A、B、C 工作完成后 E 工作开始	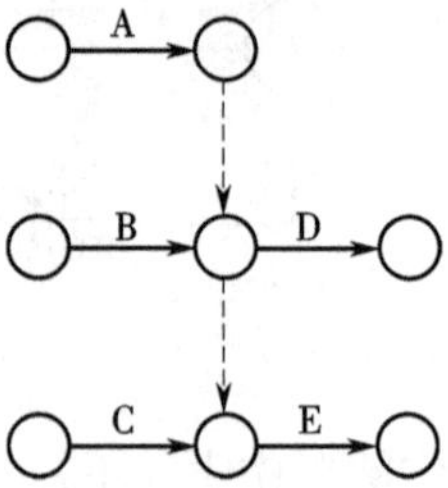

(1)双代号网络图中,严禁出现循环回路,如图 4.8(a)所示。

(2)双代号网络图中,严禁出现没有箭头节点或没有箭尾节点的箭线,如图 4.8(b)所示。

(3)双代号网络图中,在节点之间严禁出现带双向箭头或无箭头的连线,如图 4.8(c)所示。

(4)绘制网络图时,箭线不宜交叉。当交叉不可避免时,可用过桥法或指向法,如图4.8(d)所示。

(5)当双代号网络图的某些节点有多条外向箭线或多条内向箭线时,为使图形简洁,可使用母线法绘制(但应满足一项工作用一条箭线和相应的一对结点表示),如图4.9所示。

(6)同一项工作在一个网络图中不能表达两次以上。

(7)一个网络图只有一个起始节点,一个终止节点。

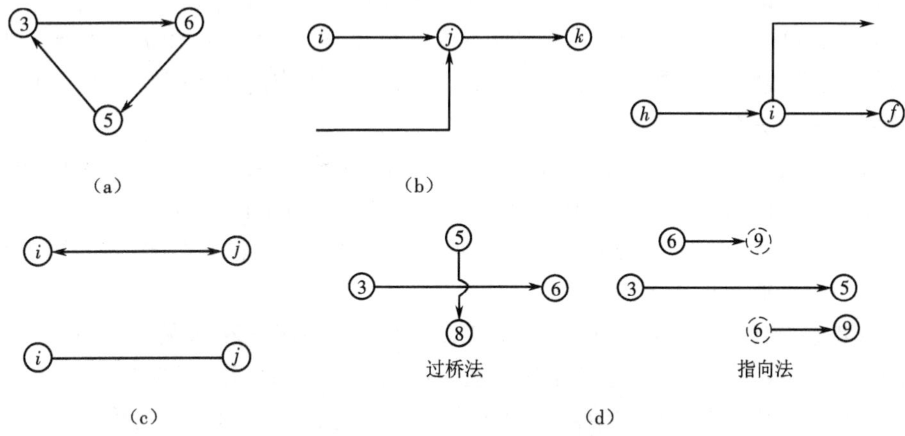

图4.8 双代号网络图画法示意图

(a)循环回路画法 (b)没有起点或终点的箭线错误画法 (c)箭线的错误画法 (d)过桥及指向法示意图

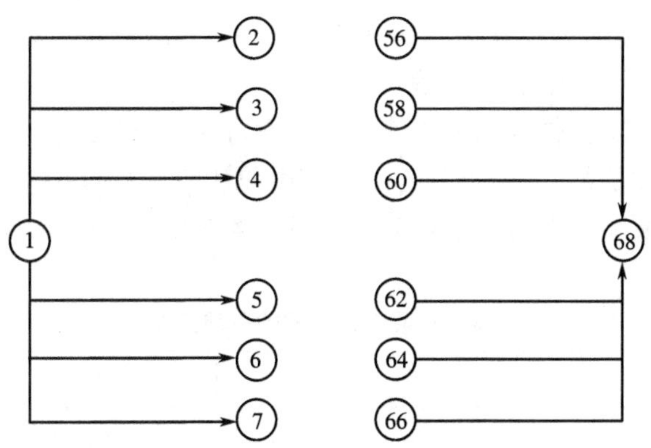

图4.9 母线画法示意图

Ⅱ.双代号网络图绘制的步骤

(1)绘制没有紧前工作的工作箭线,使它们具有相同的开始节点,以保证网络图只有一个起点节点。

(2)依次绘制其他工作箭线。这些工作箭线的绘制条件是其所有紧前工作箭线都已经绘制出来。在绘制这些工作箭线时,应按下列原则进行。

①当所要绘制的工作只有一项紧前工作时,则将该工作箭线直接画在其紧前工作箭线之

后即可。

②当所要绘制的工作有多项紧前工作时,应按以下四种情况分别予以考虑。

a. 对于所要绘制的工作(本工作)而言,如果在其紧前工作之中存在一项只作为本工作紧前工作的工作(即在紧前工作栏目中,该紧前工作只出现一次),则应将本工作箭线直接画在该紧前工作箭线之后,然后用虚箭线将其他紧前工作箭线的箭头节点与本工作箭线的箭尾节点分别相连,以表达它们之间的逻辑关系。

b. 对于所要绘制的工作(本工作)而言,如果在其紧前工作之中存在多项只作为本工作紧前工作的工作,应先将这些紧前工作箭线的箭头节点合并,再从合并后的节点开始,画出本工作箭线,最后用虚箭线将其他紧前工作箭线的箭头节点与本工作箭线的箭尾节点分别相连,以表达它们之间的逻辑关系。

c. 对于所要绘制的工作(本工作)而言,如果不存在情况 a 和情况 b 时,应判断本工作的所有紧前工作是否都同时作为其他工作的紧前工作(即在紧前工作栏目中,这几项紧前工作是否均同时出现若干次)。如果上述条件成立,应先将这些紧前工作箭线的箭头节点合并后,再从合并后的节点开始画出本工作箭线。

d. 对于所要绘制的工作(本工作)而言,如果既不存在情况 a 和情况 b,也不存在情况 c 时,则应将本工作箭线单独画在其紧前工作箭线之后的中部,然后用虚箭线将其各紧前工作箭线的箭头节点与本工作箭线的箭尾节点分别相连,以表达它们之间的逻辑关系。

③当各项工作箭线都绘制出来之后,应合并那些没有仅后工作箭线的箭头节点,以保证网络图只有一个终点节点。

④当确认所绘制的网络图正确后,即可进行节点编号。网络图的节点编号在满足前述要求的前提下,即可采用连续的编号方法,也可采用不连续的标号方法,如 1,3,5,……以避免以后增加工作时而改动整个网络图的节点编号。

以上所述是已知每一项工作的紧前工作时的绘图方法,当已知每一项工作的紧后工作时,按类似的方法进行网络图的绘制,只是其绘图顺序由前述的从左向右改为由右向左。

【例 4.1】 已知各项工作之间的逻辑关系如下表 4.6 所示,试绘制双代号网络图。

表 4.6 各项工作之间的逻辑关系

工作	A	B	C	D
紧前工作	—	—	A、B	B

【解】 绘制的双代号网络图如图 4.10 所示。

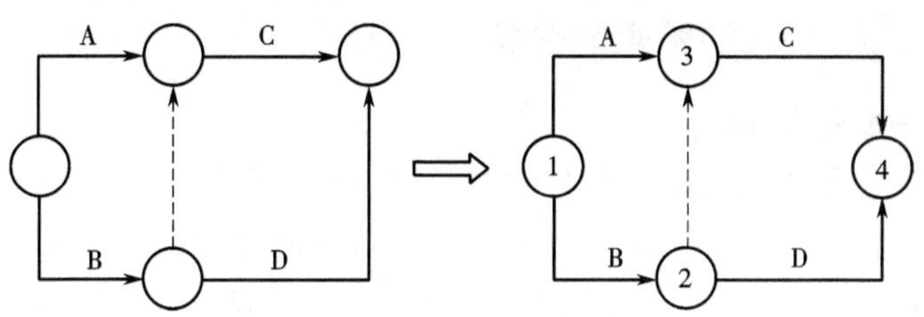

图4.10 双代号网络图

【例4.2】 已知各项工作之间的逻辑关系如表4.7所示,试绘制双代号网络图。

表4.7 各项工作之间的逻辑关系

工作	A	B	C	D	E	G
紧前工作	—	—	—	A、B	A、B、C	D、E

【解】 绘制的双代号网络图如图4.11所示。

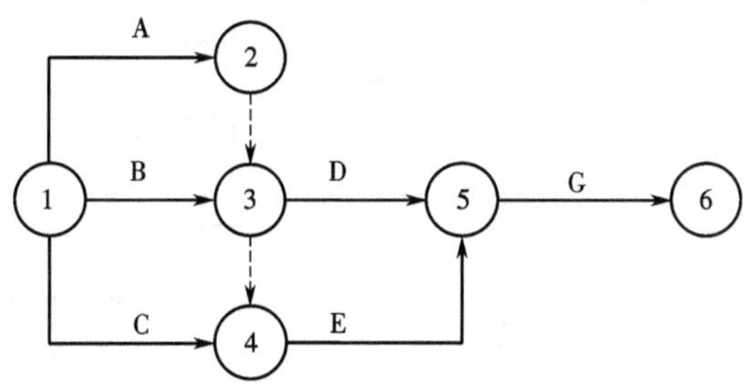

图4.11 双代号网络图

4.3 进度计划执行过程中的检查、分析与调整

为了取得应有的管理实际效果,进度计划编制完成之后必须付诸实施,以力求将工程实际进度及建设工期约束在计划规定的轨道与时间范围之内。否则,计划就会失去其控制工程进度的实际意义而流于表面形式。

然而,由于进度计划执行过程中人力、物力、资金供应和自然条件的种种变化,原定计划被经常打破往往是在所难免的,计划的平衡是相对的,不平衡则是绝对的,管理者为了把握何时需进行控制及采取何种措施进行控制,就必须随时检查工程实际进度是否在按照计划规定执行,以便及时发现进度偏差(即与进度计划相比实际进度的超前或滞后情况),并深入分析进度偏差的形成原因。计划执行情况的检查与分析是工程进度管理过程中极为重要的日常性工作。

4.3.1 进度计划执行情况的检查与分析

1. 进度计划执行情况的检查方法

进度计划执行情况检查的目的是通过将实际与计划进度进行比较，得出实际进度较计划要求超前或滞后的结论，并进一步判定计划完成程度以及通过预测后期工程进度从而对计划能否如期完成做出事先估计等。进度计划执行情况检查的方法主要包括以下几种。

1）横道图比较法

横道图比较法是将项目实施过程中检查实际进度收集到的信息，经整理后直接用横道线并列于原计划的横道线处，以供进行直观比较的方法。例如将某基础工程的施工实际进度与计划进度进行比较，如图 4.12 所示。图中实线表示计划进度，涂黑粗线则表示工程施工的实际进度。

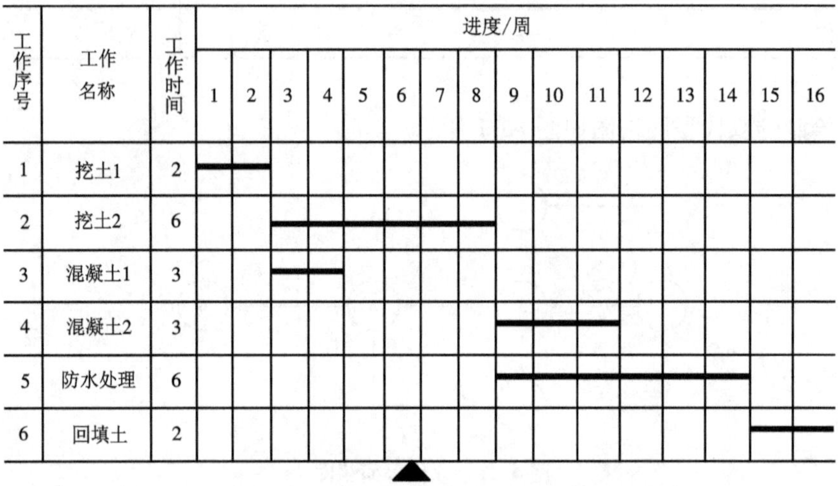

工作序号	工作名称	工作时间	进度/周															
			1	2	3	4	5	6	7	8	9	10	11	12	13	14	15	16
1	挖土1	2																
2	挖土2	6																
3	混凝土1	3																
4	混凝土2	3																
5	防水处理	6																
6	回填土	2																

图 4.12 某基础工程实际进度与计划进度比较的横道图

可从图 4.12 中看出：在第 7 周末进行施工进度检查时，挖土 1 及混凝土 1 已经完成，而挖土 2 只完成了按计划安排到第 6 周末所应该完成的进度，说明到检查日按持续时间比来进行衡量，计划要求此项工作完成 83%，而实际只完成了 67%，因而这项工作的实际进度已经比计划进度落后了 16%。

除上例中的常用比较形式外，横道图比较法还可以包括双比例单侧横道图比较法和双比例双侧横道图比较法两种形式（如图 4.13 和图 4.14 所示），两方法的相同之处是在工作计划横道线上下两侧作两条时间坐标线并在两坐标线内侧逐日（或每隔一个单位时间）分别书写与记载相应工作的计划与实际累计完成比例即形成所谓的“双比例”；其不同之处是前一方法用单侧附着于计划横道线的涂黑粗线表示相应工作的实际起止时间与持续天数，后一方法则是以计划横道线总长表示计划工作量的 100%，再将每日（或每单位时间）实际完成的工作量占计划工作总量的百分比逐一用相应比例长度的涂黑粗线交替画在计划横道线的上下两侧，从而借以直观反映计划执行过程中每日（或每一单位时间）实际完成工作量的数量比例。

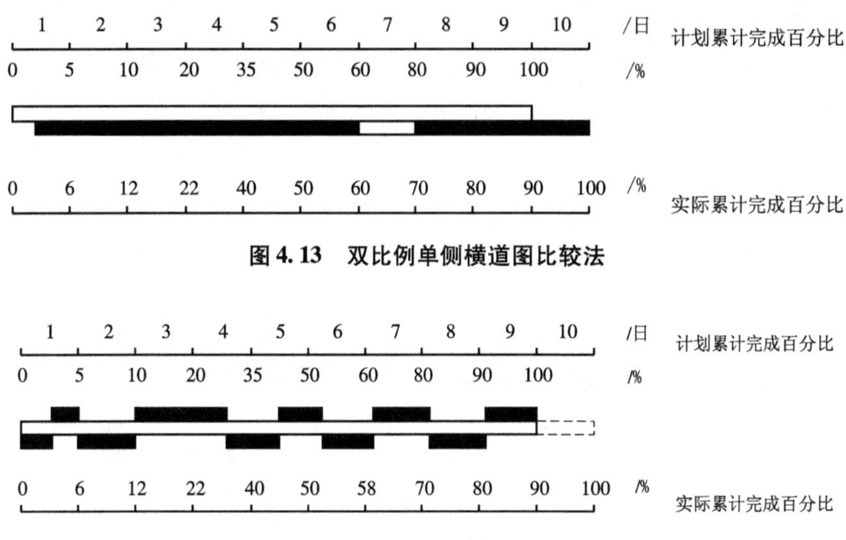

图 4.13 双比例单侧横道图比较法

图 4.14 双比例双侧横道图比较法

由图4.13可知,原计划用9天完成的一项工作其实际完成时间为10天,因而实际与计划相比拖延一天,这项工作的实际开始时间比计划时间推迟半天,且在第7天停工一日;而图4.14则表示计划用9天完成的一项工作其实际完成时间为10天,因而实际与计划相比拖延一天(计划横道线的虚线延长部分表示实际完成这项工作尚需的作业天数),同时通过该图计划横道图两侧涂黑粗线长度的相互比较还可一目了然地观察每天实际完成工作量数量的多少。最后,通过以上两例中两条时间坐标线上计划与实际累计完成百分比数的比较,还可直观反映计划执行过程中的每一天实际进度较计划进度的超前或滞后幅度。

2)S形曲线比较法

由于从整个工程建设项目进展的全过程看,单位时间内完成的工作任务量一般都随着时间的递进而呈现出两头少、中间多的分布规律,即工程的开工和首尾阶段完成的工作任务量少而中间阶段完成的工作任务量多(图4.13和图4.14中两条时间坐标线上的计划与累计完成工作量的百分比数,实际上已揭示出此种分布规律)。这样以横坐标表示进度时间,以纵坐标表示累计完成工作任务量而绘制出来的曲线将是一条S形曲线,S形曲线比较法就是将进度计划确定的计划累计完成工作任务量和实际累计完成工作量分别绘制成S形曲线,并通过两者的比较借以判断实际进度与计划进度相比是超前还是滞后以及得出其他各种有关进度的信息的进度计划执行情况的检查方法。

应用S形曲线比较法比较实际和计划两条S形曲线(如图4.15所示)可以得出以下分析与判断结果。

(1)关于工程建设项目实际进度与计划进度比较情况,对应于任意检查日期,与相应的实际S形曲线上的一点,若位于S形曲线左侧表示此时实际进度比计划进度超前,位于右侧则表示实际进度比计划进度滞后。

(2)关于工程建设项目实际进度比计划进度超前或滞后的时间(如图4.15所示)ΔT_a表

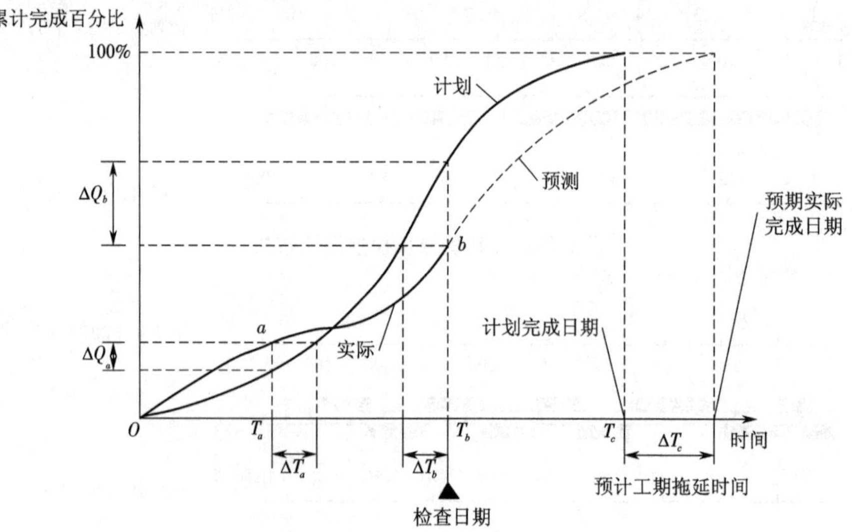

图 4.15　S 形曲线比较法

示 T_a 时刻实际进度超前的时间，ΔT_b 表示 T_b 时刻实际进度滞后的时间。

(3)关于工程建设项目实际进度超出或拖欠的工作任务量(如图 4.15 所示)，ΔQ_a 表示 T_a 时刻超额完成的工作任务量，ΔQ_b 表示在 T_b 时刻拖欠的工作任务量。

④关于预测工作进度(如图 4.15 所示)，若工程按原计划速度进行，则此项工作的总计拖延时间的预测值为 ΔT_c。

3)香蕉形曲线比较法

根据工程网络计划的原理，网络计划中的任何一项工作均可具有最早可以开始和最迟必须开始这两种不同的开始时间，而通过 S 形曲线比较法可知，一项计划工作任务随着时间的推移其逐日累计完成的工作任务量可以用 S 形曲线表示，于是，内含于工程网络计划中的任何一项工作，其逐日累计完成的工作任务量就必然都可以借助于两条 S 形曲线概括表示：其一是按工作的最早可以开始时间安排计划进度而绘制的 S 形曲线称 ES 曲线；其二是按工作的最迟必须开始时间安排计划进度而绘制的 S 形曲线称 LS 曲线。由于两条曲线除在开始点和结束点相互重合以外，ES 曲线上的其余各点均落在 LS 曲线的左侧，从而使得两条曲线围合成一个形如香蕉的闭合曲线圈，故将其称为香蕉形曲线(如图 4.16 所示)。

通常在项目实施的过程中进度管理的理想状况是在任一时刻按实际进度描出的点均落在香蕉形曲线区域内，因为这说明实际工程进度被控制于工作的最早可以开始时间和最迟必须开始时间的要求范围之内，因而呈现正常状态，而一旦按实际进度描出的点落在 ES 曲线的上方(左侧)或 LS 曲线的下方(右侧)，则说明与计划要求相比实际进度超前或滞后，此时已产生进度偏差。除了对工程的实际与计划进度进行比较，香蕉形曲线的作用还在于对工程进度进行合理的调整与安排，或确定在计划执行情况检查状态下后期工程的 ES 曲线和 LS 曲线的变化趋势。

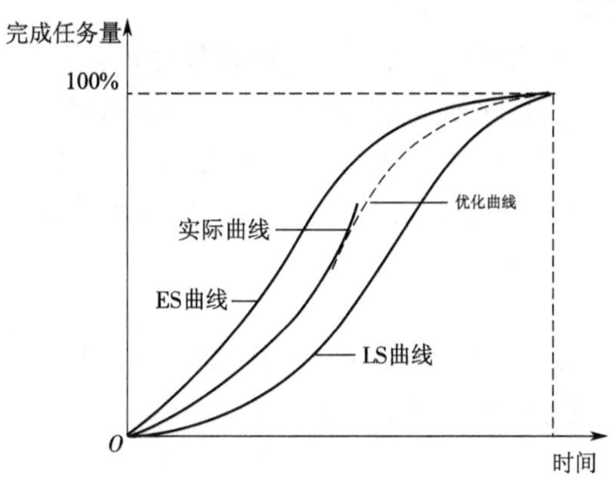

图4.16 香蕉形曲线比较法

4)前锋线比较法

前锋线比较法是适用于时标网络计划的实际与计划进度的比较方法。前锋线是指从计划执行情况检查时刻的时标位置出发,经依次连接时标网络图上每一工作箭线的实际进度点,再最终结束于检查时刻的时标位置而形成的对应于检查时刻各项工作实际进度前锋点位置的折线(一般用点画线标出),故前锋线亦可称为实际进度前锋线。简言之,前锋线比较法就是借助于实际进度前锋线比较工程实际与计划进度偏差的方法。

需加以说明,在应用前锋线比较法的过程中实际进度前锋点的标注方法通常有两种:其一是按已完工程量实际量标定,其二是按工作尚需的作业天数来进行标定,通常后一方法更为常用。例如在图4.17中,位于右边的一条实际进度前锋线表示在计划进行到第4天末第2次检查实际进度时工作C、E、B、D的尚需作业天数各为2天、1天、3天、1天。前锋线比较法的主要用法可概括如下。

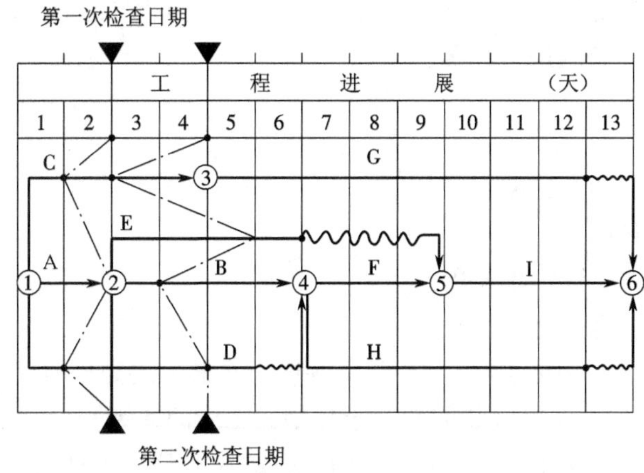

图4.17 某工程网络计划前锋线比较图

Ⅰ. 比较实际与计划进度

对应于任意检查日期，工作实际进度点位置与检查日时间坐标相同，则被检查工作实际与计划进度一致；而当其位于检查日时间坐标右侧或左侧，则表明被检查工作实际进度超前或滞后，其超前或滞后天数则为实际进度点所在位置与检查日两者之间的时间间隔。如结合图 4.17 所示实例，经观察可知在第二次检查实际进度时工作 E 超前于计划进度 1 天，工作 D 正常，工作 C、B 则分别滞后于计划进度 2 天、1 天。

Ⅱ. 分析工作的实际进度能力

工作的实际进度能力是指按当前实际进度进展状况完成计划工作的能力，工作的实际进度能力可由工作进度能力系数 β_{ij} 表示，其定义公式为

$$\beta_{ij} = \frac{\Delta t}{\Delta T} \tag{4.1}$$

式中　β_{ij}——工作 i、j 的进度能力系数；

Δt——相邻两实际进度前锋点的时间间隔；

ΔT——相邻两次检查日期的时间间隔。

如结合图 4.17 所示实例可分别求得 C、E、B、D 当前的工作能力系数分别为

$$\beta_C = (2-1)/(4-2) = 0.5$$

$$\beta_E = (5-2)/(4-2) = 1.5$$

$$\beta_B = (3-2)/(4-2) = 0.5$$

$$\beta_D = (4-1)/(4-2) = 1.5$$

工作进度能力系数取值大于、小于或等于 1 分别表示按当前实际进度则能充分满足、不能满足、恰好能满足相应工作按计划进度如期完成的需要。因此，工作的实际进度能力分析对项目进度管理具有重要意义。

Ⅲ. 预测工作进度

假定维持到检查日期测算得出的当前实际进度能力，则进度计划所安排的各项工作其最终的完成时间可依据下述公式进行预测：

$$R_{ij} = T + \frac{d_{ij}}{\beta_{ij}} \tag{4.2}$$

式中　R_{ij}——工作 i、j 的预测日期；

T——当前检查日期；

d_{ij}——工作 i、j 的尚需作业天数；

B_{ij}——工作 i、j 的进度能力系数。

如结合图 4－17 所示实例可预测 C、E、B、D 各项工作的最终完成时间为

$R_C = 4 + 2/0.5 = 8$(日)　(说明滞后于计划完工时间 4 天)

$R_E = 4 + 1/1.5 = 4.6$(日)　(即当月 5 日完成，说明滞后于计划完工时间 1 天)

$R_B = 4 + 3/0.5 = 10$(日)　(说明滞后于计划完工时间 4 天)

$R_D = 4 + 1/1.5 = 4.6$(日)　(即当月 5 日完成，说明进度正常)

当然，用上述方法预测工作进度系假设每日完成的工作任务量均以均匀速度进展，这就可

能因与前期和首尾阶段完成工作量少而中间阶段完成工作量多的实际情况不符而导致预测结果出现较大的偏差。

5）列表比较法

列表比较法是通过将截止某一检查日期工作的尚有总时差与其原有总时差的计算结果列于表格之中进行比较，以判断工程实际进度与计划进度相比超前或滞后情况的方法。由网络计划原理可知，工作总时差是在不影响整个工程任务按原计划工期完成的前提下该项工作在开工时间上所具有的最大选择余地，因而到某一检查日期各项工作尚有总时差的取值实际上标志着工作进度偏差及能否如期完成整个工程进度计划的不同情况。

工作尚有总时差可定义为检查日到此项工作的最迟必须完成时间的尚余天数与自检查日算起该工作尚需的作业天数两者之差。将工作尚有总时差与原有总时差进行比较而形成的进度执行情况检查的具体结论可归纳如下：

（1）若工作尚有总时差大于原有总时差，则说明该工作的实际进度比计划进度超前，且为两者之差；

（2）若工作尚有总时差等于原有总时差，则说明该工作的实际进度与计划进度一致；

（3）若工作尚有总时差小于原有总时差但仍为正值，则说明该工作的实际进度比计划进度滞后但计划工期不受影响，此时工作实际进度的滞后天数为两者之差；

（4）若工作尚有总时差小于原有总时差且已为负值，则说明该工作的实际进度比计划进度滞后且计划工期已受影响，此时工作实际进度的滞后天数为两者之差，而计划工期的延迟天数则与工序尚有总时差天数相等。

列表比较法可同时适用于网络计划执行情况的检查，例如结合图4.17所示实例，可对第二次检查工程进度时网络计划的实际执行情况列表进行比较、判断（如表4.8所示）。

表4.8 工程进度检查比较表

工作名称或代号	检查日	自检查日起工作尚需作业天数	工作的最迟完成时间	检查日到最迟完成时间尚余天数	工作原有总时差	工作尚有总时差	判断结论		
							工作进度/天		工期
							超前	滞后	
(1)	(2)	(3)	(4)	(5)=(4)-(2)	(6)	(7)=(5)-(3)	(8)=(7)-(6)	(9)=(7)-(6)	(10)
c	4	2	5	1	1	-1		2	延迟2天
e	4	1	9	5	3	4	1		
b	4	3	6	2	0	-1		1	延迟1天
d	4	1	6	2	1	1	0	0	

2. 进度计划执行情况检查结果的分析

由于各种进度干扰因素的作用,经过对进度执行情况进行检查,往往总是会发现进度偏差的存在,而且其通常的表现形式是计划工作不同程度的进度拖延。工程建设项目实施过程中造成进度拖延的原因多种多样,但总体概括起来主要有如下几种。

1)进度计划欠周密

计划不周必然导致丧失指导工程进度管理实际工作的本来意义。在进度计划编制过程中,遗漏部分计划工作事项导致计划工作量不足而实际工作量增加;对完成计划所需各种资源的限制条件考虑不充分从而使得完成计划工作量的能力不足,造成现有施工能力无法充分发挥作用的情况都是时有发生,而一旦发生这些情况往往均会导致工期过度拖延甚至不可避免使计划工期延误。

2)工程实施条件发生变化

工程建设项目的实施过程往往会受到各种不可抗力事件的干扰,此外工程建设进程中业主要求变化、设计变更、为确保工程质量控制效果或进一步降低工程成本而采取临时措施均会导致工程实施条件发生变化,从而使得工程实际进度无法按照事先制订的进度计划原样执行。

3)管理工作失误

管理工作失误常常是导致工程进度失控的最主要原因。进度计划执行过程中常见的管理工作失误主要体现在以下方面:a)计划制订部门与计划执行人员、总包单位与分包单位之间、业主与施工承包企业之间缺少必要的进度信息沟通,从而导致进度失控;b)施工承包企业进度意识不足或技术素质、管理素质较差,缺乏对工程进度实施主动控制的必要措施手段,或者由于质量问题引起返工或其他不必要的工作量增加,因而延误施工进度;c)对参与项目建设活动的各有关单位的相互配合关系协调不一致,使计划工作的实施出现脱节现象;d)对项目实施所需资金及各种资源供应不及时,从而导致工程实际进度严重偏离计划轨道。

针对上述种种原因,一般解决进度拖延问题的措施通常包括如下几个方面:

(1)分析导致进度偏差的原因,尽可能从源头上杜绝进度拖延现象的发生,对基于某种原因而形成的进度拖延,应尽快消除该因素所造成的不利影响,力争避免由其造成进一步的进度拖延;

(2)若计划执行过程中进度拖延已成为事实,此时可考虑在工程费用目标水平的允许范围之内通过运用增加劳动力、材料和设备投入量等各种措施手段以有效加快后期工程进度;

(3)在确保施工工艺要求及工程质量不受影响的前提下删减、合并或转移一部分计划工作量,通过改变计划工作之间的组织关系加快后期工程进度;

(4)借助网络计划技术有关时间参数计算分析的原理,精确估量进度拖延对后续工作如期完成是否造成影响的程度大小,优化调整后期工程进度。

4.3.2 进度计划执行过程中的调整方法

1. 进度计划的调整原则

进度计划执行过程中如发生实际进度与计划进度不符,则必须修改与调整原定计划,从而使之与变化以后的实际情况相适应。由于一项工程任务由多个工作过程组成,且每一工作过程的完成往往均可以采用不同的施工方法与组织方法，而不同方法对工作持续时间、费用和资源投入种类、数量均可具有不同要求，这样从客观上讲，工程进度的计划安排往往可以存在多种方案，对于处于执行过程中的进度计划进行的调整而言，则同样也会因此而具有充分的空余时间，进度计划执行过程中对原定计划进行调整不但是必要的，而且也是可行的。

但更为准确地讲，进度计划执行过程中的调整究竟有无必要，还应视进度偏差的具体情况而定，对此可分析说明如下。

1）当进度偏差体现为某项工作的实际进度超前

由网络计划原理可知，作为网络计划中的一项非关键工作，其实际进度的超前事实上不会对计划工期形成任何影响，换言之，计划工期不会因非关键工作的进度提前而同步缩短。由于加快某些个别工作的实施进度，往往可导致资源使用情况发生变化，管理过程中稍有疏忽甚至可能打乱整个原定计划对资源使用所做的合理安排，特别是在有多个平行分包单位施工的情况下，由此而引起的后续工作时间安排的变化往往会给项目管理者的协调工作带来许多麻烦，这就使得加快非关键工作进度而付出的代价并不能够收到缩短计划工期的相应效果。另一方面，对网络计划中的一项关键工作而言，尽管其实施进度提前可引起计划工期的缩短，但基于上述原因，往往同样也会使缩短部分工期的实际效果得不偿失。因此，当计划进度执行过程中产生的进度偏差体现为某项工作的实际进度超前，若超前幅度不大，此时计划不必调整；当超前幅度过大，则此时计划必须调整。

2）当进度偏差体现为某项工作的实际进度滞后

进度计划执行过程中如果出现实际工作进度滞后，此种情况下是否调整原定计划通常应视进度偏差和相应工作总时差及自由时差的比较结果而定。由网络计划原理定义的工作时差概念可知，当进度偏差体现为某项工作的实际进度滞后，决定对进度计划是否做出相应调整的具体情形可分述如下：

(1)若出现进度偏差的工作为关键工作，则由于工作进度滞后，必然会引起后续工作最早开工时间的延误和整个计划工期的相应延长，因而必须对原定进度计划采取相应调整措施；

(2)当出现进度偏差的工作为非关键工作，且工作进度滞后天数已超出其总时差，则由于工作进度延误同样会引起后续工作最早开工时间的延误和整个计划工期的相应延长，因而必须对原定进度计划采取相应调整措施；

(3)当出现进度偏差的工作为非关键工作，且工作进度滞后天数已超出其自由时差而未超出其总时差，则由于工作进度延误只引起后续工作最早开工时间的延误而对整个计划工期并无影响，因而此时只有在后续工作最早开工时间不宜推后的情况下才考虑对原定计划采取相应调整措施；

(4)若出现进度偏差的工作为非关键工作，且工作进度滞后天数未超出其自由时差，则由于工作进度延误对后续工作的最早开工时间和整个计划工期均无影响，因而不必对原定计划采取任何调整措施。

2. 进度计划的调整方法

按上述进度计划的调整原则，计划工作进展若超前或滞后均可引起对进度计划进行调整，其中针对工作进度超前的情况显然其调整目的是适当放慢工作进度，为此该情况下进度计划的调整方法是适当延长某些后续工作的持续时间。在工程进度计划的如期完成不受影响的情况之下,适当延长某些计划工作的持续时间往往不但可使工程质量得到更为可靠的保证,而且相应降低工程成本。

在由于工作进度滞后引起后续工作开工时间或计划工期延误的情况下,进度计划的调整方法则相对复杂,这里主要概括说明计划工期延误情况下进行计划调整的两种主要方法。

1)改变某些后续工作之间的逻辑关系

若进度偏差已影响计划工期,并且有关后续工作之间的逻辑关系允许改变,此时可变更位于关键线路或位于非关键线路但延误时间已超出其总时差的有关工作之间的逻辑关系,从而达到缩短工期的目的。例如可将按原计划安排依次进行的工作关系改为平行进行、搭接进行或分段流水进行的工作关系。通过变更工作逻辑关系缩短工期往往简便易行且效果显著。

2)缩短某些后续工作的持续时间

当进度偏差已影响计划工期,进度计划调整的另一方法是不改变工作之间的逻辑关系而只是压缩某些后续工作的持续时间,以借此加快后期工程进度从而使原计划工期仍然能够得以实现。应用本方法需注意被压缩持续时间的工作应是位于因工作实际进度拖延而引起计划工期延长的关键线路或某些非关键线路上的工作,且这些工作应切实具有压缩持续时间的余地。该方法通常是在网络图中借助图上分析计算直接进行,其基本思路是通过计算到计划执行过程中某一检查时刻剩余网络时间参数的计算结果,确定工作进度偏差对计划工期的实际影响程度,再以此为依据反过来推算有关工作持续时间的压缩幅度,其具体计算分析步骤一般为:a)删去截止到计划执行情况检查时刻业已完成的工作,将检查计划时的当前日期作为剩余网络的开始日期形成剩余网络;b)将正处于进行过程中的工作的剩余持续时间标注于剩余网络图中;c)计算剩余网络的各项时间参数;d)据剩余网络时间参数的计算结果推算有关工作持续时间的压缩幅度。顺便指出,上述计划调整过程如果仅采用手算往往可能带来较大的计算工作量,而且还会使计算过程十分复杂,而利用电算方法却可以非常容易地解决进度计划调整过程中有关分析计算工作的操作复杂性问题。目前一些著名的工程管理软件,如美国Primavera公司的P3和美国微软公司的Microsoft Project都具有较强的网络计算处理功能,与此同时国内也陆续推出了不少优秀的同类项目管理软件,所有这些都大大方便了工程网络进度计划的调整工作。

需要说明的是,采用压缩计划工作持续时间的方法缩短工期不仅可能会使工程建设项目在质量、费用和资源供应均衡性等方面蒙受损失,而且还要受到必要的技术间歇时间、气候、施工场地、施工作业空间及施工单位的技术能力和管理素质等诸多条件的限制,因此,应用这一方法必须注重从工程具体实际情况出发,以确保方法应用的可行性和实用性。

4.3.3 施工进度控制的任务和措施

施工进度控制的任务为在各施工过程中按照施工合同承诺的计划进度和雨季排涝的需要,发现偏差及时采取有效措施纠正确保工期目标的实现,在实际操作过程中督促施工单位编制切实可行的施工计划表,如横道图、形象进度图、网络计划图,进度控制中要根据工程量,制订阶段性进度计划。

施工进度控制的主要工作环节包括：

(1)编制施工进度计划及相关的资源需求计划；

(2)组织施工进度计划的实施；

(3)施工进度计划的检查与调整。

施工进度计划检查的内容包括：

(1)检查工程量的完成情况；

(2)检查工作时间的执行情况；

(3)检查资源使用及进度保证的情况；

(4)前一次进度计划检查提出问题的整改情况。

施工方进度控制的措施主要包括组织措施、管理措施、经济措施和技术措施。其具体措施表现如下。

(1)建立进度目标控制体系，明确工程建设进度控制人员及其职责分工。

(2)建立进度报告制度及进度信息沟通网络。a)每周进度报告制度：针对每周工地上所规定时间内必须完成的工程量。b)建立每日完成进度核查制度：每日电话告知工地上所完成的量及未完成的量，制定日计划目标，未完成的工程量采取加班加点，增加人力物力，把平行作业改为流水作业，合理交叉作业等等切实的纠偏措施与手段。

(3)与现场监理签订目标责任书，实施奖罚措施，并及时兑现。

(4)建立急需解决问题清单制度。将存在问题提前暴露，提前解决，加大进度预控力度。

(5)接到项目监理部的施工进度网络计划，施工单位应组织有关人员具体地实施，根据施工网络进度计划，对施工各部位进行细化，保证进度计划顺利完成。

(6)要求各施工单位认真提前做好当地组织协调工作，尽量避免延误施工进度计划。

(7)建立落实监理程序和监理资料审查，及时报审工程资料和有关必需资料，加强协调和沟通，并规范好施工程序。

(8)施工现场与设计尽量少出偏差，如遇不可抗拒的，有关单位应及时到现场处理，及时出具变更建议或指示。

(9)现场监理人员应加强工程进度控制的学习，提高现场协调能力，收集到有关影响施工进度的信息，应及时反馈到项目监理部，并制定出行之有效工程进度滞后的纠偏措施，保证施工进度计划具体地落实。

4.4 进度控制案例分析

【案例4.1】 某百货大楼工程，计划工期3年。该工程±0.00以下分部工程施工进度计划如图4.18所示，其中B、E为土方开挖工作，在此情况下，项目管理工程师根据对整个单位工程进度控制的需要，要求施工单位调整该分部工程进度计划，达到分部工程工期80天。施工单位修改了各施工工作持续时间如表4.9所示，并提出增加相应的赶工费。

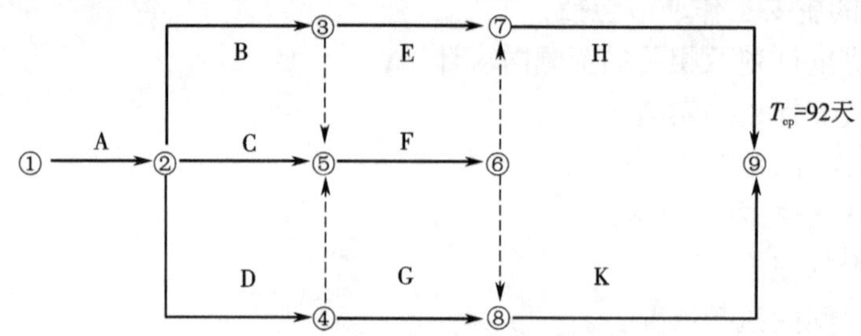

图 4.18　百货大楼网络计划图

表 4.9　工序持续时间

施工工作	A	B	C	D	E	F	G	H	K	合计
持续时间/天	20	20	20	14	20	14	20	20	14	
赶工费/元	200	1 200	0	0	150	0	250	1 500	0	3 300

问题　(1)施工单位的进度调整符合要求吗?

(2)如果施工单位各施工过程赶工费的确定合理,但施工单位提出赶工费 3 300 元是否合理?

(3)该工程 ±0.00 以下分部工程依据项目管理工程师批准的施工计划实施,在正常施工完成 A 工作后,项目管理工程师根据业主和工程的需要,在 F 工作后增加一项土方开挖工作 J,与 H 和 K 工作平行,如图 4.19 所示。施工单位确定 J 工作持续时间 26 天,同时计划将土方开挖工作 B、E、J 使用同一台挖土机施工。①增加 J 工作持续时间 26 天后,施工单位的进度计划是否满足工期 80 天的要求?为什么?②B、E、J 三项工作使用同一台挖土机能否满足进度要求,为什么?③如果因天气原因致使 F 工作拖延 3 天完成,则该分部工程工期会不会拖延?如果会,会拖延几天?

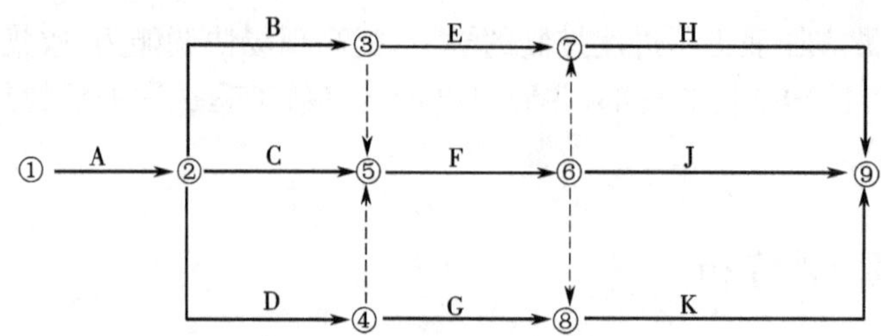

图 4.19　计划调整后的网络计划图

【解】　(1)施工单位的进度调整后,经网络计算,工期为 80 天,符合监理要求。

(2)施工单位提出赶工费 3 300 元不合理,因为没有必要压缩 G 工作一天,增加 250 元的费用,故赶工费应为 3 050 元。

(3)①增加 J 工作后,进度计划仍然满足工期 80 天的要求。J 工作持续时间 26 天,是对非关键线路上总时差这一机动时间的利用。② 不能满足进度要求。因为 E 工作结束时间为第 60 天，而 J 工作的开始时间为第 55 天。③会拖延，因为在增加 J 工作后 F 工作已成为关键工作，会拖延 3 天。

【案例 4.2】 某工程项目，业主通过招标与甲建筑公司签订了土建工程施工合同，包括 A、B、C、D、E、F、G、H8 项工作，合同工期 360 天。业主与乙安装公司签订了设备安装施工合同，包括设备安装与调试工作，合同工期 180 天。通过相互的协调，编制了如图 4.20 所示的网络进度计划。该工程施工过程中发生了以下事件。

事件 1：基础工程施工时，业主负责供应的钢筋混凝土预制桩供应不及时，使 A 工作延误7 天。

事件 2：B 工作施工后进行检查验收时，发现一预埋件埋置位置有误，经核查，是由于设计图纸中预埋件位置标注错误所致。甲建筑公司进行了返工处理，损失 5 万元，且使 B 工作延误 15 天。

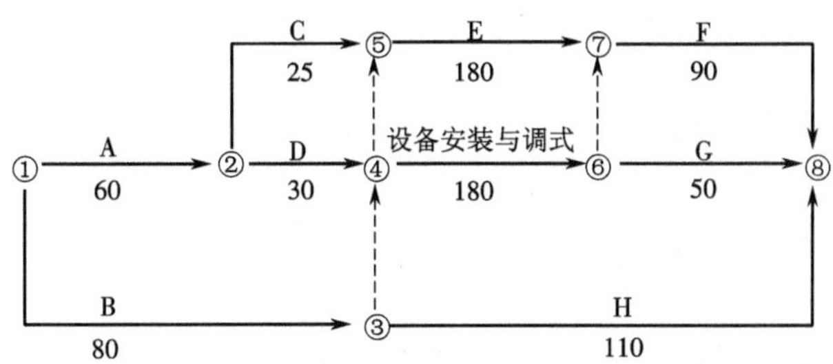

图 4.20　网络进度计划(天)

事件 3：甲建筑公司因人员与机械调配问题造成 C 工作增加工作时间 5 天，窝工损失 2 万元。

事件 4：乙安装公司设备安装时，因接线错误造成设备损坏，使乙安装公司安装调试工作延误 5 天，损失 12 万元。

发生以上事件后，两施工单位均及时向业主提出了索赔要求。

问题　(1)施工单位对以上各事件提出索赔要求，分析业主是否应给予甲建筑公司和乙安装公司工期和费用补偿。

(2)如果合同中约定，由于业主原因造成延期开工或工期延期，每延期一天补偿施工单位 6 000 元，由于施工单位原因造成延期开工或工期延误，每延误一天罚款 6 000 元。计算施工单位应得的工期与费用补偿各是多少？

(3)该项目采用预制钢筋混凝土桩基础，共有 800 根桩，桩长 9 米。合同规定了桩基分项工程的综合单价为 180 元/米，预制桩由业主购买供应，每根桩按 950 元计。计算甲建筑公司桩基础施工应得的工程款是多少？

(注：计算结果保留 1 位小数。)

【解】　(1)对业主是否应给予甲建筑公司和乙安装公司工期和费用补偿的分析如下。

①业主钢筋混凝土预制桩供应不及时，造成 A 工作延误，因 A 工作是关键工作，业主应给

甲公司补偿工期和相应费用。业主应顺延乙公司的开工时间和补偿相关费用。

②因设计图纸错误导致甲公司返工处理，由于 B 工作是非关键工作，因为已经对 A 工作补偿工期，B 工作延误的 15 天在其总时差范围以内，故不给予甲公司工期补偿，但应给甲公司补偿相应的费用。因对乙公司不造成影响，故不应给乙公司工期和费用补偿。

③由于甲公司原因使 C 工作延长，不给予甲公司工期和费用补偿。因未对乙公司造成影响，业主不对乙公司补偿。

④由于乙公司的错误造成总工期延期与费用损失，业主不给予工期和费用补偿。由此引起的对甲公司的工期延误和费用损失，业主应给予补偿。

(2)对施工单位应得的工期与费用补偿的计算如下。

①甲公司应得到工期补偿如下。

事件 1:业主预制桩供应不及时，补偿工期 7 天。

事件 4:因安装公司原因给甲公司造成工期延误，应补偿 5 天。

合计 12 天。

甲公司应得到费用补偿如下。

事件 1:7 ×6 000 =4. 2 万元。

事件 2:5. 0 万元。

事件 4:5 ×6 000 =3. 0 万元。

合计 12. 2 万元。

②因业主预制桩供应不及时，乙公司应得到工期补偿 7 天。

乙公司应得到费用补偿如下。

事件 1 补偿:7 ×6 000 =4. 2 万元。

事件 4 罚款:5 ×6 000 =3. 0 万元。

合计 4. 2 −3. 0 =1. 2 万元。

(3)对工程款的计算如下。

桩购置费为:800 ×950 =76 万元。

桩基础工程合同价款:800 ×9 ×180 =129. 6 万元。

甲公司桩基础施工应得工程价款为:129. 6 −76 =53. 6 万元。

【案例 4. 3】 某施工合同约定如下:

(1)合同工期为 110 天，工期奖或罚均为 3 000 元/天(已含税金);

(2)当某一分项工程实际量比清单量增减超过 10% 以上时，调整综合单价;

(3)规费费率 3. 55%，税金率 3. 41%;

(4)机械闲置补偿费为台班单价的 50%，人员窝工补偿费为 50 元/工日。

开工前，承包人编制并经发包人批准的网络计划如图 4. 21 所示。

工作 B 和 I 共享一台施工机械，只能顺序施工，不能同时进行，台班单价为 1 000 元/台班。

施工过程中发生如下事件。

事件 1: 业主要求调整设计方案，使工作 C 的持续时间延长 10 天，人员窝工 50 工日。

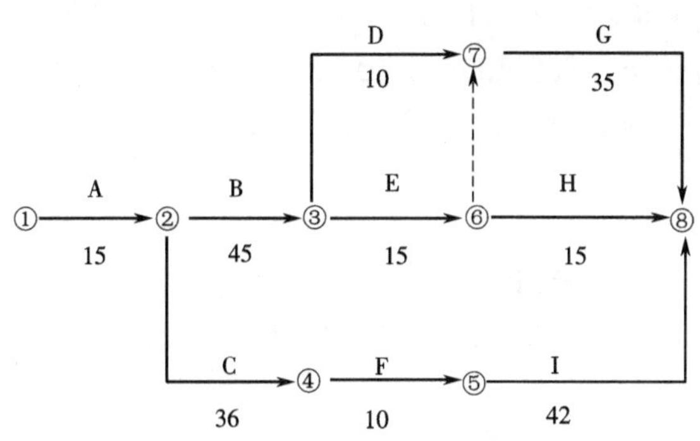

图 4.21 网络计划图

事件 2：I 工作施工前，承包方为了获得工期提前奖，经承发包双方商定，使 I 工作持续时间缩短 2 天，增加赶工措施费 3 500 元。

事件 3：H 工作施工过程中，因天气炎热，劳动力供应不足，使 H 工作拖延了 5 天。

事件 4：招标文件中 G 工作的清单工程量为 1 750 立方米（综合单价为 300 元/立方米），与施工图纸不符，实际工程量为 1 900 立方米。经承发包双方商定，在 G 工作工程量增加但不影响因事件1～3而调整的项目总工期的前提下，每完成 1 立方米增加的赶工工程量按综合单价 60 元计算赶工费（不考虑其他措施费）。

上述事件发生后，承包方均及时向发包方提出了索赔，并得到了相应的处理。

问题 （1）承包方是否可以分别就事件 1～4 提出工期和费用索赔？说明理由。

（2）事件 1～4 发生后，承包方可得到的合理工期补偿为多少天？该项目的实际工期是多少天？

（3）事件 1～4 发生后，承包方可得到总的费用追加额是多少？

（注：计算过程和结果均以元为单位，结果取整。）

【解】

（1）①可以提出工期和费用索赔，因这是业主应承担的责任，并且 C 工作的 TF = 7 天，延误 10 天超过了其总时差。

②不能提出工期和费用索赔，因赶工是为了获得工期提前奖。

③不能提出工期和费用索赔，因这是承包方应承担的责任。

④可以提出工期和费用索赔，因这是业主应承担的责任，并且在 C 工作延误 10 天和 I 工作赶工 2 天后，G 工作的 TF = 1 天，延误（1 900 － 1 750）/（1 750/35）= 3 天超过了其总时差。

事件 4 的另一个答案：可以提出费用索赔，因这是业主应承担的责任；不能提出工期索赔，因在 C 工作延误 10 天后，G 工作的 TF = 3 天，延误（1 900 － 1 750）/（1 750/35）= 3 天，未超过其总时差。

（2）①C 工作的 TF = 7 天，10 － 7 = 3 天。

② 0。

③ 0。

④ 0。

合计 3 天,实际工期 110 + 3 - 2 = 111 天。

(3)① 50 × 50 = 2 500 元,1 000 × 50% × 10 = 5 000 元,

(2 500 + 5 000) × 1.035 5 × 1.034 1 = 8 031 元

② 0。

③ 0。

④ 1 900 - 1 750 = 150 立方米,其中 50 立方米无须赶工;

(50 × 300 + 100 × 360) × 1.035 5 × 1.034 1 = 54 611 元。

⑤ 3 000 × 2 = 6 000 元。

合计为 8 031 + 54 611 + 6 000 = 68 642 元。

项 目 小 结

4.1　工程建设项目进度管理的概念

进度计划、概念、内容及进度管理的概念。

4.2　工程建设项目进度计划

(1)不同主体的进度计划内容与侧重点。

(2)进度计划的横道图、线形图、网络图表示方法的定义及画法。

4.3　进度计划执行过程中的检查、分析与调整

(1)进度计划执行情况的检查方法:横道图比较法、S 形曲线比较法、香蕉形曲线比较法、实际进度前锋线比较法、列表比较法。

(2)进度计划的调整方法:超前、滞后、关键、非关键、逻辑关系的调整。

(3)施工进度控制的任务和措施:控制措施包括组织措施、管理措施、经济措施和技术措施。

项 目 习 题

一、单项选择题

1. 控制整个项目实施阶段的进度是(　　)进度控制的任务。

A. 业主方　　B. 设计方　　C. 施工方　　D. 监理方

2. 根据施工任务委托合同对施工进度的要求控制施工进度是(　　)的进度控制任务。

A. 业主方　　B. 设计方　　C. 施工方　　D. 监理方

3. 网络图是由箭线和节点组成,用来表示(　　)的有向、有序的网状图形。

A. 工作内容　　B. 工作进度　　C. 工作流程　　D. 工作方式

4. 利用实际进度前锋线进行施工进度检查时，前锋线是直接绘制在(　　)上。

A. 时标网络图　　B. 单代号网络图

C. 双代号网络图　　D. 横道图

5. 进度控制的S形曲线比较法中，实际进度曲线在计划进度右侧表示(　　)。

A. 进度滞后　　B. 进度超前　　C. 进度正当　　D. 不确定

二、多项选择题

1. 进度控制的控制主体包括(　　)。

A. 业主方　　B. 设计方　　C. 施工方　　D. 监理方

E. 供货方

2. 工程进度计划的常用方法有(　　)。

A. 项目结构图　　B. 横道图　　C. 斜线图　　D. 工作结构图

E. 网络图

3. 施工方所编制的与施工进度有关的计划包括(　　)。

A. 施工企业的施工生产计划　　B. 工程项目设计进度计划

C. 工程项目的设备采购计划　　D. 工程项目施工进度计划

E. 工程项目建设总进度计划

4. 在建设工程项目进度计划系统中，按计划的深度不同划分的进度计划包括(　　)。

A. 总进度规划　　B. 设计进度计划

C. 项目子系统进度计划　　D. 施工进度计划

E. 业主方项目实施进度计划

三、简答题

1. 简述工程建设项目进度管理的基本要求。

2. 施工承包企业在目标工期确立的过程中通常可能做出哪些选择？

3. 试述工程建设项目进度管理的过程，并简要说明该过程应遵循哪些管理原理？

4. 工程建设项目进度管理的方法与措施各有哪些？

5. 工程建设项目进度计划的种类有哪些？各种计划的内容组成、编制依据及编制目的分别是什么？

6. 简述工程建设项目进度计划的表示方法及它们各自的优缺点。

7. 对进度计划执行情况进行检查时可采用哪些方法，其具体应用要点各是什么？并请列举实例加以说明。

8. 进度计划的调整原则和方法各是什么？并请列举实例。

项 目 练 习

对自己项目组选择的项目进行进度分析，查询资料，获取相关项目的信息，根据相关项目的参考资料，制订本项目的进度计划，并画出横道图和网络图。

要求：(1)横道图包括项目总的计划图和施工横道图，要求分解到分部分项工程，并根据资料估计其各项工期；

(2)尝试在横道图上标出工序的先后关系；

(3)根据横道图绘制施工网络图，标记其关键路径，并计算工期。

项目5 “昂贵的白天鹅，悉尼歌剧院”——建设工程项目施工成本控制

【知识目标】

了解工程建设成本管理的概念。

掌握工程建设成本估算的方法、成本计划的编制过程、成本控制的基本方法。

【技能目标】

能够运用相关知识进行成本的估算和成本计划的编制。

运用成本控制的方法进行成本控制与计算。

【素养目标】

建立初步的成本控制理念。

引例　爱恨悉尼歌剧院——昂贵的白天鹅

1954 年，澳大利亚新南威尔士州特别委员会受命规划筹建歌剧院，首先从 30 个地点里选中了三面环海的贝尼朗山甲角作为歌剧院的兴建地点。1955 年 9 月 13 日，当时执政的工党新南威尔士州州长约瑟夫·卡希尔向全球发出悉尼歌剧院设计招标，拉开了宛如戏剧般跌宕起伏的悉尼歌剧院设计过程的大幕。

1959 年 3 月，悉尼歌剧院开工，工程预算 720 万澳元，预计 3 年左右完工，工程由乌松和著名结构工程师埃拉普监督执行。

1962 年，为了全力修建歌剧院，乌松举家迁往悉尼的比特渥特。由于超前大胆的设计，加上乌松近乎吹毛求疵地追求完美，预计在 3 年左右完工的工程一拖再拖，原来 720 万澳元的经费，也在一年之内追加到了 980 万澳元。埃拉普向乌松提供了不少切合实际的施工建议，但都因无法体现设计的美观而被乌松否定了。乌松的执拗，让埃拉普忍无可忍，两个好朋友之间也摩擦不断。而不断增加的成本让新南威尔士州政府背上了沉重的负担，成了官员们的一块心病。为了筹措建造悉尼歌剧院的资金，该州总理卡希尔不得不想办法开始四处筹钱，甚至发行悉尼歌剧院的彩票，但是效果并不佳。

为了赶紧使这个像无底洞一样的歌剧院完工，1966 年初，公共工程部决定停止给乌松和其设计团队付款，连带着施工队也没有钱拿。而且，新南威尔士州政府还决定以设计不周导致工期拖延为由，对乌松实施处罚性收税，即乌松此前收到的报酬必须向澳大利亚交税。如此一

来，乌松要在澳大利亚和丹麦两地被双重征税，这意味着他不仅不能因悉尼歌剧院赚钱，还要为其濒临破产。

这座耗资巨大的歌剧院终于在1973年10月20日正式开幕，最后花了1.02亿澳元（约为当时的1亿美元），完工成本是预算的14倍多，工期也从预算的3年拖到14年。

结论 没有良好的前期设计和成本控制将使项目承担无法估量的风险。

5.1 项目成本管理的概念

5.1.1 工程项目建设投资

工程项目建设投资，是指进行一个工程项目的建造所需要花费的全部费用，即从建设项目确定建设意向直至建成竣工验收为止的整个建设期间所支出的总费用，这是保证工程项目建设活动正常进行的必要资金，是建设项目投资中的最主要部分。

建设投资包括建筑安装工程投资、设备工器具投资、工程建设其他投资、预备费、建设期贷款利息五部分。建设项目总投资分类如图5.1所示。

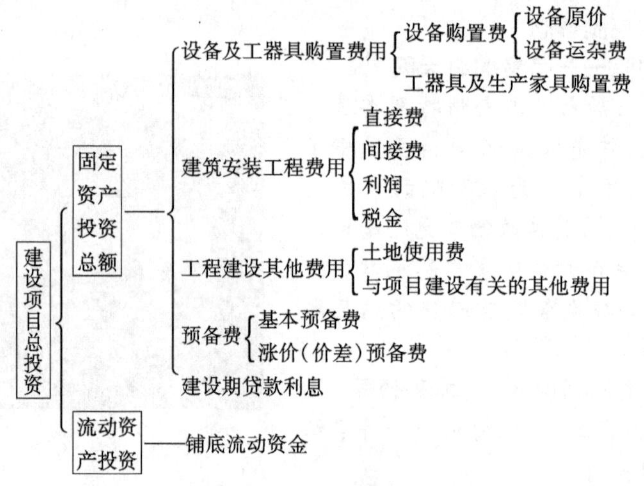

图5.1 建设项目总投资分类

一个工程项目的建设是具有阶段性的，所以建设投资的构成也具有阶段性，不同阶段的建设投资需按建设阶段分阶段设置，且每一阶段的建设投资控制目标值是相对而言的，随着工程项目建设的不断深入，投资控制目标也逐步具体和深化，如图5.2所示。

1. 投资估算

投资估算是指在整个投资决策过程中，依据现有的资料和一定的方法，对建设项目的投资额（包括工程造价和流动资金）进行的估计。投资估算总额是指从筹建、施工直至建成投产的全部建设费用，其包括的内容应视项目的性质和范围而定。投资估算贯穿于整个建设项目投资决策过程之中，投资决策过程可划分为项目的投资机会研究或项目建议书阶段，初步可行性研究阶段及详细可行性研究阶段，因此投资估算工作也分为相应三个阶段。在项目的投资机

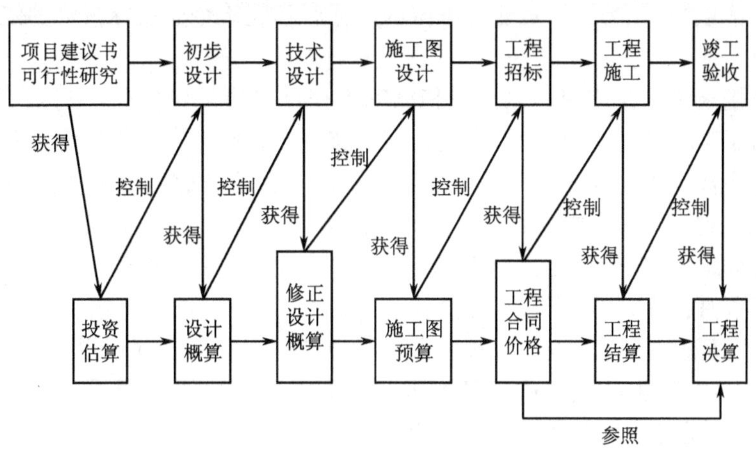

图5.2 分阶段设置的投资控制目标

会研究或编制项目建设书阶段,主要是选择有利的投资机会,明确投资方向,提出概略的项目投资建议,并编制项目建议书。投资额的估计一般是通过与已建类似项目的对比得来的,因而投资估算的误差率可在30%左右。这一阶段的投资估算是作为相关管理部门审批项目建议书、初步选择投资项目的主要依据之一,对初步可行性研究及投资估算起指导作用,决定一个项目是否真正可行。在初步可行性研究阶段,主要是在投资机会研究结论的基础上,弄清项目的投资规模、原材料来源、工艺技术、厂址、组织机构和建设进度等情况,进行经济效益评价,判断项目的可行性,做出初步投资评价。该阶段误差率一般要求控制在20%左右。这一阶段是作为决定是否进行详细可行性研究的依据之一,同时也是确定某些关键问题需要进行辅助性专题研究的依据之一,这个阶段可对项目是否真正可行做出初步的决定。在详细可行性研究阶段(也叫最终可行性研究阶段),主要是进行全面、详细、深入的技术经济分析论证阶段,要评价选择拟建项目的最佳投资方案,对项目的可行性提出结论性意见,投资估算的误差率应控制在10%以内。这一阶段的投资估算是进行详尽经济评价、决定项目可行性、选择最佳投资方案的主要依据,也是编制设计文件、控制初步设计及概算的主要依据。

2. 设计概算

设计概算是指设计单位在初步设计或扩大初步设计阶段,根据设计图样及说明书、设备清单、概算定额或概算指标、各项费用取费标准等资料及类似工程预(决)算文件等资料,用科学的方法计算和确定建筑安装工程全部建设费用的经济文件。设计概算包括:单位工程概算、单项工程综合概算、其他工程的费用概算、建设项目总概算以及编制说明等。设计概算是由单个到综合,局部到总体,逐个编制,层层汇总而成。

3. 施工图预算

施工图预算是指施工图设计阶段对工程建设所需资金做出较精确计算的设计文件,是根据施工图、预算定额、各项取费标准、建设地区的自然及技术经济条件等资料编制的建筑安装工程预算造价文件。施工图预算是建筑企业和建设单位签订承包合同、实行工程预算包干、拨付工程款和办理工程结算的依据;也是建筑企业编制计划、实行经济核算和考核经营成果的依据。在实行招标承包制的情况下，是建设单位确定标底和建筑企业投标报价的依据。

4. 工程结算

工程结算是指施工企业按照承包合同和已完工程量向建设单位（业主）办理工程款清算的经济文件。由于工程工期一般较长，为使建筑安装企业在施工中耗用的资金及时得到补偿，工程价款不一定会在竣工完成一次算清，可能会进行中间结算（进度款结算），包括分段结算、按目标结算和双方约定的其他方式结算。以按月结算为例，现行的中间结算办法是，施工企业在旬末或月中旬向单位提出预支工程款账单，预支一旬或半月的工程款，月终再提出工程款结算账单和已完工程月报表，收取当月工程价款，并通过银行进行结算。按月进行结算，要对现场已施工完毕的工程逐一进行清点，资料提出后要交监理工程师和建设单位审查签证。为简化手续，应以施工企业提出的统计进度月报表为支取工程款的凭证，即通常所称的工程进度款。进度款的支付步骤为：工程量测量与统计→提交已完工程量报告→工程师审核并确认→建设单位认可并审批→支付工程进度款。

当工程完工并验收后，要进行竣工结算。竣工结算是指施工企业按照合同规定，在一个单位工程或项目建筑安装工程完工、验收、移交后，向建设单位（业主）办理最后工程价款清算的经济技术文件。

5. 工程决算

工程决算是指工程完工、交工验收后，根据施工图设计、合同及其调整、施工及其调整计算出来的包括从项目策划到竣工投产全过程的全部实际费用。一般是由建设单位编制。竣工决算的内容包括竣工财务决算说明书、竣工财务决算报表、工程竣工图和工程造价对比分析等四部分。其中竣工财务决算说明书和竣工财务决算报表又合称为竣工财务决算，它是竣工决算的核心内容。

工程项目成本所涵盖的内容与整个工程项目投资基本一致，但两者的侧重点略有不同，投资强调的是资金付出的目标，是以提高投资效益为目的；而成本则强调付出本身，以节约投资为目标。

工程项目的成本控制，是在项目管理中监控工程项目费用，记录大量的相关成本数据，分析这些数据以保证及时采取正确的纠偏工作。

一个工程项目的建设需要多方的共同参与，比如业主、设计、施工、采购、监理等等，需要在各方的共同努力下完成。不同的项目参与者的成本构成也是不同的。各参建方所站的角度不同，参与工程建设的阶段和内容不同，工程项目的成本范围也有所不同，项目的成本范围取决于参建方参与工程建设的阶段和内容。

一般来说，业主或项目组织者对整个工程项目的成本负责，它们是针对工程项目实施成本控制。承包商（包括施工单位、监理单位、咨询单位等）则是针对合同任务对象根据合同价实施成本控制，其目的是尽可能多地获取利润。

工程费用的控制主体有：业主、监理、设计、承包商。对于业主方、监理方、设计方称为投资控制，对于承包商称为成本控制。

工程项目的成本控制是项目管理者的一项非常重要的工作，成本控制的成效往往与项目管理者所属企业的效益息息相关，同时也应是企业对项目管理者工作绩效进行评价的主要依据。

5.1.2 成本控制与进度、质量控制的差别

与进度、质量控制相比,成本控制具有较大的不确定性,这主要是因为,除受各种成本因素影响外,进度、质量目标的变更与控制的结果对项目成本产生较大的影响,项目的策划、项目目标的确定对项目成本产生的影响巨大,但项目的策划与项目目标的确定却很难去科学地规范。成本控制与质量、进度控制的主要差别如下:

(1)进度控制可通过调整计划,增加作业时间、增加资源投入等弥补工期的拖延或延误;

(2)质量控制可通过局部的修补、返工、设计变更等来改进工程中发生的质量的不足;

(3)成本一旦出现超支,是无法弥补的,除非减少工程量或降低质量与使用要求目标;

(4)进度与质量控制的纠偏往往都会造成成本的额外增加;

(5)一些风险因素,如市场价格的波动、工程索赔事件、国际结算汇率的变化可能对质量、进度产生的影响较小,但对工程项目成本的影响较大,几乎所有的风险都会对项目成本产生较大的影响。

综上所述,工程项目的成本控制是比较困难的,但成本控制又是必须进行的,因为一个企业完成一个工程项目,最终的目标都是为了获得利润。一旦项目投资超出预期目标,则项目的实施或项目的功能就会受到影响,甚至有可能被迫下马。这是因为投资者的资金来源、项目筹资等刚性大,项目投资一旦确定很难增加或追加投资。而承包商的目标就是通过工程实施为业主服务而获取利润,一旦其成本目标不能实现,甚至出现亏损,那么他所有的努力都将付之东流。

但在实际工程中,成本控制经常被忽视,或由于控制技术问题,使成本处于失控状态,许多项目管理者只有在项目结束后,才能知道实际开支和盈亏,而这时其损失常常已无法弥补,所以我们在项目的实施过程中就必须进行成本控制。

5.1.3 项目成本管理的内容

现代项目成本管理首先考虑的是以最低的成本完成项目的全部活动,但同时也必须考虑项目成本对于项目成果和质量的影响,这是现代项目成本管理与传统项目成本管理的重要区别。例如,在决策项目成本时,为了降低项目成本而限制项目辅助管理或项目质量审核工作的要求和次数,就会给项目成果和质量带来影响,甚至最终可能会提高项目的成本或增加项目用户的使用成本。同时,项目成本管理不能只考虑项目成本的节约,还必须考虑项目带来的经济收益的提高。特别是对一些特殊项目,如资本投资项目、新产品开发项目、信息系统建设项目等,预测和分析项目产出物未来的经济价值与收益是项目成本管理重要的核心工作之一。在项目成本管理中还需要运用诸如投资回收期分析、现金流量表分析、收益回报分析等方法去管理好项目的成本和收益。

现代项目成本管理的主要包括以下内容。

1. 项目资源计划

项目资源计划是指通过分析、识别和确定项目所需资源种类(人力、设备、材料、资金等)、

多少和投入时间的项目管理活动。在项目资源计划工作中最为重要的是确定出能够充分保证项目实施所需各种资源的清单和资源投入的计划安排。

2. 项目成本预测

项目成本预测是指在项目的实施过程中,依据项目成本的实施发生情况和各种影响因素的发展与变化,不断地预测项目成本的发展和变化趋势与最终可能出现的结果,从而为项目的成本控制提供决策依据的工作。

3. 项目成本估算

项目成本估算是指根据项目资源需求和计划以及各种资源的市场价格或预期价格等信息,估算和确定出项目各种活动的成本和整个项目全部成本的项目成本管理工作。项目成本估算最主要的任务是确定用于项目所需人、机、料、费等成本和费用的概算。

4. 项目成本预算

项目成本预算是一项制定项目成本控制基线或项目总成本控制基线的项目成本管理工作。主要包括根据项目的成本估算为项目各项具体活动或工作分配并确定其费用预算以及确定整个项目总预算两项工作。项目成本预算的关键是合理、科学地确定出项目的成本控制基准(项目总预算)。

5. 项目成本控制

项目成本控制是指在项目的实施过程中,努力将项目的实际成本控制在项目成本预算范围之内的成本管理工作。这包括依据项目成本的实际发生情况,不断分析项目实际成本与项目预算之间的差异,通过采用各种纠偏措施和修订原有项目预算的方法,使整个项目的实际成本能够控制在一个合理的水平。

事实上,上述这些项目成本管理工作相互之间并没有严格独立而清晰的界限,在实际工作中,它们常常相互重叠和相互影响。同时在每个项目阶段,上述项目成本管理的工作都应积极地开展,只有这样项目团队才能够做好项目成本的管理工作。

5.1.4 项目成本管理的方法

项目成本管理有许多不同的方法,每种方法都有自己的优缺点,都有自己的适用情况和条件。但是在现代项目成本管理中,比较科学和客观地反映项目成本管理规律的理论和方法有三种:一是全过程项目成本管理的理论与方法;二是全生命周期项目成本管理的理论与方法;三是全面项目成本管理的理论与方法。对于项目成本管理者来说,这些项目成本管理的理论与方法都是非常有用的。

1. 全过程项目成本管理的理论与方法

全过程成本管理理论与方法是自20世纪80年代中期开始,由我国项目成本管理领域的理论工作者和实际工作者提出的一种从项目全过程的角度来确定和管理项目成本的思想和方法。进入20世纪90年代以后,我国项目成本管理界的学者和实际工作者进一步地对全过程项目成本管理的思想与方法做了进一步的完善和验证。这使得我国的项目成本管理理论和实践正在从简单的造价定额管理逐步走上全过程项目成本管理的道路。应该说,全过程项目成本管理的理论和方法,是中国项目管理工作者提出和发展的,是对项目成本管理科学所做的重要贡献之一。

2. 全生命周期项目成本管理的理论与方法

全生命周期项目成本管理理论(Life Cycle Costing,CC)主要是由英美的一些学者和实际工作者于20世纪70年代末和80年代初提出的。进入80年代，以英国成本管理界的学者与实际工作者为主的一批人，在全生命周期项目成本理论方面做了大量的研究并取得了突破。全生命周期项目成本管理的方法既是一种项目投资决策工具，又是一种分析和评价项目备选方案的方法和项目成本控制的一种指导思想和技术方法。全生命周期项目成本管理要求对一个项目的建设期和运营期的所有成本进行全面的分析和管理，以实现项目全生命周期(包括项目前期、建设期和使用期)总成本最小化的目标。

3. 全面项目成本管理的理论与方法

根据国际全面成本管理促进会(原美国造价工程师协会)前主席R. E. Westney先生的说法，全面项目成本管理的思想是他于1991年5月在美国休斯敦海湾海岸召开的春季研讨会上所发表的论文《90年代项目管理的发展趋势》一文中提出的。这套方法借用“全面质量管理”的思想，提出了一套“全面成本管理”的理论和方法，以实现对所有的尚未发生的成本进行全面管理的目标。根据R. E. Westney的定义：“全面成本管理就是通过有效地使用专业知识和专门技术去计划和控制项目资源、成本、盈利和风险。”当然，全面项目成本管理发展到今天在理论和具体技术方法上仍然还有许多地方需要进一步研究和开发，但是它将是21世纪项目成本管理的新技术和方法。

由于不同项目在不同的时间、不同的场合，由不同的项目组织实施就可能会采用不同的项目成本管理方法，所以上述现代项目成本管理的方法都是需要学习和掌握的项目成本管理理论和方法，项目成本管理工作者可以根据不同项目的需要而选用不同的项目成本管理理论与方法。

5.2 项目资源计划与成本估算

在项目管理活动中，项目资源能够满足需求的程度以及它们与项目实施进度的匹配都是项目成本管理必须计划和安排的。如果一个项目的资源配置不合理或使用不当，就会使项目工期拖延或使项目实际成本比预算成本有大幅度增加。因此，在项目成本管理过程中必须经济、科学、合理地做好项目的资源计划，从而保证项目的顺利实施和项目成本目标的实现。

5.2.1 项目资源计划的概念

项目资源计划是指通过分析和识别项目的资源需求，从而确定出项目所需投入资源的种类(如人力、设备、材料、资金等)、资源的数量和资源投入的时间，从而制订出项目资源计划的项目成本管理活动。项目资源计划的编制工作必须同项目成本的估算与评价等项目成本管理活动紧密结合进行，从而能够制订出合理、科学、可行的项目资源计划。

5.2.2 项目资源计划编制的内容与方法

1. 项目资源计划编制的内容

在编制项目资源计划时,需要与项目有关的必须材料作为编制依据,这些依据涉及项目的范围、时间、质量等各个方面的计划和要求的文件和相关各种支持细节与信息资料,主要包括以下内容。

1)项目工作分解结构

项目工作分解结构是项目团队在项目实施过程中要完成的全部任务和工作,但是要完成这些任务就必须投入各种资源,不同的项目工作会有不同的资源需要,因此项目工作分解结构是安排项目资源计划的主要依据之一。

2)项目工作分解结构的支持细节

除了项目工作分解结构,还必须知道项目工作分解结构的相关支持细节。这类支持细节信息包括以下内容。

(1)项目历史信息,包含同类项目所需资源、项目资源计划和项目实际实施消耗资源等方面的历史信息,作为新项目资源计划的参考资料,新项目可以借鉴以前同类项目中的经验和教训。

(2)项目范围计划,项目范围计划确定了项目的特定的范围、目标及其衡量标准。如果项目范围中的某个项目方面被忽略,就会在项目资源计划与保障方面出现漏洞,最终使项目的成功受到影响。例如,某个住宅项目的范围计划包括房屋建造、社区道路修建和环境绿化等工作,但是如果项目范围计划中遗漏了道路修建工作,则项目在完成后可能发现无法入住的情况。

(3)项目资源描述,对一个项目所需资源的种类、数量、特性和质量予以说明和描述。这种描述的内容包括:项目需要哪些种类的资源(What),何时需要这些资源(when),何地需要这些资源(where),如何使用这些资源(how),这些资源的特性要求是什么(what),这些资源的价格多少(how much)等。这种项目资源的描述对于制订项目资源计划同样是至关重要的依据。

3)项目组织的管理政策

项目组织的管理政策包括:项目组织的组织结构、项目组织的企业文化、项目组织获得资源的方式和手段方面的方针策略和项目组织在项目资源管理方面的有关方针政策。

4)各类资源的定额、标准和计算规则

各类资源的定额、标准和计算规则是指项目资源计划编制中需要参考的项目工作量和资源消耗量的国家、地方或民间组织发布的各种定额、标准和计算规则。在项目资源计划编制中有些项目的资源需求是按照国家、行业、地区的官方或民间组织的统一定额或统一工程量计算规则确定的。

2. 项目资源计划编制的方法

项目资源计划的编制同样有许多种方法,其中最主要的是以下内容。

1)专家判断法

专家判断法是指由项目成本管理专家根据经验和判断去确定和编制项目资源计划的方

法，包括专家小组法和德尔菲法。

2）资源计划矩阵与资源数据表

资源计划矩阵是由工作分解结构直接转化而来的矩阵表，也就是将工作分解结构中的最基层的每一个活动都分别列出资源需求，并进行汇总，如用表格来表示，即为资源数据表（表5.1）。该表可以将项目所需的资源统筹列出，但不能表达出关于资源的详细信息。

表5.1 资源数据表

WBS结果	资源需求量					备注
	资源1（C15混凝土）	资源2（C25混凝土）	资源3（HPB235－8钢筋）	资源4（……）	资源n（……）	
工作1（1－21#基础桩）	213吨	120吨	17吨	…	…	
工作2						
⋮						
工作n						
合计						

3）统一定额法

这是指使用统一标准定额和工程量计算规则去制订项目资源计划的方法。所谓“统一标准定额”是指由权威部门所制定的，在一定的技术装备和组织条件下为完成一定量的工作，所需消耗和占用的资源质量和数量限定标准或额度。这些统一标准定额都是一种衡量项目经济效果的尺度，套用这些统一标准定额去编制项目资源需求是一种很简便的方法。但是由于统一标准定额相对比较固定，无法适应技术装备、工艺和劳动生产率的快速变化，所以近年来发达国家正在逐步放弃使用这种编制项目资源计划的方法。

4）资料统计法

这是指使用历史项目的统计数据资料，计算和确定项目资源计划的方法。这种方法中使用的历史统计资料必须有足够的样本量，而且有具体的数量指标以反映项目资源的规模、质量、消耗速度等。通常这些指标又可以分为实物量指标、劳动量指标和价值量指标。实物量指标多数用来表明物质资源的需求数量，这类指标一般表现为绝对数指标。劳动量指标主要用于表明人力的使用，这类指标可以是绝对量也可以是相对量指标。价值量指标主要用于表示资源的货币价值，一般使用本国货币币值表示的活劳动或物化劳动的价值。利用资料统计法计算和确定项目资源计划能够得出比较准确合理和切实可行的项目资源计划。但是这种方法要求有详细的历史数据，并且要求这些历史数据要具有可比性，所以这种方法的推广和使用有一定难度。

项目资源计划的输出结果是制定资源需求计划说明书，对各种资源需求及资源需求计划进行描述。

5.2.3 项目成本估算的概念

项目成本估算是指根据项目的资源需求和计划以及各种资源的价格信息,估算和确定项目各种活动的成本和整个项目总成本的项目管理工作。当项目有承发包合同时应注意区分项目造价与项目成本这两个概念,因为项目造价中不仅包括项目的成本,还包括承包商的盈利部分。

项目成本估算根据估算精度的不同可分为多种项目估算。一般情况下有:初步项目成本估算、技术设计后的成本估算和详细设计后的项目成本估算等几种不同精度的项目成本估算。因为在项目初始阶段许多项目的细节尚未确定,所以只能粗略地估计项目的成本;但是在项目完成了技术设计(属于一种较为详细的设计)之后就可以进行更详细的项目成本估算;而等到项目各种细节已经确定之后就可以进行详细的项目成本估算了。因此,项目成本估算在一些大型项目的成本管理中都是分阶段做出不同精度的成本估算,而且这些成本估算是逐步细化和精确的。

项目成本估算既包括识别各种项目成本的构成科目,也包括估计和确定各种成本的数额大小。例如,在大多数项目应用领域中,人工费、设备费、管理费、物料费、开办费等都属于构成项目成本的科目(其下面可以进一步细分出二级科目);项目各项工作需要发生的费用均只需要估算确定其数额大小。项目成本估算也包括综合分析和考虑各种可选择项目成本方案与估算的协调问题。例如,在许多项目应用领域中,如果在设计阶段增加一些工作会提高项目设计成本,但是设计质量的提高可能会大大减少项目实施的成本。因此在项目成本估算过程中必须考虑项目设计成本与项目实施成本的这种关系,努力使项目预期的收益最大。

5.2.4 项目成本构成及其影响因素

项目成本的构成是指项目总成本的构成成分,项目成本影响因素是指能够对项目成本的变化造成影响的因素。二者的具体说明与描述如下。

1.项目成本的构成

项目成本是指项目形成全过程所耗用的各种费用的总和。项目成本是由一系列的项目成本细目构成的。主要的项目成本细目如下。

1)项目定义与决策成本

项目定义与决策是每个项目都必须要经历的第一个阶段,项目定义与决策的好坏对项目实施和项目建成后的经济效益与社会效益会产生重要影响。为了对项目进行科学的定义和决策,在这一阶段要进行翔实的各种调查研究,收集和掌握第一手信息资料、进行项目的可行性研究,最终做出抉择。要完成这些工作需要耗用许多人力、物力资源,需要花费许多的资金,这些资金构成了项目成本中的项目定义与决策成本。

2)项目设计成本

根据项目的可行性研究报告,经过分析、研究和试验等环节以后,项目就可以进入设计阶段了。任何一个项目都要开展项目设计工作,不管是工程建设项目(它的设计包括初步设计、技术设计和施工图设计),还是新产品开发项目(它的设计就是对于新产品的设计),还是科学研究项目(它的设计是对整个项目的技术路线和试验方案等方面的设计)。这些设计工作同样要发生费用,同样是项目成本的一个重要组成部分,这一部分通常被称为项目设计成本。

3)项目采购成本

项目采购是指为获得项目所需的各种资源(包括物料、设备和劳务等),项目组织就必须开展一系列的询价、选择供应商、发布广告、承发包、招投标等一系列的工作。对于项目所需商品购买的询价、供应商选择、合同谈判与合同履约的管理需要发生费用,对于项目所需劳务的承发包,从发出招标公告、出售相关文件、投标、开标、评标、定标、谈判到签约和履约同样也需要发生费用。这些就是项目为采购各种外部资源所需要花费的成本,即项目的采购成本。

4)项目实施成本

在项目实施过程中,为生成项目产出物所耗用的各项资源构成的费用统一被称为“项目实施成本”。这既包括在项目实施过程中所耗费物质资料的成本(这些成本以转移价值的形式转到了项目产出物中),也包括项目实施中所消耗活劳动的成本(这些以工资、奖金和津贴的形式分配给了项目团队成员)。项目实施成本的具体科目包括以下方面。

(1)项目人工成本。这是给各类项目实施工作人员的报酬。具体包括项目施工、监督管理和其他方面人员(但不包括项目业主/客户)的工资、津贴、奖金等全部发生在活动上的成本。

(2)项目物料成本。这部分是项目组织或项目团队为项目实施需要所购买的各种原料、材料的成本。比如,油漆、木料、墙纸、灌木、毛毯、纸、艺术品、食品、计算机或软件等。

(3)项目顾问费用。当项目组织或团队因缺少某项专门技术或完成某个项目任务的人力资源时,他们可以雇用分包商或专业顾问去完成这些任务。为此项目就要付出相应的顾问费用。

(4)项目设备费用。项目组织为实施项目会使用到某种专用仪器、工具,不管是购买这些仪器或设备,还是租用这种仪器和设备,所发生的成本都属于设备费用的范畴。

(5)项目其他费用。不属于上述科目的其他费用。例如,项目期间有关人员出差所需的差旅费、住宿费、必要的出差补贴、各种项目所需的临时设施费等。

(6)项目不可预见费。项目组织还必须准备一定数量的不可预见费(意外开支的准备金或储备),以便在项目发生意外事件或风险时使用。例如,由于项目成本估算遗漏的费用,由于出现质量问题需要返工的费用,发生意外事故的赔偿金,因需要赶工加班而增加的成本等。

项目实施成本是项目总成本的主要组成部分,在没有项目决策或设计错误的情况下,项目实施成本会占项目总成本的90%左右。因此项目成本管理的主要工作是对项目实施成本的管理与控制。

2.影响项目成本的因素

影响项目成本的因素有许多,而且不同应用领域中的项目,其影响项目成本的因素也会不同。但是最为重要的项目成本影响因素包括如下几个方面。

1)耗用资源的数量和价格

项目成本自身(或叫狭义的项目成本)受两个因素的影响,其一是项目各项活动所消耗和占用的资源数量,其二是项目各项活动所消耗与占用资源的价格。这表明项目成本管理必须要管理好项目消耗和占用资源的数量和价格这两个要素。通过降低项目消耗和占用资源的数量和价格去直接降低项目的成本。在这两个要素中,资源消耗与占用数量是第一位的,资源价格是第二位的。因为通常资源消耗与占用数量是一个相对可控的内部要素;而资源价格是一个相对不可控的外部要素,主要是由外部市场条件决定的。

2)项目工期

项目工期是整个项目或项目某个阶段或某项具体活动所需要或实际花费的工作时间周期。从这层意义上说,项目工期与时间是等价的。在项目实现过程中,各项活动消耗或占用的资源都是在一定的时点或时期中发生的。所以项目的成本与工期是直接相关并随着工期的变化而变化。这种相关与变化的根本原因是因为项目所消耗的资金、设备、人力等资源都具有自己的时间价值,这表现为:等额价值量的资源在不同时间消耗或占用时,其价值之间的差额。实际上,项目消耗或占用的各种资源都可以看成是对于货币资金的一种占用。这种资金的占用,不管是自有资金还是银行贷款,都有其时间价值,这种资金的时间价值的根本表现形式就是资金占用所应付的利息。这种资金的时间价值既是构成项目成本的主要科目之一,又是造成项目成本变动的重要影响因素之一。

3)项目质量

项目质量是指项目能够满足业主或客户需求的特性与效用。一个项目的实现过程就是项目质量的形成过程,在这一过程中为达到质量要求需要开展两个方面的工作;其一是质量的检验与保障工作,其二是质量失败的补救工作。这两项工作都要消耗资源,从而都会产生项目的质量成本。其中,如果项目质量要求越高,项目质量检验与保障成本就会越高,项目的成本也就会越高。因此,项目质量是项目成本最直接的影响因素之一。

4)项目范围

任何一个项目的成本最根本取决于项目的范围,即项目究竟需要做些什么事情和做到什么程度。从广度上说,项目范围越大显然项目的成本就会越高,而项目范围越小项目的成本就会越低;从深度上说,如果项目所需完成的任务越复杂,项目的成本就会越高,而项目的任务越简单,项目的成本就会越低。因此,项目范围更是一个项目成本的直接影响因素。

根据上述分析可以看出,要实现对项目成本的科学管理,还必须通过开展对项目资源耗用和价格,项目工期和质量以及项目范围等要素进行集成的管理与控制。如果仅仅只对项目资源耗用量和价格要素进行管理和控制,无论如何也无法实现项目成本管理的目标。然而,这仍然是我们当今项目成本管理中经常存在的一种通病。

5.2.5 项目成本估算的方法

项目成本估算的方法有:类比估算法、参数估计法、工料清单法和软件工具法等。

1.类比估算法

这是一种在项目成本估算精确度要求不高的情况下使用的项目成本估算方法。这种方法也被叫做自上而下法,是一种通过比照已完成的类似项目实际成本,估算出新项目成本的方法。类比估算法通常比其他方法简便易行,费用低,但它的精度也低。有两种情况可以使用这种方法,其一是以前完成的项目与新项目非常相似,其二是项目成本估算专家或小组具有必需的专业技能。类比估算法是最简单的成本估算技术，它将被估算项目的各个成本科目与已完成同类项目的各个成本科目（有历史数据）进行对比，从而估算出新项目的各项成本。这种方法的局限性在于很多时候没有真正类似项目的成本数据，因为项目的独特性和一次性导致多数项目之间不具备可比性。类比估算法的优点是这种估算是基于实际经验和实际数据的，所以可信度较高。

2. 参数估计法

参数估计法也叫参数模型法，是利用项目特性参数建立数学模型来估算项目成本的方法。例如，工业项目可以使用项目生产能力作为参数，民用住宅项目可以使用每平方米单价等作为参数去估算项目的成本。参数估算法很早就开始使用了，如赖特1936年在航空科学报刊中提出了基本参数的统计评估方法后，又针对批量生产飞机提出了专用的参数估计法的成本估算公式。它的优点是快速并易于使用，只需要一小部分信息，并且其准确性在经过模型校验后能够达到较高精度。这种方法的缺点是：如果不经校验，参数估计模型可能不精确，估算出的项目成本差距会较大。

生产能力估算法就是一种典型的类比估算法和参数估计法的结合方法，经常用在建设工程项目初期的费用估算中，是根据已有相似项目的建设成本，配以合适参数，来估计现有项目的成本的方法。

$$C_2 = C_1 \times \left(\frac{A_2}{A_1}\right)^n \times f$$

式中 C_1——已建类似项目的静态投资额；

C_2——拟建项目静态投资额；

A_1——已建类似项目的生产能力；

A_2——拟建项目的生产能力；

n——生产能力指数；

f——不同时期、不同地点的定额、单价、费用变更等的综合调整系数。

若已建类似项目的生产规模与拟建项目生产规模相差不大，A_1 与 A_2 的比值为0.5～2，则指数 n 的取值近似为1。

若已建类似项目的生产规模与拟建项目生产规模相差不大于50倍，且拟建项目生产规模的扩大仅靠增大设备规模来达到时，则 n 的取值为0.6～0.7。

【例5.1】 2000年在某地兴建一座30万吨合成氨的化肥厂，总投资为28 000万元，假如2005年在该地开工兴建45万吨合成氨的工厂，合成氨的生产能力指数为0.81，则所需静态投资为多少（假定从2000年至2005年每年平均工程物价指数为1.10）？

【解】 $C_2 = C_1 \times \left(\frac{A_2}{A_1}\right)^n \times f = 28\ 000 \times \left(\frac{45}{30}\right)^{0.81} \times (1.1)^5 = 62\ 626.101$ 万元

3. 工料清单法

工料清单法也叫自下而上法，这种方法首先要给出项目所需的工料清单，然后再对工料清单中各项物料和作业的成本进行估算，最后向上滚动加总得到项目总成本。这种方法通常十分详细而且耗时但是估算精度较高，它可对每个工作包进行详细分析并估算其成本，然后统计得出整个项目的成本。这种方法的优点是对使用工料清单为项目成本估计提供了相对详细的信息,所以它比其他方式的成本估算更为精确。这种基于项目详细工料资源需求清单的项目成本估算方法能够给出一个项目最接近实际成本的成本估算。这种方法的缺点是要求有详细的工料消耗和占用量信息,这种信息本身就需要大量的时间和经费的支持。另外,这种成本估算方法所需的工料消耗与占用数据本身也需要有数据来源,而且这些数据经常是过时的数据,所以这种方法往往需要在成本估算中做出各种各样的项目成本费率调整,某工程清单计价表如表 5.2 所示。

表 5.2　某工程清单计价表

序号	工程项目	单位	单价	合同工程量		上期审定累计量	
				数量	合价/元	数量	合价/元
1	土地平整	立方米	55	31 000	1 705 000	20 000	1 100 000
2	干渠干沟平整	立方米	55	25 000	1 375 000	12 000	660 000
3	干渠 A	米	70	1 400	98 000	8 000	560 000
4	斗渠 A	米	65	400	26 000	200	13 000
5	GQ－1 交 TL－10 涵洞改建	座	2 000	1	2 000	1	2 000
6	GQ－1 交 X-DQ－3 进水闸改建	座	2 000	1	2 000	1	2 000
7	干渠 B	米	70	400	28 000	200	14 000
8	农排开挖	米	60	2 531	151 860	1 300	78 000
9	田间路基	米	25	4 510	112 750	1 500	37 500
10	生产路基	米	400	6 125	2 450 000	250	100 000
11	斗排清淤	米	10	3 344	33 440	1 200	12 000
12	干排清淤	米	10	3 500	35 000	1 860	18 600
13	干渠 A 堤	米	40	1 400	56 000	800	32 000

4. 软件工具法

软件工具法是一种运用现有的计算机成本估算软件去确定项目成本的方法。项目管理技术的发展和计算机技术的发展是密不可分的,计算机的出现和运算速度的迅猛提升使得使用计算机估算项目成本变得可行以后,涌现出了大量的项目成本估算软件。经过近 20 年的发展,目前项目成本管理软件根据功能和价格水平被分为两个档次:一种是高档项目成本管理软件,这是供专业项目成本管理人士使用的软件,这类软件功能强大,价格高,能够较好地估算项目的成本;另一类是低档次的项目成本管理软件,这类软件虽功能不是很齐全,但价格较便宜,可用于做一些中小型项目的成本估算。大部分项目成本管理软件都有项目成本估算的功能,但是这种功能很大程度上还要依靠人的辅助来完成,而且人的作用仍然占据主导地位,这是这种方法的主要缺陷。

5.3 工程项目概算与预算

工程建设预算泛指概算和预算两大类,或称工程建设预算是概算与预算的总称。概算和预算既有相似之处,又有不同之处。概算编制在初步设计阶段,并作为向国家和地区报批投资的文件,经审批后用以编制固定资产计划,是控制建设项目投资的依据;预算编制在施工图设计阶段,它起着建筑产品价格的作用,是工程价款的标底。概算依据概算定额或概算指标进行编制,其内容经扩大而简化,概括性大,预算则依据预算定额和综合预算定额进行编制,其内容较详细,较重要。概算应包括工程建设的全部内容,如总概算要考虑从筹建开始到竣工验收交付使用前所需的一切费用;预算一般不编制总预算,只编制单位工程预算和综合预算书,它不包括准备阶段的费用(如勘察、征地、生产职工培训费用等)。

5.3.1 项目设计概算的作用和内容

建设项目设计概算是初步设计文件的重要组成部分,它是在投资估算的控制下由设计单位根据初步设计或扩大初步设计的图纸及说明,利用国家或地区颁发的概算指标、概算定额或综合指标预算定额、设备材料预算价格等资料,按照设计要求,概略地计算建筑物或构筑物造价的文件。设计概算编制工作较为简单,在精度上没有施工图预算准确。

1. 设计概算的作用

1)设计概算是编制建设项目投资计划、确定和控制建设项目投资的依据

国家规定:编制年度固定资产投资计划,确定计划投资总额及其构成数额,要以批准的初步设计概算为依据,没有批准的初步设计及其概算的建设工程不能列入年度固定资产投资计划。

经批准的建设项目设计总概算的投资额,是该工程建设投资的最高限额。在工程建设过程中,年度固定资产投资计划安排,银行拨款或贷款,施工图设计及其预算,竣工决算等,未经按规定的程序批准,都不能突破这一限额,以确保国家固定资产投资计划的严格执行和有效控制。

2)设计概算是签订建设工程合同和贷款合同的依据

《中华人民共和国合同法》(简称《合同法》)明确规定,建设工程合同是承包人进行工程建设,发包人支付价款的合同。合同价款的多少是以设计概算为依据的,而且总承包合同不得超过设计总概算的投资限额。

设计概算是银行拨款或签订贷款合同的最高限额,建设项目的全部拨款或贷款以及各单项工程的拨款或贷款的累计总额,不能超过设计概算。如果项目的投资计划所列投资额或拨款或贷款突破设计概算时,必须查明原因后由建设单位报请上级主管部门调整或追加设计概算总投资额,凡未经批准,银行对其超支部分拒不拨付。

3)设计概算是控制施工图设计和施工图预算的依据

经批准的设计概算是建设项目投资的最高限额,设计单位必须按照批准的初步设计及其

概算进行施工图设计,施工图预算不得突破设计概算。如确需突破总概算时,应按规定程序报经批准。

4)设计概算是衡量设计方案技术经济合理性和选择最佳设计方案的依据

设计概算是设计方案技术经济合理性的综合反映,据此可以用来对不同的设计方案进行技术与经济合理性的比较,以便选择最佳设计方案。

5)设计概算是工程造价管理及编制招标标底和投标报价的依据

设计总概算一经批准,就作为工程造价管理的最高限额,并据此对工程造价进行严格的控制。以设计概算进行招标的工程,招标单位编制标底是以设计概算造价为依据的,并以此作为评标定标的依据。承包单位为了在投标竞争中取胜,也以设计概算为依据,编制出合适的投标报价。

6)设计概算是考核建设项目投资效果的依据

通过设计概算与竣工决算的对比,可以分析和考核投资效果的好坏,同时还可以验证设计概算的准确性,有利于加强设计概算管理和建设项目的造价管理工作。

2. 设计概算的内容

设计概算的内容可分为三级概算,即单位工程概算、单项工程综合概算和建设项目总概算,如图5.3所示。

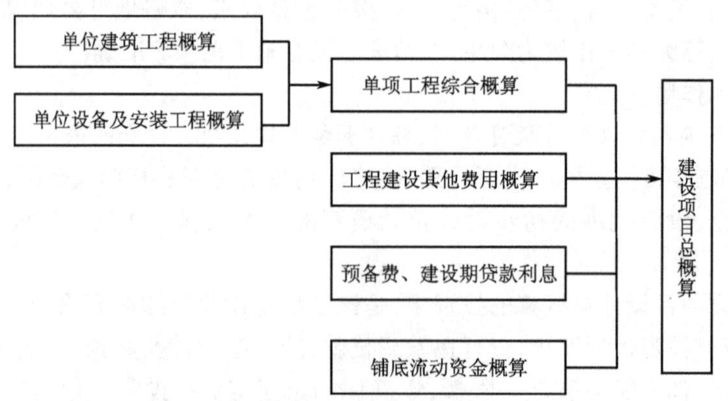

图5.3 工程项目三级概算

1)单位工程概算

单位工程概算是确定单项工程中各单位工程建设费用的文件,它是编制单项工程综合概算的依据。

单位工程概算分为单位建筑工程概算和单位设备及安装工程概算两大类。

建筑工程概算包括一般土建工程概算、给排水工程概算、采暖工程概算、通风工程概算、电气照明工程概算、工业管道工程概算和特殊构筑物工程概算。

设备及安装工程概算主要包括机械设备及安装工程概算、电气设备及安装工程概算等。

2)单项工程综合概算

单项工程综合概算是确定一个单项工程所需建设费用的文件。它根据单项内各专业单位工程概算汇总编制而成,是建设项目总概算的组成部分。

3)建设项目总概算

建设项目总概算是确定整个建设项目从筹建到竣工验收所需全部费用的文件。它是根据各个单项工程综合概算、工程建设其他费用概算以及预备费等汇总编制而成的。

建设项目总概算一般包括工程费用、工程建设其他费用以及预备费、建设期贷款利息等。

5.3.2 项目概算的编制

根据工程项目规模大小,初步设计或扩大初步设计深度等有关资料的齐备程度不同,建筑工程概算的编制通常可以采用以下几种方法。

1. 根据概算定额编制概算

根据概算定额编制概算是指采用概算定额编制建筑工程概算的方法。它根据初步设计图纸资料和概算定额的项目划分计算出工程量,然后套用概算定额单价(基价),计算汇总后,再计取有关费用,便可得出单位工程概算造价。该种算法要求工程项目的初步设计或扩大初步设计具有相当深度,建筑、结构类型要求比较明确,能按照初步设计的平面、立面、剖面图纸计算出楼地面、墙身、门窗和屋面等分部工程(或扩大结构件)项目的工程量。

根据概算定额编制概算的编制方法与步骤如下。

1)收集基础资料

采用概算定额编制概算,最基本的资料为前面所提的编制依据。除此之外,还应获得建筑工程中各分部工程施工方法的有关资料。对于改建或扩建的建筑工程,还需要收集原有建筑工程的状况图,拆除及修缮工程概算定额的费用定额及旧料残值回收计算方法等资料。

2)熟悉设计文件、了解施工现场情况

在编制概算前,必须熟悉图纸,掌握工程结构形式的特点以及各种构件的规格和数量等,并充分了解设计意图,掌握工程全貌,以便更好地计算概算工程量,提高概算的编制速度和质量。另外,概算工作者必须深入施工现场,调查、分析和核实地形、地貌、作业环境等有关原始资料,从而保证概算内容能更好地反映客观实际,为进一步提高设计质量提供可靠的原始依据。

3)计算工程量

编制概算时,应按“概算定额手册”所列项目分列工程项目,并按其所规定的工程量计算规则进行工程量计算,以便正确地选套定额,提高概算造价的准确性。

4)选套概算定额

当分列的工程项目及相应汇总的工程量,经复核无误后,即可选套概算定额,确定定额单价。通常选套概算定额的方法如下。

(1)把定额编号、工程项目及相应的定额计量单位、工程量,按定额顺序填列于建筑工程概算表中。

(2)根据定额编号,查阅各工程项目的概算基价,填列于概算表格的相应栏内。

另外,在选套概算定额时,必须按各分部工程说明中的有关规定进行,避免错选或重套定额项目,以保证概算的准确性。

5)计取各项费用,确定工程概算造价

当工程概算直接工程费确定后,就可按费用计算程序进行各项费用的计算,可按以下公式计算概算造价的单方造价:

土建工程概算造价 = 直接费 + 间接费 + 利润 + 其他费用 + 税金

单方造价 = 土建工程概算造价/建筑面积

6)编制工程概算书

填写概算书封面;计算各项费用;编制建筑工程概算表,并根据相应工程情况,如工程概况、概算编制依据、方法等,编制概算说明书;最后将概算书封面、各项工程费用计算、工程概算表等按顺序装订成册,即构成建筑工程概算书。

【例5.2】 某市拟建一座7 560平方米教学楼,请按给出的扩大单价和工程量表(下表5.3)编制出该教学楼土建工程设计概算造价和平方米造价。按有关规定标准计算得到措施费为438 000元,各项费率分别为:措施费率为4%,间接费费率为5%,利润率为7%,综合税率为3.413%(以直接费为计算基础)。

表5.3 某教学楼土建工程量和扩大单价

分部工程名称	单位	工程量	扩大单价/元
基础工程	10立方米	160	2 500
混凝土及钢筋混凝土	10立方米	150	6 800
砌筑工程	10立方米	280	3 300
地面工程	100平方米	40	1 100
楼面工程	100平方米	90	1 800
卷材屋面	100平方米	40	4 500
门窗工程	100平方米	35	5 600
脚手架	100平方米	180	600

【解】 各项工程合价为工程量乘以其定额扩大单价,各项直接工程合计之和为直接工程费,直接费为直接工程费和措施费之和,以直接工程费为基数,计价规则如表5.4所示。

表5.4 以直接费为计算基数的工料单价法计价程序

序号	费用项目	计算方法	备注
1	直接工程费	按预算表	
2	措施费	按规定标准计算	
3	直接费小计	1+2	
4	间接费	3×相应费率	

续表

序号	费用项目	计算方法	备注
5	利润	(3+4)×相应利润率	
6	合计	3+4+5	
7	含税造价	6×(1+相应税率)	

预算表如表 5.5 所示。

表 5.5 某教学楼工程预算表

序号	分部工程名称	单位	工程量	扩大单价/元	合价/元
1	基础工程	10 立方米	160	2 500	400 000
2	混凝土及钢筋混凝土	10 立方米	150	6 800	1 020 000
3	砌筑工程	10 立方米	280	3 300	924 000
4	地面工程	100 平方米	40	1 100	44 000
5	楼面工程	100 平方米	90	1 800	162 000
6	卷材屋面	100 平方米	40	4 500	180 000
7	门窗工程	100 平方米	35	5 600	196 000
8	脚手架	100 平方米	180	600	108 000
A	直接费工程小计	以上 8 项之和			3 034 000
B	措施费	—			438 000
C	直接费小计	A+B			3 472 000
D	间接费	C×5%			173 600
E	利润	(C+D)×7%			255 192
F	税金	(C+D+E)×3.413%			133 134
	概算造价	C+D+E+F			4 033 926
	平方米造价	4 033 926/7 560			533.6

2. 采用概算指标编制概算

1)采用概算指标编制概算的条件

对于一般民用工程和中小型通用厂房工程，在初步设计文件尚不完备、处于方案阶段、无法计算工程量时，可采用概算指标编制概算。概算指标是一种以建筑面积或体积为单位，以整个建筑物为依据编制的计价文件。它通常以整个房屋每 100 平方米建筑面积(或按每座构筑物)为单位，规定人工、材料和施工机械使用费用的消耗量，所以比概算定额更综合、扩大。采用概算指标编制概算比采用概算定额编制概算更加简化。它是一种既准确又省时的方法。

2)编制方法和步骤

(1)收集编制概算的原始资料,并根据设计图纸计算建筑面积。

(2)根据拟建工程项目的性质、规模、结构内容及层数等基本条件,选用相应的概算指标。

(3)计算工程直接费。通常采用的计算公式为

工程直接费 = 每百平方米造价指标/100 × 建筑面积。

(4)调整工程直接费。通常采用的计算公式为

调整后工程直接费 = 工程直接费 × 调整费率。

(5)计算间接费、利润、其他费用、税金等。

3)概算指标调整方法

采用概算指标编制概算时,因为设计内容常常不完全符合概算指标规定的结构特征,所以就不能简单机械地按类似的或最接近的概算指标套用计算,而必须根据差别的具体情况,按下列公式分别进行换算。

单位面积造价调整指标 = 原指标单价 − 换出结构构件单价 + 换入结构构件单价。

式中,换出(入)结构构件单价可按下列公式进行计算:

换出(入)结构构件单价 = 换出(入)结构构件工程量 × 相应概算定额单价。

工程概算直接费,可按下列公式进行计算:

概算直接费 = 建筑面积 × 单位面积造价调整指标。

3. 采用类似工程预(决)算编制概算

1)采用类似工程预(决)算编制概算的条件

当拟建工程缺少完整的初步设计方案,而又急等上报设计概算,申请列入年度基本建设计划时,通常采用类似工程预(决)算编制设计概算的方法,快速编制概算。类似工程预(决)算是指与拟建工程在结构特征上相近的,已建成工程的预(决)算或在建工程的预算。采用类似工程预(决)算编制概算,不受不同单位和地区的限制,只要拟建工程项目在建筑面积、体积、结构特征和经济性方面完全或基本类似,已(在)建工程的相关数额即可采用。

2)编制步骤和方法

(1)收集有关类似工程设计资料和预(决)算文件等原始资料。

(2)了解和掌握拟建工程初步设计方案。

(3)计算建筑面积。

(4)选定与拟建工程相类似的已(在)建工程预(决)算。

(5)根据类似工程预(决)算资料和拟建工程的建筑面积,计算工程概算造价和主要材料消耗量。

(6)调整拟建工程与类似工程预(决)算资料的差异部分,使其成为符合拟建工程要求的概算造价。

3)调整类似工程预(决)算的方法

采用类似工程预(决)算编制概算,往往因拟建工程与类似工程之间在基本结构特征上存在着差异,而影响概算的准确性。因此,必须先求出各种不同影响因素的调整系数(或费用),

加以修正。具体调整方法如下。

(1)综合系数法。采用类似工程预(决)算编制概算，经常因建设地点不同而引起人工费、材料和施工机械使用费以及间接费、利润和税金等费用不同，故常采用上述各费用所占类似工程预(决)算价值的比重系数，即综合调整系数进行调整。

采用综合系数法调整类似工程预(决)算，通常可按下列公式进行计算：

单位工程概算价值＝类似工程预(决)算价值×综合调整(差价)系数 K，

式中，综合调整(差价)系数 K 可按下列公式计算：

$$K = a\% \times K_1 + b\% \times K_2 + C\% \times K_3 + d\% \times K_4 + e\% \times K_5$$。

式中 a——人工工资在类似预(决)算价值中所占的比重；

b——材料费在类似预(决)算价值中所占的比重；

c——施工机械使用费在类似预(决)算价值中所占的比重；

d——间接费及利润在类似预(决)算价值中所占的比重；

e——税金在类似预(决)算价值中所占的比重；

K_1——工资标准因地区不同而产生在价值上差别的调整(差价)系数；

K_2——材料预算价格因地区不同而产生在价值上差别的调整(差价)系数；

K_3——施工机械使用费因地区不同而产生在价值上差别的调整(差价)系数。

(2)价格(费用)差异系数法。采用类似工程预(决)算编制概算，常因类似工程预(决)算的编制时间距现在时间较长，现时编制概算，其人工工资标准、材料预算价格和施工机械使用费用以及间接费、利润和税金等费用标准必然发生变化。此时，则应将类似工程预(决)算的上述价格和费用标准与现行的标准进行比较，测定其价格和费用变动幅度系数，加以适当调整。采用价格(费用)差异系数法调整类似工程预(决)算，一般按下列公式进行计算：

单位工程概算价值＝类似工程预(决)算价值×G

(3)结构、材料差异换算法。每个建筑工程都有其各自的特异性，在其结构、内容、材质和施工方法上常常不能完全一致。因此，采用类似工程预(决)算编制概算，应充分注意其中的差异，进行分析对比和调整换算，正确计算工程费。

拟建工程的结构、材质和类似工程预(决)算的局部有差异时，一般可按下列公式进行换算：

单位工程概算造价＝类似工程预(决)算价值－换出工程费＋换入工程费，

其中，换出(入)工程费＝换出(入)结构单价×换出(入)工程量。

【例5.3】 某已建成砖混住宅工程建筑面积为2 800平方米，总造价为161.56万元，其中人工费、材料费、机械台班费、措施费、间接费、利润、税金占单方预算造价的比例分别为10%、66%、5%、4%、7%、4.7%、3.3%。一拟建工程的结构形式与已建成住宅工程相同，亦为砖混结构，但两者的楼地面工程不同，已建成住宅的地面为水泥砂浆抹面，基价为每100平方米1 023.06元，拟建工程的地面为水磨石，基价为每100平方米3 111.56元。拟建工程地区与已建成工程预算造价在人工费、材料费、机械台班费、措施费、间接费、利润、税金之间的差异系数分别为2.01、1.07、1.82、1.01、0.91、1.0和1.0，试利用类似工程预算法求拟建工程3 400平方米的设计概算。

【解】 先求综合调整系数 K：

$$K = 10\% \times 2.01 + 66\% \times 1.07 + 5\% \times 1.82 + 4\% \times 1.01 + 7\% \times 0.91 + 4.7\% \times 1.0 + 3.3\% \times 1.0 = 1.18$$

拟建工程单方概算指标 = 1 615 600 ÷ 2 800 × 1.18 = 680.86 元/平方米。

由于楼地面工程的不同，要进行概算指标的修正。

修正的拟建工程单价概算指标 = 680.86 + (3 111.56 − 1 023.06)/100

= 701.74 元/m^2

拟建工程的设计概算 = 701.74 × 3 400 = 238.59 万元

当工程概算完成后，应编制建筑工程概算书。概算书一般由编制说明和总概算表及所属的综合概算表、工程建设其他费用概算表组成。其中，编制说明包括：a）工程概况，主要说明建设项目的建设规模、范围、建设地点、建设条件、建设期限、产量、生产品种、公用设施及厂外工程情况等；b）编制依据，主要说明设计文件依据、定额或指标依据、价格依据、费用标准依据等；c）编制方法，主要说明建设项目中主要专业的编制方法是采用概算定额还是概算指标编制的；d）投资分析，主要说明总概算价值的组成及单位投资、与类似工程的分析比较、各项投资比例分析和说明该设计的经济合理性等；e）主要材料和设备数量，说明建筑安装工程主要材料，如钢材、木材、水泥等数量，主要机械设备、电气设备数量；f）其他有关问题，主要说明编制概算文件过程中存在的其他有关问题等。

总概算表的项目可按工程性质和费用构成划分为工程费用、其他费用和预备费用三项，分别如表5.6和表5.7所示。

表5.6 某单位工程概算表

单位工程名称：土建工程　　　　元

序号	定额编号	分部分项工程名称	单位	工程量	基价	合价	人工基价	人工合价	机械基价	机械合价
1	1-6	一、土方工程								
2		基础土方	立方米	2 386	45.51		36.35		9.09	
3	2-6-1	二、基础工程								
4	2-13-2	基础垫层砼 C15	立方米	98.26	218.54		25.27		9.19	
5	2-106	钢筋砼带形基础 C20	立方米	482.85	511.76		34.53		19.91	
6		机械打灰土挤密桩6米内	立方米	89.1	238.86		36.62		131.33	
7	3-33	三、墙体工程								
8	3-23	加气砼外墙300毫米	平方米	2 688.92	73.53		12.83		0.61	
9	3-9	加气砼内墙200毫米	平方米	4 258.3	52.64		11.26		0.48	
10	3-73-2	粘土砖女儿墙240毫米	平方米	79.14	47.77		14.7		1.09	
11	市场价	钢筋砼电梯井内墙 C30	平方米	384.85	188.77		19.25		3.45	

续表

序号	定额编号	分部分项工程名称	单位	工程量	基价	合价	人工基价	人工合价	机械基价	机械合价
12	3－106	聚苯乙烯泡沫板墙100毫米	平方米	1 445.26	105					
13	3－106	外墙彩釉砖	平方米	2 673.1	47.18		9.36			
14		四、门窗工程								
15	4－23	胶合板门	平方米	429.19	104.8		16.53		5.66	
16	4－121	铝合金地弹簧门	平方米	89.96	433.14		17.54		0.01	
17	4－125	铝合金推拉窗	平方米	501.92	271.07		15.27		0.01	
18	4－142换	铝板门	平方米	5.4	858.73		14.24		1.23	
19	市场价	无框玻璃自动感应门	套	4	22 000					

表5.7 综合(总)概算表

建设项目名称：×××××

序号	工程或费用名称	单位	数量	单价/元	概算金额/万元	备注
一	工程费用				43 731.3	1+2+3+4+5+6
1	道路工程	米			5 039.8	
	路面结构Ⅰ	平方米	22 743	385.415 8	876.5	主桥
	路面结构Ⅱ	平方米	30 522	394.148 5	1 203.0	主干道1,4,6,8,34,20
	路面结构Ⅲ	平方米	44 776	309.118 7	1 384.1	匝道1,5,7,30,20
	人行道	平方米	13 655	204.158 2	278.8	花岗岩
	路沿石	米	16 509	207.046 8	341.8	花岗岩
	道路土方	立方米			955.5	
2	交通工程	立方米	2 520	1 063.056	267.9	
3	排水工程	立方米			1 039.9	
	雨水管道	米	5 132	415.724 9	213.4	d300～d1 200
	雨水箱涵	米	262	3 274.809	85.8	2.4×1.5
	管道土方	立方米			310.4	
	雨水泵站	座	1	4 304 100	430.4	
	①泵站上部管理房	平方米	170	2 600	44.2	
	②泵站下部土建				185.1	
	③泵站—排水设备				61.5	

续表

序号	工程或费用名称	单位	数量	单价/元	概算金额/万元	备注
	④泵站—电气设备				79.5	
	⑤泵站—附属物	平方米	1 716	350	60.1	
4	桥梁工程	平方米			35 133.7	
	主线主桥	平方米	9 534	13 847.93	13 202.6	钢结构
	①主线主桥(上部结构)	平方米	9 534	12 286.68	11 714.1	钢结构
	②主线主桥(下部结构)	平方米	9 534	1 561.254	1 488.5	含人行道及桥面铺装
	主线引桥	平方米	53 329	3 262.212	17 397.1	预应力砼箱梁
	挡土墙	米	1 773	3 648.505	646.9	钢筋砼
	昌东大道下穿箱涵	平方米	1 517	3 935.597	597.0	钢筋砼
	围堰、清淤	立方米			2 590.1	
	桥梁景观工程				700.0	暂列
5	绿化工程	平方米	67 895	198.836 4	1 350.0	
6	照明工程	套	310	29 032.26	900.0	暂列
二	工程建设其他费用				11 381.6	
1	融资代建费				1 194.3	
2	建设监理费				584.0	
3	前期工作咨询费				67.7	
4	工程设计费				1 163.6	
5	工程勘察费				329.2	
6	竣工图编制费				89.1	
7	招标代理服务费				37.2	
8	施工图审查费				45.5	
9	环境影响评价费				23.3	
10	场地准备及临时设施费				839.7	含工程保险
11	研究试验费				140.0	含动静载试验
12	检测费				300.0	含桥梁检测及桩基检测
13	征地费	亩	148.7	100 881	1 500.0	暂列
14	拆迁补偿费	平方米	1 900	3 000	570.0	暂列
15	综合管线迁移费用				2 370.0	
16	园林绿化迁移费				600.0	

续表

序号	工程或费用名称	单位	数量	单价/元	概算金额/万元	备注
17	海洋公园土地置换				1 000.0	
18	艾溪湖水面补偿				200.0	
19	临电大型专变				300.0	
20	规划设计费				27.9	合同价
三	基本预备费				2 186.6	
四	建设期贷款利息				2 681.5	
五	概算总金额				59 980.9	

5.3.3 施工图预算

施工图预算是根据施工图、预算定额、各项取费标准、建设地区的自然及技术经济条件等资料编制的建筑安装工程预算造价文件。施工图预算是建筑企业和建设单位签订承包合同、实行工程预算包干、拨付工程款和办理工程结算的依据;也是建筑企业编制计划、实行经济核算和考核经营成果的依据。在实行招标承包制的情况下,是建设单位确定标底和建筑企业投标报价的依据。

施工图预算由一系列计算数字和文字说明组成。工程项目(如工厂、学校等)总预算包含若干个单项工程(如车间、教学楼等)综合预算;单项工程综合预算包含若干个单位工程(如土建工程、机械设备及安装工程)预算(见设计概算)。总预算和综合预算由以下5项费用构成:

(1)建筑工程费;

(2)安装工程费;

(3)设备购置费;

(4)工具、器具购置费;

(5)其他工程和费用。

单位工程预算由直接费、间接费、计划利润构成;设备及安装工程的单位工程预算还包括设备及其备件的购置费。

我国现今的施工图预算方式多为单位估价法,单位估算法是利用分部分项工程单价计算工程造价的方法。计算程序是:首先,根据施工图计算分部分项工程量;其次,根据地区单位估价表或预算定额单价计算分部分项工程直接费,并汇总为单位工程直接费;最后,计算间接费、计划利润,并与直接费汇总,得出单位工程预算造价;进一步汇总得出综合预算造价和总预算造价。

5.3.4 成本计划的编制

通过对项目费用目标按时间进行分解,在网络计划基础上,可获得项目进度计划的横道图,并在此基础上编制费用计划。其表示方式有两种:一种是在总体控制时标网络图上表示,另一种是利用时间-费用累积曲线(S形曲线)表示。

成本计划的编制步骤如下。

(1)按活动时间输出横道图,并确定相应项目单元的工程成本。

(2)计算各时间段的计划成本值。

(3)画出计划成本-时间关系曲线。

(4)计算累计成本曲线,并画出累计成本曲线。

【例5.4】 某建设项目按照网络进度各月份费用如表5.8所示。

表5.8 某建设项目按照网络进度各月份费用

时间/月	1	2	3	4	5	6	7	8	9	10	11	12
费用/万元	20	30	45	60	80	90	70	60	50	40	35	10

要求:(1)绘制网络进度各月份费用柱状图。

(2)根据柱状图绘制进度的成本-费用累计S形曲线。

【解】 (1)月份费用柱状图如图5.4所示。

(2)成本-费用累计曲线如图5.5所示。

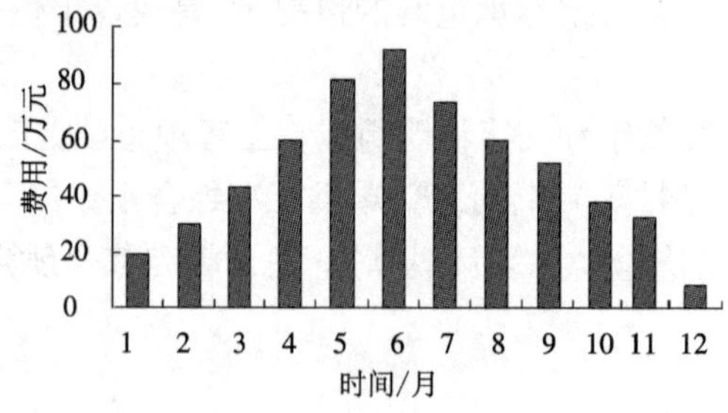

图5.4 月份费用柱状图

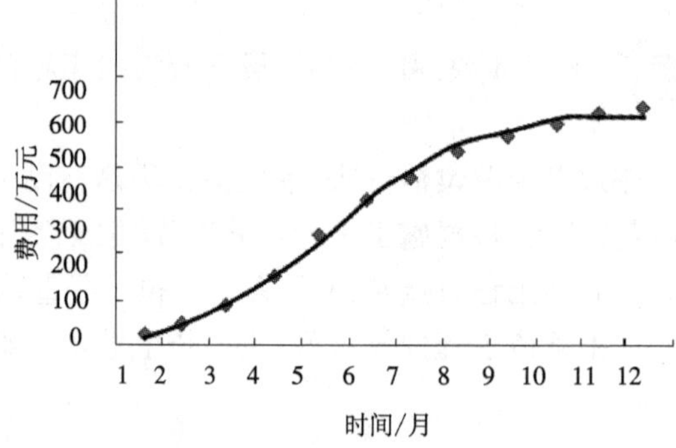

图5.5 成本-累积费用曲线

5.4 工程项目成本控制

5.4.1 项目成本控制的概念和内容

项目成本控制工作是在项目实施过程中,通过开展项目成本管理,努力将项目的实际成本控制在项目预算范围内的一项管理工作。随着项目的进展,根据项目实际发生成本的情况,不断修正原先的成本估算,并对项目的最终成本进行预测等工作也都属于项目成本控制的范畴。

工程费用的控制主体有:业主、监理、设计、承包商。对于业务方、监理方、设计方称为投资控制,对承包商称为成本控制。

1. 工程费用的控制对象

(1)以投资过程为控制对象(决策阶段、设计阶段、施工准备阶段、施工阶段、竣工阶段)。

(2)以项目的职能部门为控制对象。

(3)以分部分项工程、单位工程为控制对象。

(4)以工程合同为控制对象。

(5)以生产要素为控制对象。

项目成本控制涉及对那些可能引起项目成本变化的影响因素的控制(事前控制),项目实施过程中的成本控制(事中控制)和项目实际成本发生以后的控制(事后控制),这三个方面的工作。要实现对于项目成本的全面控制,最根本的任务是要控制项目各方面的变动和变更,以及项目成本的事前、事中和事后控制。

项目成本控制的具体工作包括:监视项目的成本变动,发现项目成本控制中的偏差,采取各种纠偏措施防止项目成本超过预算,确保实际发生的项目成本和项目变更都能够有据可查;防止不正当或未授权的项目变更所发生的费用被列入项目成本预算以及采取相应的成本变动管理措施等等。

有效控制项目成本的关键是要经常及时地分析项目成本的实际状况,尽早地发现项目成本出现的偏差和问题,以便在情况变坏之前能够及时采取纠正措施。一旦项目成本失控是很难挽回的,所以只要发现项目成本的偏差和问题就应该积极地着手去解决它,而不是寄希望于随着项目的展开一切都将会变好。项目成本控制问题越早发现和处理,对项目范围和项目进度的冲击会越小,项目越能够达到整体的目标要求。

2. 项目成本控制的主要依据

1)项目成本实效报告

项目成本实效报告是指项目成本管理与控制的实际绩效评价报告,它反映了项目预算的实际执行情况,其中包括哪个阶段或哪项工作的成本超出了预算,哪些未超出预算,究竟问题出在什么地方等等。这种绩效报告通常要给出项目成本预算额、实际执行额和差异数额。其中,差异数额是评价、考核项目成本管理绩效好坏的重要标志。编制项目成本实效报告是一件细致而严肃的工作,要充分注意报告的准确性、及时性和适用性。这种项目成本实效报告是项目成本控制的主要依据之一。

2)项目变更请求

项目变更请求既可以是项目业主或客户提出的,也可以是项目实施者或其他方面提出的。任何项目的变更都会造成项目成本的变动,所以在项目实施过程中提出的任何变更都必须经过业主或客户同意。如果项目实施者不经过业主同意,或是仅仅获得项目业主或客户组织中的非权威人士的口头赞同,就做了项目变更和项目成本预算的变动,那么他会面临着这类变更收不到付款的风险。

3)项目成本管理计划

项目成本管理计划是关于如何管理项目成本的计划文件,是项目成本控制工作的一份十分重要的依据文件。特别值得注意的是,这一文件给出的内容很多是项目成本事前控制的计划和安排,这对于项目成本控制工作是很有指导意义的。

5.4.2 工程项目成本控制的措施和方法

1.项目成本控制方法

项目成本控制的方法主要包括项目成本分析表法、工期-成本同步分析法、挣值分析法和价值工程法。

(1)项目成本分析表法:指利用项目中的各种表格进行成本分析和控制的方法。常见的成本分析表有:月成本分析表、成本日报和周报表、月成本计算表及最终预测报告表。现在一般企业都有一套自己的成本分析方法和成本分析表格,表格中都会反映项目的计划成本、实际成本和成本偏差。做完成本分析表格后,还需进行文字分析,分析这个周期内和总的成本偏差所在、偏差产生的原因以及以后的纠偏措施。

(2)工期-成本同步分析法:项目的成本和进度之间有着必然的同步关系,因为成本是伴随着工程项目的进展而发生的。如果成本的发生和项目的进度不对应,说明项目进展中存在着虚盈或虚亏的不正常现象。

项目的成本与计划不相符,往往是由某道工序的施工进度与计划不符造成的。比如项目实际进度滞后于项目计划进度,而在已发生成本统计中(包括预计成本和实际成本)却已经将这部分成本统计到了已发生成本里;或者项目实际进度超前于项目计划进度,但是在已发生成本统计中(包括预计成本和实际成本)却漏计了这部分成本。

(3)挣值分析法:这是对工程项目成本/进度进行综合控制的一种分析方法。通过比较计划工程预算成本与拟完工程实际成本之间的差值,可以分析由于实际价格的变化而引起的累计成本偏差;通过比较计划工程预算成本与拟完工程预算成本之间的差值,可以分析由于进度偏差而引起的累计成本偏差。并可以通过比较剩余工程的计划成本余额,预测其实际总成本数额看是否超出预计总成本,如果预计会超支,则需要在后续工程中进一步寻求降低成本的途径和潜力。

挣值的定义有多种不同的表述。一般的表述为,挣值是一个表示“已完成作业量的计划价值”的变量,是一个使用“计划价格”或“预算成本”表示在给定时间内已完成实际作业量的一个变量。这一变量的计算公式如下。

①计划工程预算费用 BCWS(Budgeted Cost for Work Scheduled):

BCWS = 计划完成工程量 × 预算单价

②已完工程预算费用 BCWP（Budgeted Cost for Work Performed）：

BCWP = 实际已完成工程量 × 预算单价

③已完工程实际费用 ACWP（Actual Cost for Work Performed）：

ACWP = 实际已完成工程量 × 实际单价

挣值分析法的评价指标如下。

①费用偏差 CV(Cost Variance)：

CV = BCWP - ACWP

表示在某一检查点上预算成本和实际成本之差，表示和预算相比的实际成本支出情况。

当费用偏差为负值时，即表示项目运行超出预算费用；当费用偏差(CV)为正值时，表示项目运行节支，实际费用没有超出预算费用。

②进度偏差 SV(Schedule Variance)：

SV = BCWP - BCWS

表示在某一检查点上已完成工作(进度情况)所花费的预算成本和计划完成工作的预算成本之间的差别，表现进度情况。

当进度偏差为负值时，表示进度延误，即实际进度落后于计划进度；当进度偏差为正值时，表示进度提前，即实际进度快于计划进度。

③费用绩效指数(CPI)：

费用绩效指数(CPI) = 已完工作预算费用(BCWP)/已完工作实际费用(ACWP)

当费用绩效指数 CPI < 1 时，表示超支，即实际费用高于预算费用。

当费用绩效指数 CPI > 1 时，表示节支，即实际费用低于预算费用。

④进度绩效指数(SPI)：

进度绩效指数(SPI) = 已完工作预算费用(BCWP)/计划工作预算费用(BCWS)

当进度绩效指数 SPI < 1 时，表示进度延误，即实际进度比计划进度拖后。

当进度绩效指数 SPI > 1 时，表示进度提前，即实际进度比计划进度快。

(4)价值工程法：以上三种方法都是事中控制，价值工程方法则是对项目进行事前成本控制的重要方法。在项目的设计阶段，研究工程设计的技术合理性，探索有无改进的可能性，在提高功能的条件下，降低成本，提高项目的价值指数。在项目的施工阶段，也可以通过价值工程方法，进行施工方案的技术经济分析，确定最佳施工方案，降低施工成本。

2. 成本控制的基本步骤

①比较：是指通过比较实际与计划费用，确定有无偏差及偏差大小程度。

②分析：即确定偏差的严重性及产生偏差的原因。

③预测：是指按偏差发展趋势估计项目完成时的费用，并以此作为成本控制的决策依据。

④纠偏：即根据偏差分析、预测结果，采取相应缩小偏差行动。

⑤检查：是指基于对纠偏措施执行情况、效果的确认，决定是否继续实施上述步骤，通过措施调整，持续进行纠偏活动，或是在必要时，调整不合理的项目成本方案或成本目标。

建设工程项目成本控制程序如图5.6所示。

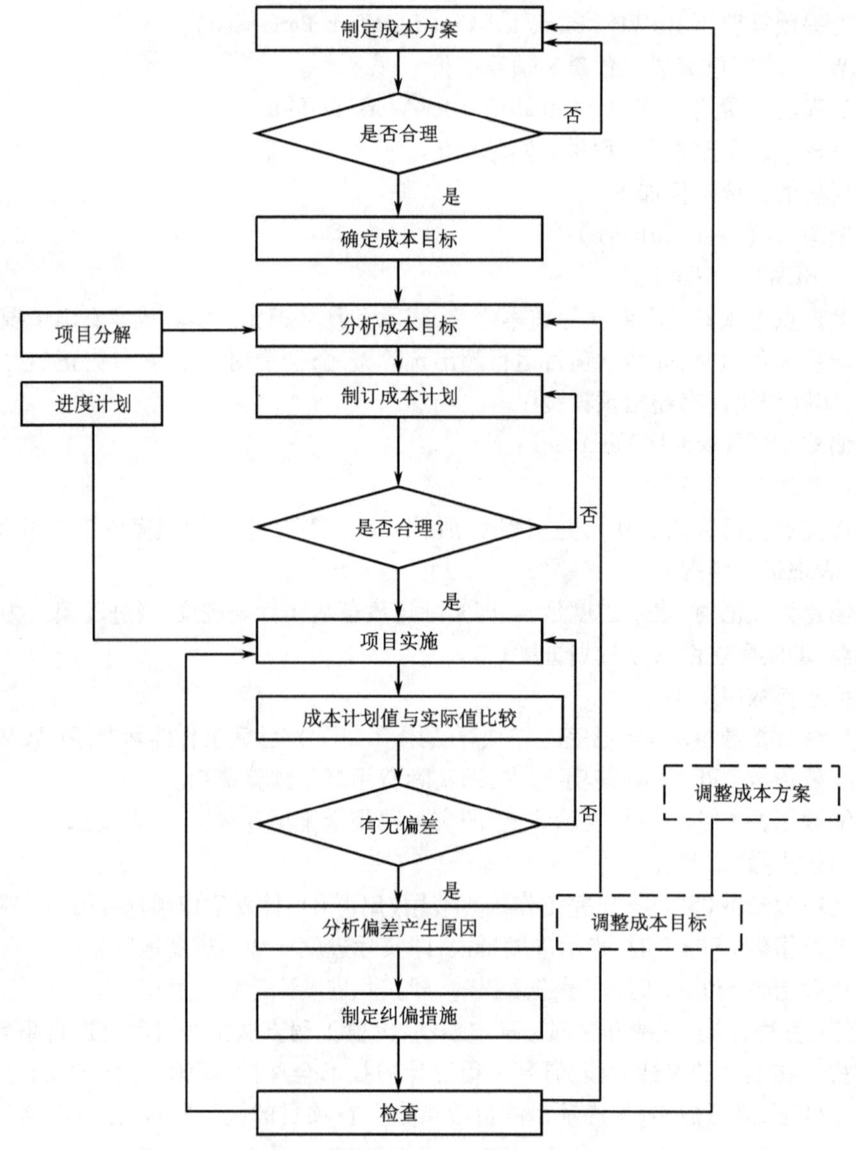

图 5.6 建设工程项目成本控制程序

5.4.3 项目成本分析报告的书写

在项目进行中，当完成一次成本控制的过程后，需要完成项目成本分析报告，报告形式如图 5.7 所示。

××项目20××年××月

责任成本管理分析报告

工程概况

简要说明项目的工期、地点、业主、主要工程数量。

一、本月经营成果分析

详细说明本期完成工程任务情况、业主计量拨款情况、变更批复情况、成本支出情况、债权债务情况及目前的盈亏情况。

二、对劳务队、架子队计量拨款分析

详细说明对外部劳务队、内部架子队的验工计量及拨款情况，着重分析有无超计价、超拨款现象。并查找有无合同外计量、超合同单价计量等现象，并说明原因。

三、材料节超分析

1. 对各种主要材料的应耗量、实耗量进行节超分析，每一种材料要有节超数据，并详细分析说明每种材料的节超原因。

2. 对各劳务队及架子队材料消耗进行分析，并说明对其材料节超奖罚兑现情况。

四、机械费用分析

分别对自有机械和租赁机械进行分析，对自有机械分析油料消耗、配件消耗、维修费用、工费支出等。对租赁机械分析租赁机械的使用效率、油料费用及租金的合理性。

五、工程数量的节超分析

对比本期内已完设计工程量与经过检验完成的合格实际工程量比较，分析各分项工程的工程量节超情况，找出存在的差异，分析节超原因。

六、施工方案优化执行情况分析

列举本期内优化的各种方案，分析各项经济指标的完成情况，并总结优化经验，提出下期将要优化的内容。

七、工程单价节超分析

一方面，根据已完工程量所发生的成本，对比分析是否超过责任预算单价，并查找节超原因。另一方面，查找有无超合同单价计量的劳务单价，并分析原因。

八、责任预算执行情况分析

根据项目实际的成本支出情况，分析项目责任预算执行过程中存的偏差，并查找原因，如果是责任预算不合理，要及时调整责任预算。

九、项目间接费分析

按照项目的间接费开支计划，逐项对比间接费的各项实际支出，对存在偏差的子项要查找原因。对不合理的子项要及时调整。

十、资金流向分析

分析业主拨付给项目资金的主要流向，查找资金使用不合理的支出，并制订下一步资金的使用计划，达到合理使用资金的目的。

十一、本期存在的主要问题及整改措施

详细说明项目在本期施工管理过程中存在的各种问题，并制定可行的整改措施，在今后的施工中及时整改。

十二、上期存在的问题本期整改落实情况

逐项说明上期存在问题的整改落实情况。

图5.7　项目成本分析报告样张

项目小结

5.1　项目成本管理的概念

成本管理的概念,成本管理的主要内容,方法。

5.2　项目资源计划与成本估算

资源计划的概念,编制方法(资源需求图表),项目成本估算概念、计算方法。

5.3　工程项目概算与预算

工程成本概算的概念、计算方法,成本预算的概念。成本计划累积曲线的绘制。

5.4　工程项目成本控制

成本控制的概念、内容、方法。(挣值分析法为重点)

项目习题

一、单项选择题

1. 在项目计划中需要对提出的多个方案进行技术经济分析,采用价值工程、资源均衡等方法进行优化,这体现工程项目计划的(　　)。

A. 全面性要求　　B. 系统性要求　　C. 技术性要求　　D. 经济性要求

2. 2004 年已经建成某 40 万吨的加工厂,实际投资额为 4 000 万元,2010 年拟建 100 万吨产能的类似加工厂,根据生产能力估算法,估算投资额最接近(　　)。(年综合价格调整系数为 1.05,生产能力指数)

A. 10 000 万元　　B. 11 157 万元　　C. 8 741 万元　　D. 13 400 万元

3. 工程项目管理费用控制对业主方来说是(　　),对承包商来说是(　　)。

A. 投资控制　　B. 成本控制　　C. 筹资控制　　D. 计划控制

4. 在施工过程中,投资控制的正确步骤是(　　)。

A. 预测、比较、分析、纠偏、检查　　B. 分析、预测、检查、比较、纠偏

C. 比较、预测、分析、检查、纠偏　　D. 比较、分析、预测、纠偏、检查

5. 挣值法的三个基本参数是(　　)。

A. BCWS,ACWP,BCWA　　B. ACWA,ACWP,BCWP

C. ACWP,ACWS,BCWS　　D. ACWP,BCWP,BCWS

6. 用施工成本表示的进度偏差,正确的关系式为(　　)。

A. 拟完工程预算成本 - 已完工程预算成本

B. 已完工程实际成本 - 拟完工程预算成本

C. 已完工程实际成本－拟完工程实际成本

D. 已完工程实际成本－已完工程预算成本

7. 某土方工程,计划总工程量为4 800立方米,预算单价为580元/立方米,计划6个月内均衡完成。开工后,实际单价为600元/立方米。施工至第3个月底,累计实际完成工程量3 000立方米。若运用挣值法分析,则至第3个月底的费用偏差为(　　)万元。

A. －34.8　　B. －6　　C. 6　　D. 34.8

8. 某项目已完工程实际费用(ACWP)、计划工程预算费用(BCWS)和已完工程预算费用(BCWP)三个参数的关系为:BCWS ＞ACWP＞ BCWP。说明该项目(　　)。

A. 效率较低,进度较快,投入超前　　B. 效率较低,进度慢,投入延后

C. 效率较高,进度较慢,投入延后　　D. 效率较高,进度快,投入超前

9. 施工成本控制的正确工作步骤是(　　)。

A. 预测→比较→分析→检查→纠偏

B. 预测→分析→比较→检查→纠偏

C. 检查→比较→分析→预测→纠偏

D. 比较→分析→预测→纠偏→检查

二、案例分析题

有一路基土石方工程,原计划土方工程量有10 000立方米,计划每天可挖400立方米,计划单价45元/立方米,在第7天早晨项目经理进行检查,发现实际已挖的工程量为2 200立方米,实际费用120 000元。试用挣值法分析,并

(1)试计算该工程的预算总费用;

(2)试进行费用偏差和进度偏差分析。

项 目 练 习

(1)分组对自己项目组选择的项目进行项目资源计划的编写(由组内成员分工查询资料,按照相似历史项目的统计数据资料,计算和确定项目资源计划),并按照项目3项目练习所得出的工程项目分解结构画出资源需求计划矩阵。

(2)对项目组所选择的项目进行成本分析(由组内成员分工查询资料,按照相似历史项目的成本数据,采用参数估计法估计项目所需成本)。

(3)列出成本分析表,并按照项目4项目练习所制订的进度计划工期分配投资,画出累积成本曲线。

项目6 “一蚁之穴，能溃百里长堤”——如何进行工程项目风险管理

【知识目标】

理解工程项目风险概念。

掌握如何进行工程项目的风险控制及管理。

【技能目标】

结合工程项目风险管理案例，加深对工程项目风险管理理论知识的理解，增强实践的操作与运用能力。

【素养目标】

初步树立工程项目的风险防范理念。

引例　某联合体承建非洲公路项目的失败案例

我国某工程联合体（某央企＋某省公司）在承建非洲某公路项目时，由于风险管理不当，造成工程严重拖期，亏损严重，同时也影响了中国承包商的声誉。该项目业主是该非洲国政府工程和能源部，出资方为非洲开发银行和该国政府，项目监理是英国监理公司。

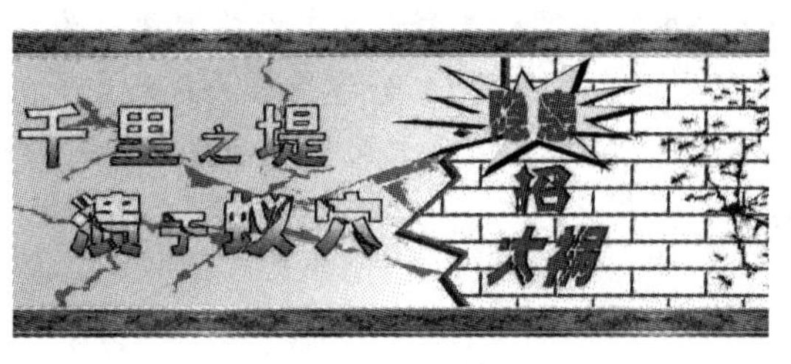

在项目实施的四年多时间里，中方遇到了极大的困难，尽管投入了大量的人力、物力，但由于种种原因，合同于2005年7月到期后，实物工程量只完成了35%。2005年8月，项目业主和监理工程师不顾中方的反对，单方面启动了延期罚款，金额每天高达5 000美元。为了防止国有资产的进一步流失，维护国家和企业的利益，中方承包商在我国驻该国大使馆和经商处的指导和支持下，积极开展外交活动。2006年2月，业主致函我方承包商同意延长三年工期，不再进行工期罚款，条件是中方必须出具由当地银行开具的约1 145万美元的无条件履约保函。由于保函金额过大，又无任何合同依据，且业主未对涉及工程实施的重大问题做出回复，为了保证公司资金安全，维护我方利益，中方不同意出具该保函，而用中国银行出具的400万美元的保函来代替。但是，由于政府对该项目的干预往往得不到项目业主的认可，2006年3月，业主在监理工程师和律师的怂恿下，不顾该国政府高层的调解，无视中方对继续实施本合同所做出的种种努力，以中方不能提供所要求的1 145万美元履约保函的名义，致函终止了与中方公司的合同。针对这种情况，中方公司积极采取措施并委托律师，争取安全、妥善、有秩序地处理

好善后事宜,力争把损失降至最低,但最终结果难以预料。

该工程项目的风险主要有以下几个方面。

(1)外部风险:项目所在地土地全部为私有,土地征用程序及纠纷问题极其复杂,地主阻工的事件经常发生,当地工会组织活动活跃;当地天气条件恶劣,可施工日很少,一年只有三分之一的可施工日;该国政府对环保有特殊规定,任何取土采沙场和采石场的使用都必须事先进行相关环保评估并最终获得批准方可使用,而政府机构办事效率极低,这些都给项目的实施带来了不小的困难。

(2)承包商自身风险:在陌生的环境特别是当地恶劣的天气条件下,中方的施工、管理、人员和工程技术等不能适应项目的实施。

原因分析:在项目实施之前,尽管中方公司从投标到中标的过程还算顺利,但是其间蕴藏了很大的风险。业主委托一家对当地情况十分熟悉的英国监理公司起草该合同。该监理公司根据当地情况,合同中将几乎所有可能存在的对业主的风险全部转嫁给了承包商,包括雨季计算公式、料场情况、征地情况。中方公司在招投标前期的工作做得不够充分,对招标文件的熟悉和研究不够深入,现场考察也未能做好,对项目风险的认识不足,低估了项目的难度和复杂性,对可能造成工期严重延误的风险并未做出有效的预测和预防,造成了投标失误,给项目的最终失败埋下了隐患。

由上可见,尽管该项目有许多不利的客观因素,但是项目失败的主要原因还是在于承包商的失误,而这些失误主要还是源于前期工作做得不够充分,特别是风险识别、分析管理过程不够科学。尽管在国际工程承包中价格因素极为重要,而且由市场决定,但可以说承包商风险管理(及随之的合同管理)的好坏直接关系到企业的盈亏。

结论:“千里之堤,毁于蚁穴”,工程项目风险的不善管理可能使项目由盈利转为亏损甚至走向死亡。

6.1 工程项目风险的概念

6.1.1 风险的概念

风险一词我们并不陌生,经常听到有人说这件事风险很大,那么什么是风险呢?风险(Risk),《朗文词典》对其解释为:意外损害或危险发生的可能性。早在19世纪,西方古典经济学家就提出了风险的概念,他们认为风险是经营活动的共生物。经营者的收益是他在经营活动中承担风险的报酬。即已认识到经营收益与风险是并存的,收益是承担风险的回报,也可以说风险是收益的代价。

在20世纪80—90年代,关于风险大致有三种观点。

(1)风险是发生损失、威胁的可能性,强调风险的消极方面。持这种观点的大多是从事保险业的人。

(2)风险是实际后果偏离预期有利结果的可能性,后果偏离预期越大,风险也越大。持这种观点的是一些经济学者。

(3)风险是一种不确定性，既是一种威胁，也可能带来机会。持这种观点的是另一些经济学家。

工程项目风险(Project Risk)：工程项目风险是指由于项目所处环境和条件本身的不确定性，和项目业主、项目组织或项目其他相关利益者主观上不能准确预见或控制的影响因素，使项目的最终结果与当事者的期望产生背离，从而给当事者带来损失的可能性。这些风险所涉及的当事人主要是工程项目的业主/项目法人、工程承包商和工程咨询人、设计人、监理人。

通常，人们对于事物的认识可以划分成三种不同的状态，即拥有完备信息的状态、拥有不完备性信息的状态和完全没有信息的状态。三种不同的认识状态决定了人们的决策和当事者的期望。这三种认识状态的具体说明如下。

1. 拥有完备性信息的状态

在这种状态下，人们知道某事物肯定会发生或者肯定不发生，而且人们还知道在该事物发生和不发生的情况下会带来的确切后果。一般人们将拥有这种特性的事物称为确定性事件。例如，某工程项目的露天混凝土浇灌作业，晴天每天可完成10万元工程量，下雨天则需要停工并发生窝工。现有天气预报报道第二天降水量概率为0，即肯定不降雨，那该项目明天开展施工作业并完成10万元工程量就是一个确定性事件(不考虑其他因素)。

2. 拥有不完备性信息的状态

在这种状态下，人们只知道某事物在一定条件下发生的概率(发生的可能性)以及该事物发生后会出现的各种可能后果，但是并不确切地知道该事物究竟是否会发生和发生后事物的发展与变化结果。拥有这种特性的事物被称为不确定性事件或风险性事件。例如，上述从事露天混凝土浇灌作业的实例，如果天气预报报道第二天的降水量概率为60%，即第二天下雨的可能性是60%，不下雨的可能性是40%，若第二天开展施工作业，该项目就有40%可能性会出现因下雨不但不能完成产值10万元，而且会损失工料费7万元的风险。在这种情况下该工程队第二天开展作业并完成10万元就是一个不确定性事件或风险性事件。

3. 完全没有信息的状态

在这种状态下，人们对某事物发生的条件和概率也不知道，而且对于该事物发生后会造成的后果也不清楚，对于该事物的许多特性只有一些猜测。拥有这种特性的事物被称为完全不确定性事件。例如，仍然是某项目从事露天混凝土浇灌作业的实例，如果根本就没有天气预报，所以第二天是否下雨根本不清楚，那么该项目第二天是否能够开展施工作业，是能够完成10万元产值，还是会损失工料费7万元就不清楚了，在这种情况下该项目第二天完成10万元产值就是一个完全不确定性事件了。

在项目的整个实现过程中，确定性、风险性和完全不确定性事件这三种情况都是存在的，随着项目复杂性的提高和人们对于项目风险认识的能力不同，三种事件的比例会不同。一般情况下，在上述三种情况中项目的风险性事件(或叫不确定性事件)所占比重是最大的，完全不确定性事件是极少的，而(完全)确定性的事件也不多。虽然在实际工作中，人们往往将风险性不大的事件简化成确定性事件，这样就显得有很多事物都是确定性的，但是实际上这些只是在假设前提条件下确定性的事件。在上述三种不同的事件中，风险性事件和完全不确定性事件是项目风险的根源,是造成项目未来发展变化的根源。

工程项目是一种一次性、独特性和不确定性较高的工作,存在着很大的风险性,所以必须开展项目风险管理。

工程项目的实现是一个存在着很大不确定性的过程,因为这一过程是一个复杂的、一次性的、创新的,并涉及许多关系与变数的过程。工程项目的这些特性造成了在项目的实现过程中存在着各种各样的风险,如果不能很好地管理这些风险将会造成项目的损失,甚至导致项目目标不能实现。

工程项目风险管理的主要任务是对工程项目实现过程中的不确定性和风险性事件或问题的管理。工程项目风险管理贯穿于工程项目实现的全过程,对于工程项目的承包方,从准备投标开始直到保修期结束。在整个过程中,因各阶段存在的风险因素不同,风险产生的原因不同,管理的主要责任者、管理方法手段也会有所区别,在项目经理承接该项目之前,风险管理的责任主要集中于企业管理层,并主要是从项目宏观上进行风险管理,而工程项目一旦交由项目经理负责后,工程项目风险管理的主要责任就落实到项目经理以及项目经理所组建的项目团队。

但无论谁是工程项目风险管理的主要责任人,对于项目整体,都要贯彻全员风险管理意识。

6.1.2 工程项目风险的特征

1. 工程项目风险的基本特征

1)客观性和必然性

风险是独立于人的主观意志之外的客观存在,是不以人们意志为转移的客观现实。人们只能在有限的空间和时间内改变风险存在和发展的条件,降低其发生的频率和减少损失的程度。

2)普遍性

在当今社会,无论是单位(企业)或个人,甚至国家(政府)都面临各种风险。任何一个工程项目也必然面临着合同环境下的各种风险。

3)不确定性

工程项目风险事件发生和导致的后果往往是以偶然的和不确定的形式出现的。工程项目风险何时、何处发生何种风险及程度是不确定的,包括时间、地点发生及所造成的损失规模及后果也是不确定的。

4)工程项目风险存在与发生的可变性

工程项目风险存在与发生的可变性是指项目风险在一定的条件下可转变的特性。一方面,随着人们辨识风险、认识风险、抗御风险的能力增强,就能在一定程度上降低工程项目风险所造成的损失范围和程度及工程项目风险的不确定性程度,增强了对风险的控制能力。另一方面,随着科学技术和社会经济的发展,以及项目建设规模的扩大,又产生新的项目风险。

5)大量风险(事故)发生的规律性

个别风险事故的发生是偶然的、无序的、杂乱无章的。然而,通过对大量风险事故的观察和综合分析,却呈现出明显的规律性。用概率论和数理统计的方法去处理大量互相独立的、偶然的风险事故资料,就可以发现其固有的规律。

6)损失形式的可替代性

在工程项目风险分析与管理中,有时为了使分析简化,常常需要将物资、成本、费用风险损失、工期(进度)风险损失,质量风险损失,安全损失等进行替换,以统一的标尺衡量各种风险损失。在这种情况下,我们假定项目是纯经济型的,不考虑政治影响等方面的价值。其中常用的替代是以费用损失形式替代进度风险(损失)、质量风险(损失)等,如图6.1所示。

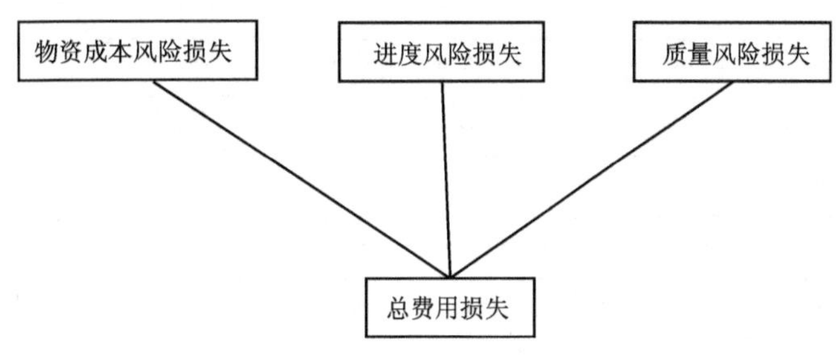

图6.1 风险损失的替代

7)风险的相对性

风险总是相对活动主体而存在。同样的风险,对于不同的主体,有不同的影响。人们对于风险事件都有一定的承受能力,但是这种能力因活动、人和时间而异。对于工程项目,人们的承受能力常受收益的大小、投入的大小以及项目活动主体的地位和拥有的资源等因素的影响。

2. 工程项目风险分析的系统特征

工程项目建设活动是一复杂的系统工程。工程项目风险是在工程项目建设这一特定环境下发生的。工程项目风险与工程项目建设活动及内容紧密相连,工程项目建设风险及风险分析具有复杂系统的若干特征。

1)整体性与叠加性

任一工程项目风险的产生都将对项目总目标产生不同程度的影响,项目总风险是各子风险的叠加与复合。

2)相关性

项目风险之间存在着相互依存、相互制约的关系,它们通过项目建设特定的环境和各种可能的途径进行组合,形成特殊的复合风险。

风险的相关性主要有如下几种。

(1)因果相关。因果相关指一风险的发生导致另一风险的发生。如在大坝土石围堰施工中,通常认为气候(如降雨)是影响围堰上升(进度)的直接原因。

(2)共同前提相关。共同前提相关指各工程项目风险共同地依存于同一前提条件。在工程项目施工中,施工质量风险与施工安全事故风险,一段来说,共同依存于承包商能力。

(3)复合后果相关。

(4)相互相关性。工程项目风险之间有时存在着相互依存、相互作用、互为条件的相关关系。

3)结构性

工程项目结构特征及工程项目建设活动决定了工程项目风险的结构性。工程项目风险也可以根据项目结构层次来划分出结构层次性。如大型工程项目三峡工程建设实施阶段的部分风险可用如图6.2所示的层次结构表示。

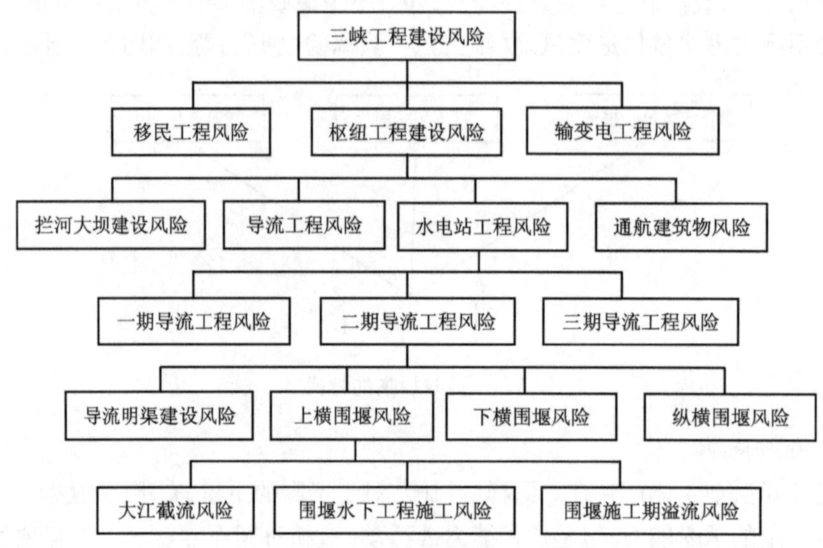

图6.2　三峡工程建设实施的部分风险结构层次

4)动态性

大型工程项目风险随项目建设进程的发展各类风险依次相继出现。另外,风险分析与管理具有较为明确的阶段性,各阶段分析的重点不一样。

5)目的性

工程项目风险分析的目的是为了有效地采取一系列风险对策,控制风险或将风险损失减少到最低,以保证工程项目目标的实现。

6)环境适应性

工程项目风险在不同的工程项目建设环境中,其影响均不相同。

6.1.3　工程项目风险的分类

工程项目风险可以按照不同的标志进行分类,并通过分类去进一步认识工程项目风险及其特性。但是从风险识别、度量和控制的角度来说,工程项目风险的分类方法主要有如下几种。这些分类方法的关系与内容如图6.3所示。

1.按风险的来源分类

工程项目风险因素可分为九大类,即自然风险、设计风险、施工风险、经济风险、市场风险、财务风险、合同风险、环境风险、政治风险。

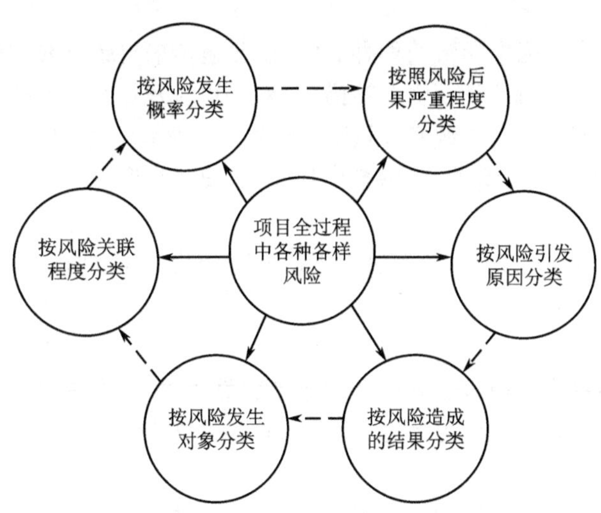

图6.3 项目风险分类方法及其关系

1)自然风险

(1)自然力风险包括地震、泥石流、滑坡、洪水。

(2)气候风险包括严寒、台风、龙卷风、高温、雨季。

2)设计风险

设计风险包括设计技术风险、设计质量风险、设计基础资料风险。

3)施工风险

施工风险包括施工技术风险、施工现场条件风险、设备风险、材料风险、人员风险。

4)经济风险

经济风险包括外汇汇率风险、贷款利率风险、宏观经济政策风险、行业投资政策风险。

5)市场风险

市场风险包括物价上涨风险、人工费提高、管理费及摊派增加、市场需求变化。

6)财务风险

财务风险包括资金筹措风险、经营收入减少、合作伙伴退出、资金缺口、流动资金周转困难。

7)合同风险

合同风险包括合同条款含糊、合同漏项、清单错误、违约、对现场不了解、介入诉讼。

8)环境风险

环境风险包括生态环境破坏、施工中发现文物古迹、公众质询、民族纠纷。

9)政治风险

政治风险包括战争,法令、法规不连续,政府建设管理变化。

2. 按风险承受者分类

1)业主的风险

业主通常遇到的风险可归纳为三种类型,即人为风险、经济风险和自然风险。

Ⅰ.人为风险

人为风险指因人的主观因素导致的种种风险:主要包括来自政府或主管部门的专制行为、体制法规不合理、主管部门设置障碍、资金筹措风险、不可预见事件、合同条款不严谨、道德风险、群体行为越轨、承包商缺乏合作诚意、承包商履约不力或不履约、工期拖延、材料供应商履约不力或违约、指定分包商履约不力、监理工程师失职、设计错误。

Ⅱ.经济风险

经济风险包括投资环境恶劣、市场物价不正常上涨、投资回收期长、基础设施落后、资金筹措困难。

Ⅲ.自然风险

自然风险指工程项目所在地区客观存在的恶劣自然条件,工程实施期间可能碰上的恶劣气候,即恶劣的自然条件、恶劣气候与环境、地理环境不利及特殊风险。

2)承包商的风险

承包商通常遇到的风险可归纳为三种类型,即决策风险、缔约和履约风险及责任风险。

Ⅰ.决策风险

决策风险包括进入市场的决策风险、信息失真风险、中介风险、代理风险、业主买标风险、联合保标风险及报价失误风险。

Ⅱ.缔约和履约风险

缔约和履约是承包工程的关键环节。许多承包商因对缔约和履约过程的风险认识不足,致使本不该亏损的项目严重亏损,甚至破产倒闭。

Ⅲ.责任风险

(1)职业责任:主要体现于工程的技术和质量。

(2)法律责任:起因于合同(合同诉讼)、起因于行为或疏忽(侵权和伤害私人利益等)、起因于欺骗和错误等、起因于其他诉讼和赔偿(包括破产倒闭、财产扣押、工程被接管和被取消承包资格)。

(3)替代责任:主要原因来自代理人、承包商的雇员、分包商、人事责任。

3)咨询监理单位的风险

咨询监理单位的风险主要有业主、承包商和职业责任三方面。

Ⅰ.来自主业的风险

来自主业的风险为业主希望少花钱多办事,可行性研究缺乏严肃性,宏观管理不力、投资先天不足,盲目干预。

Ⅱ.来自承包商的风险

来自承包商的风险包括承包商投标不诚实,承包商缺乏商业道德,承包商素质太差。

Ⅲ.职业责任风险

职业责任风险包括设计不充分不完善,设计错误和疏忽,投资估算和设计概算不准,自身的能力和水平不适应。

3. 按工程项目投资风险分类

1）按工程项目投资风险来源进行分类

工程项目投资活动涉及社会经济、政治、市场、自然环境等各方面。因此，诱发项目的风险因素也是多种多样。按风险来源进行分类，有自然风险、政治风险、经济风险、技术风险、国际风险、内部决策和管理风险。

2）按项目实施的先后对风险因素进行分类

工程项目投资风险按项目实施的先后可划分为：可行性研究阶段风险、设计阶段风险、施工阶段风险、使用阶段风险。

4. 按施工阶段投资风险因素分类

从风险对投资影响结果来分类，施工阶段投资的主要风险因素是市场风险、工期风险、质量风险、资金筹集风险。

1）市场风险因素

工程项目施工阶段需要购进大量材料、机具半成品等，在这一阶段业主面临的市场风险主要是材料、机具价格的变动、机械设备租赁价格的变动。

2）工期风险

工程项目施工工期的提前或延误对投资项目的经济效益会产生直接影响。影响工期因素主要有自然环境、进度计划不当、设计变更等因素。

3）质量风险

工程项目建设的质量好坏与项目投资的经济效益有直接关系，在工程建设中，无论勘察、设计、施工和机电设备的安装，影响质量的因素均为4M1E，即人、材料、机械、方法和环境。

4）建设资金筹集风险

建设资金筹集渠道也是多方面的。随着工程项目投资主体多元化，影响资金筹集的风险因素也是复杂的，如筹集方式、筹集金额、支付进度、贷款期数、贷款利息等的变动，对工程建设项目总投资会产生的影响。

6.2 工程项目风险管理

6.2.1 项目风险管理的概念

项目风险管理是指通过项目风险识别、风险界定和风险度量等工作去认识项目的风险，并以此为基础通过合理地使用各种风险应对措施和管理方法对项目风险实行有效的控制以及妥善地处理项目风险事件所造成的不利结果，以最少的成本保证项目总体目标的实现等管理工作。项目风险管理的主体是项目经理和项目业主/客户，他们必须采取有效措施确保项目风险处于受控状态，从而保证项目目标最终能够实现。

工程项目的一次性使工程项目的不确定性比日常运营活动大得多，而且工程项目风险一旦形成后果则没有改进和补偿的机会，所以工程项目风险管理的要求通常要比日常运营管理中的要求高许多，而且工程项目风险管理更注重工程项目前期阶段的风险管理和预防工作，因为这一时期工程项目的不确定因素较多,项目风险高于后续阶段。

风险管理一般包括项目风险识别、项目风险分析度量、制定项目风险应对措施、风险控制与监控这几个过程。

1. 项目风险识别

项目风险识别是管理风险的第一步,是指识别和确定项目究竟存在哪些风险,这些风险可能对项目产生影响的程度和可能带来的后果的一项项目风险管理工作。项目风险识别的主要任务是找出项目风险,识别引起项目风险的主要因素,并对项目风险后果做定性的估计。项目风险识别中最重要的原则是通过分析和因素分解,把比较复杂的事物分解为一系列要素,并找出这些要素对于事物的影响、风险和大小。一般是根据项目的性质,从潜在的事件及其产生的后果和潜在的后果及其产生的原因来检查风险,收集、整理项目可能的风险并充分征求各方意见形成项目的风险列表。

2. 项目风险分析度量

确定了项目的风险列表之后,接下来就可以进行风险分析度量了。风险分析度量的目的是确定每个风险对项目的影响大小,一般是对已经识别出来的项目风险进行量化估计,这里要注意三个概念。

(1)风险影响。风险影响是指一旦风险发生可能对项目造成的影响大小。如果损失的大小不容易直接估计,可以将损失分解为更小部分再评估它们。风险影响可用相对数值表示,建议将损失大小折算成对计划影响的时间表示。

(2)风险概率。风险概率是风险发生可能性的百分比表示,是一种主观判断。

(3)项目风险度量 R。项目风险度量 R 是评估风险的重要参数。项目风险度量 R 就可看成项目发生概率 P 与项目风险后果严重程度 C 的函数,即有风险度量值 $R=F$(风险发生概率 $P\times$风险影响损失 C)。如某一风险概率是25%,一旦发生会导致项目计划延长4周,因而,风险值=25%×4周=1周。

3. 制定项目风险应对措施

完成了风险分析度量后,就已经确定了项目中存在的风险以及它们发生的可能性和对项目的风险冲击,并可排出风险的优先级。此后就可以根据风险性质和项目对风险的承受能力制订相应的防范计划,即风险应对。制定风险应对策略主要考虑以下四个方面的因素:可规避性、可转移性、可缓解性、可接受性。风险的应对策略在某种程度上决定了采用什么样的项目开发方案。对于应“规避”或“转移”的风险在项目策略与计划时必须加以考虑。一方面要设计好项目风险应对的措施,尽量减少风险应对措施的代价。另一方面,在制定项目风险应对措施时还必须要考虑风险应对措施可能带来的收益,并根据收益的大小决定是否需要付出一定量的代价去应对项目风险,避免出现得不偿失的情况。

确定风险的应对措施后,就可编制风险应对计划,它主要包括已识别的风险及其描述、风险发生的概率、风险应对的责任人、风险应对策略及行动计划、应急计划等。

4. 风险控制与监控

制订了风险防范计划后,风险并非不存在,在项目推进过程中还可能会增大或者衰退。因此,在项目执行过程中,需要时刻监督风险的发展与变化情况,并确定随着某些风险的消失而带来的新的风险。

项目风险控制工作的具体内容包括根据项目发展与变化的情况,不断地重新识别和界定项目的风险,不断地更新项目风险应对措施,不断地决策和实施项目风险应对措施,以最终确保项目目标的成功实现。确切地说,项目风险控制工作是一个动态的工作过程,在这一过程中项目风险管理的各项作业(包括项目风险识别、界定和项目风险应对措施的制定)是相互交叉和相互重叠开展和进行的。

风险监控包括两个层面的工作:其一是跟踪已识别风险的发展变化情况,包括在整个项目周期内,风险产生的条件和导致的后果变化,衡量风险减缓计划需求;其二是根据风险的变化情况及时调整风险应对计划,并对已发生的风险及其产生的遗留风险和新增风险及时识别、分析,并采取适当的应对措施。对于已发生过和已解决的风险也应及时从风险监控列表调整出去。

6.2.2 不同主体风险管理的内容

根据项目实施中的主体的不同,风险管理分为以下几类。

1. 业主的风险管理

业主的工程项目风险管理主要包括以下几个方面。

(1)工程项目在前期评估与可行性研究时,充分注意和分析各种风险发生的频率与可能性。

①技术方面,着重评估和分析价格与费用的估算以及估算时所依据的工程技术指标和其他数据,考虑是否为项目执行中可能发生的意外情况及价格增长做好了充分准备。

②组织机构方面,是否符合用市场经济规律科学管理工程项目的要求,若发现组织机构、管理效率及政策上不能满足对工程项目的有机管理要求,则要设法改进或成立新的组织机构,以减少管理混乱或不善造成的风险。

③经济方面,通过详细的工程项目的效益与成本分析,计算出项目的效益比成本大的可能性。

④财务方面,要认真分析和评估该工程项目的资金来源,资金的贷款、还款期等。

⑤附加的影响项目建设因素的分析,如人工、原材料、电力、设备与运输能力等。

总之,要在项目前期的工作中,尽可能分析和研究各种不确定因素及风险,以使项目经济可靠地开展。

(2)认真编制招标文件和合同条件,尽可能采用标准范本及合同条款来规范招标工作及合同管理工作。

(3)强化资格预审工作,注意评标择优录取承包商。

(4)聘用优秀的监理工程师班子,对工程项目的实施进行科学和严格的独立监督管理工作。

(5)注意施工过程中与承包商的协调与配合工作。

(6)认真做好工程竣工后投入运营的养护管理和工程项目的总结后评价工作。

2. 承包商的风险管理

承包商的风险管理与承包商的经济利益密不可分。因此,为了避开和减少风险,应该注意做好以下几方面的工作:

(1)对工程项目所在国的政治及经济信息的考察与分析以及法律和习俗的了解,是承包商投标与承包工程的前提条件;

(2)加强工程现场调查,充分研究潜在的工程风险;

(3)依据招标文件及合同计价方式,增加风险性报价;

(4)争取公平合理的合同条款,以减少相应风险;

(5)进行合理的工程分包,以转移风险;

(6)合理成立联营体,以共担风险;

(7)向保险公司投保,以转移风险;

(8)加强预防和控制风险事件,并减轻风险;

(9)谨慎对待议标时的保留条件以及授标意向书;

(10)加强质量管理,减少质量损失风险。

3. 咨询监理的风险管理

1)坚持公正、独立、自主的原则

监理工程师在工程建设中必须坚持公正、独立、自主的原则,维护有关各方的合法权益。

2)在工程建设中实现权责一致

3)严格咨询监理管理中的各项规章制度

建立完善的管理制度并严格执行之。监理工程师在监理过程中要通过层层把好质量关来努力消除和控制可能的各种风险损失。

4)提高监理工程师的个人素质和职业道德

工程咨询监理是实践性很强的职业,要求从事这一行业的人员不仅精通业务,而且要有宽广的知识面,在实际工作中善于协作,责任心强,且具有较强的经营管理能力和开拓精神。

5)做好与业主的沟通工作

(1)使业主理解项目。

(2)监理工程师做出决策安排时要考虑到业主的期望、习惯和价值观念。

(3)在业主决策时,向他提供充分的信息,让他了解项目的全貌、项目实施状况、方案的利弊得失及对目标的影响。

(4)尊重业主,随时通报情况以及及早通知业主应由他完成的工作。

业主与咨询监理双方理解得越深,双方期望越清楚,则争执越少。否则业主就会成为一个干扰因素,增加咨询监理的风险。

6)做好与承包商的沟通工作

监理工程师要降低来自承包商的风险,很重要的一点就是要与承包商之间建立起良好的沟通关系。

7)向保险公司投保专业责任险

专业责任险是特别为保护工程咨询监理公司因过失、错误或疏忽所引起的法律纠纷。此种保险可以提供辩护费和调查费，专业的法律建议、法庭辩论以外谈判所需费用以及提供对咨询监理公司受到罚款的赔偿。

6.3 工程项目风险管理过程与方法

6.3.1 项目风险识别

项目风险识别是一项贯穿项目实施全过程的项目风险管理工作。这项工作的目标是识别和确定出项目究竟有哪些风险，这些项目风险究竟有哪些基本特性，这些项目风险可能会影响项目哪些方面等。例如，一个项目究竟存在着项目工期风险、项目成本风险，还是项目质量风险；一项项目风险究竟属于有预警信息风险，还是无预警信息风险；这一项目风险会给项目范围、工期、成本、质量等方面带来什么影响等。

1. 项目风险识别的主要内容

项目风险识别是项目风险管理中的首要工作，项目风险识别的主要工作内容包括如下几个方面。

1）识别并确定项目有哪些潜在的风险

这是项目风险识别的第一目标。因为只有首先确定项目可能会遇到哪些风险，才能够进一步分析这些风险的性质和后果，所以在项目风险识别工作中首先要全面分析项目发展与变化中的各种可能性和风险，从而识别出项目潜在的各种风险并整理汇总成项目风险清单。

2）识别引起这些风险的主要影响因素

这是项目风险识别的第二项工作目标。因为只有识别清楚各个项目风险的主要影响因素才能把握项目风险的发展变化规律，进一步才有可能对项目风险进行应对和控制。所以在项目风险识别活动中要全面分析各个项目风险的主要影响因素和它们对项目风险的影响方式、影响方向、影响力度等。然后，要运用各种方式将这些项目风险的主要影响因素同项目风险的相互关系描述清楚，使用图表的方式、文字说明或数学公式均可。

3）识别项目风险可能引起的后果

这是项目风险识别的第三项任务和目标。在识别出项目风险和项目风险主要影响因素以后，还必须全面分析项目风险可能带来的后果和后果严重程度。项目风险识别的根本目的就是要缩小和消除项目风险带来的不利后果，同时争取扩大项目风险可能带来的有利后果。当然，在这一阶段对于项目风险的识别和分析主要是定性的分析，定量的项目风险分析将在项目风险度量中给出。

2. 项目风险识别的主要依据

项目风险识别的主要依据包括如下几个方面。

1）项目产出物的描述

项目产出物的描述是项目风险识别的主要依据之一，因为项目风险识别最重要的内容是识别项目工作能否按时、按质、按量和按预算最终生成项目产出物，以实现项目的目标，所以项目风险识别首先要根据项目产出物的描述和要求，去识别出可能影响项目产出物质量的各种风险。因为在项目产出物的描述中，给出了项目产出物的数量、质量和技术特性等各个方面的要求和说明，所以项目产出物的描述是项目风险识别最重要的依据之一。

2）项目的计划信息

这包括项目的集成计划和各种项目专项计划中所包含的全部信息和文件。这些信息有两方面的作用，其一是作为项目风险识别的依据，其二是作为项目风险识别的对象。例如，一个项目的成本计划（预算）信息可以是分析与识别项目质量风险的一个重要依据，因为如果项目预算缺口比较大就会出现由于资源不足或资源质量下降而造成的项目质量问题；同时项目成本计划也可以作为项目风险识别的对象，人们可以通过对项目成本计划的分析去识别出项目超预算的风险，这也是项目风险识别的一个很重要方面。

3）历史资料

这是以前完成项目实际发生的各种意外事情（风险）的历史资料，它们对于识别新项目风险是非常重要的一种信息和依据。因为“前车之鉴”在项目风险管理中是最重要的参考和依据，所以在项目风险识别过程中首先要全面收集各种有用的历史信息，特别是各种有关历史项目的经验和教训。这些历史资料中既有有关项目风险因素的分析，又有各种风险事件发生过程的记录，还有有关项目风险带来的机遇和威胁以及实际发生的风险事件所造成的损失等方面的信息，这些对于项目风险识别是非常有用的。一般历史资料的来源不仅仅限于项目组完成的同类项目，也包括其他的统计及出版资料、商业数据库、学术研究成果、行业标准等。

3. 项目风险识别的过程

项目风险识别的过程一般分为以下四个步骤。

1）建立项目风险初始清单

建立项目风险初始清单是项目风险识别的起点，初始清单中应明确列出客观存在的和潜在的各种风险。项目风险初始清单一般根据企业过去的项目资料和现场记录来整理归纳，也包括搜集同类项目、同类地区的项目档案资料或其他公开文献资料，包括商业数据库、学术研究、行业标准、规章制度等。项目风险初始清单发放者一般为国际工程承包企业的高层管理人员，如总经理、项目经理、总监理工程师等，主要负责把握项目管理的总目标，控制项目风险以保证企业利润的实现。项目风险初始清单发放对象一般为国际工程承包企业的项目管理人员和现场管理人员，如部门经理、监理工程师、技术主管、现场施工管理人员等。

2）识别和确定项目风险因素

根据项目风险初始清单中列出的风险因素，结合具体项目自身和外部环境的特点，对每一类风险因素的不确定性和潜在的危害进行分析，确定项目可能遇到的风险因素。

3）项目风险分类和排序

在对项目风险初始清单分析的基础上，进行风险分类和重要性排序，其目的是便于对不同类型的风险采取不同的对策和措施，把握关键风险管理。

4）建立项目风险清单

这是项目风险识别的最后一个步骤。通过建立具体项目的风险清单，可将项目可能面临的风险汇总并按照重要性排列，可以使项目风险管理人员对项目风险有整体的印象，而且可使每个人不仅考虑自己所面临的风险，也自觉意识到其他风险管理人员的风险，并考虑风险之间的联系。

在国际工程承包风险初始清单基础上，相应的国际工程承包风险识别程序如图 6.4 所示。

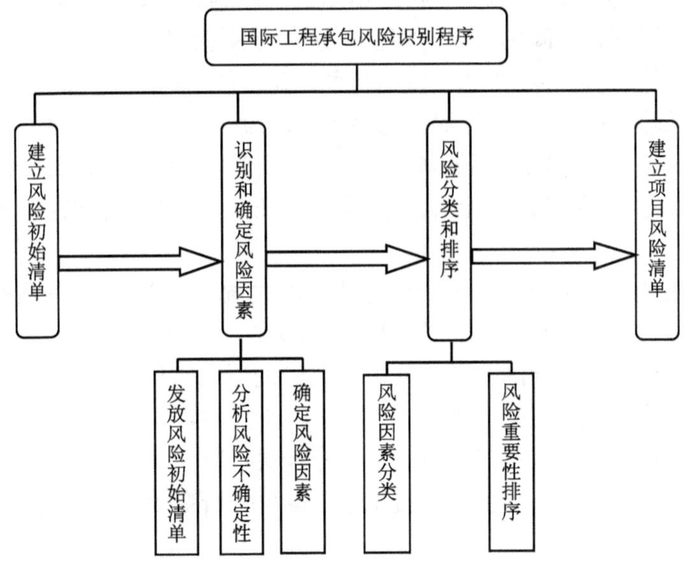

图 6.4 国际工程承包风险识别程序

4. 项目风险识别的方法

项目风险识别的方法有很多，既有结构化方法，也有非结构化方法；既有经验性方法，也有系统性方法，但是使用最多的是如下几种方法。

1) *系统分解法*

项目风险识别中最常用的一种方法是利用系统分解的原理将一个复杂的项目分解成比较简单和容易认识的子系统或系统元素，从而识别各子系统或系统要素造成的风险的方法。比如，在投资建造一个化肥厂项目时，项目分析评价人员可以首先根据项目本身的特性，将项目风险分解成为以下几个方面：市场风险、投资风险、经营风险、技术风险、资源及原材料供应风险、环境污染风险等。然后还可以对这些项目风险再做进一步的分解，例如，项目的市场风险又可以分解成三个方面：竞争风险（由于市场竞争而造成项目失败或亏损的风险）、替代风险（项目建成后可能出现替代产品而使项目蒙受损失的风险）、需求风险（项目建成后产品市场出现需求不足、需求下降和市场饱和，从而使项目蒙受损失的风险）。

2) *流程图法*

项目流程图是给出一个项目的工作流程，项目各部分之间的相互关系等信息的图表，具体包括：项目系统流程图、项目实施流程图和项目作业流程图等各种形式的和不同详细程度的项目流程图。流程图法就是使用这些流程图去全面分析和识别项目风险的一种方法，这种方法的结构化程度比较高，所以对于识别项目的系统风险和各种风险要素是非常有用的。这种方法使用项目流程图帮助项目风险识别人员分析和识别项目的风险，项目各个环节存在的风险，以及各个项目风险的起因和影响。运用这种方法得出的项目风险识别结果还可以为后面项目实施中的风险控制提供依据。

3)头脑风暴法

对于风险识别来说,头脑风暴法是一种运用创造性思维、发散性思维和专家经验,通过会议的形式去分析和识别项目风险的方法。在使用这种方法识别项目风险时,要允许各方面的专家和分析人员畅所欲言,搜寻和发现项目的各种风险。使用这种方法时,组织者要善于提问并能及时整理项目风险分析的结果,并促使与会者不断发现和识别项目的各种风险和风险影响因素。一般使用这种方法可以回答下列问题:如果进行这个项目会遇到哪些风险,风险的后果危害程度如何,风险的主要成因是什么,风险事件的征兆有哪些,风险有哪些基本特性等等。

4)情景分析法

情景分析法是通过对项目未来的某个状态或某种情况(情景)的详细描述并分析所描绘情景中的风险与风险要素,从而识别项目风险的一种方法。在项目风险分析与识别中需要有这样一种能够识别各种引发风险的关键因素以及它们的影响程度等问题的方法。情景(对于项目未来某种状态或情况)的描述可以用图表或曲线给出,也可以用文字给出。对于涉及因素较多、分析计算比较复杂的项目风险识别,情景分析法可以借助于计算机完成。这种方法一般需要:先给出项目情景描述,然后变动项目某个要素再分析变动后项目情况变化和可能的风险与风险后果等。

在项目识别完成后,需要列出项目风险清单,以供项目风险度量使用。

6.3.2 项目风险度量

项目风险度量是对于项目风险的影响和后果所进行的评价和估量。项目风险度量包括对项目风险发生可能性大小(概率大小)的评价和估量,对项目风险后果严重程度的评价和估量,对项目风险影响范围的评价和估量以及对项目风险发生时间的评价和估量等方面。项目风险度量的主要作用是根据这种度量去制定项目风险的应对措施以及开展项目风险的控制。项目风险度量的主要工作内容有以下方面。

1)项目风险可能性的度量

项目风险度量的首要任务是分析和估计项目风险发生的概率,即项目风险可能性的大小。这是项目风险度量中最为重要的一项工作,因为一个项目风险的发生概率越高,造成项目损失的可能性就越大,对它的控制就应该越严格,所以在项目风险度量中首先要确定和分析项目风险可能性的大小。

2)项目风险后果的度量

项目风险度量的第二项任务是分析和估计项目风险后果,即项目风险可能带来的损失大小。这也是项目风险度量中的一项非常重要的工作,因为即使是一个项目风险的发生概率不大,但如果它一旦发生则后果十分严重,那么对它的控制也需要十分严格,否则这种风险的发生会给整个项目成败造成严重的影响。

3)项目风险影响范围的度量

项目风险度量的第三项任务是分析和估计项目风险影响的范围,即项目风险可能影响到项目的哪些方面和工作。这也是项目风险度量中的一项十分重要的工作,因为即使是一个项目风险发生概率和后果严重程度都不大，但它一旦发生会影响到项目各个方面和许多工作，则也需要对它进行严格的控制，防止因这种风险发生而搅乱项目的整个工作和活动。

4）项目风险发生时间的度量

项目风险度量的第四项任务是分析和估计项目风险发生的时间，即项目风险可能在项目的哪个阶段和什么时间发生。这也同样项重要，因为对于项目风险的控制和应对措施都是根据项目风险发生时间安排的，越先发生的项目风险就应该越优先控制，而对后发生的项目风险可以通过监视和观察它们的各种征兆，做进一步识别和度量。

在项目风险度量中人们需要克服各种认识上的偏见，这包括：项目风险估计上的主观臆断（根据主观意志需要夸大或缩小风险，当人们渴望成功时就不愿看到项目的不利方面和项目风险）；对于项目风险估计的思想僵化（对原来的项目风险估计，人们不能或不愿意根据新获得的信息进行更新和修正，最初形成的风险度量会成为一种定势在脑子里驻留而不肯褪去）；缺少概率分析的能力和概念（因为概率分析本身就比较麻烦和复杂）等。

在项目风险度量过程中所使用的方法主要有以下方面。

1）损失期望值法

这种方法首先要分析和估计项目风险概率和项目风险可能带来的损失（或收益）大小，然后将二者相乘求出项目风险的损失（或收益）期望值，并使用项目损失期望值（或收益）去度量项目风险。在使用项目风险损失期望值作为项目风险大小的度量时，需要确定出的项目风险概率和项目风险损失大小的具体描述如下。

（1）项目风险概率。项目风险概率和概率分布是项目风险度量中最基本的内容，项目风险度量的首要工作就是确定项目风险事件的概率分布。一般说来，项目风险概率及其分布应该根据历史信息资料来确定。当项目管理者没有足够历史信息和资料来确定项目风险概率及其分布时，也可以利用理论概率分布确定项目风险概率。由于项目的一次性和独特性，不同项目的风险彼此相差很远，所以在许多情况下人们只能根据很少的历史数据样本对项目风险概率进行估计，甚至有时完全是主观判断。因此，项目管理者在很多情况下要使用自己的经验，要主观判断项目风险概率及其概率分布，这样得到的项目风险概率被称为主观判断概率。虽然主观判断概率是凭人们的经验和主观判断估算或预测出来的，但它也不是纯粹主观随意性的东西，因为项目管理者的主观判断是依照过去的经验做出的，所以它仍然具有一定的客观性。

（2）项目风险损失。项目风险造成的损失或后果大小需要从三方面来衡量，其一是项目风险损失的性质，其二是项目风险损失的大小与影响，其三是项目风险损失的时间与分布。项目风险损失的性质是指项目风险可能造成的损失是经济性的，技术性的，还是其他方面的。项目风险损失的大小和分布是指项目风险可能带来的损失严重程度和这些损失的变化幅度，它们需要分别用损失的数学期望和方差表示。项目风险影响是指项目风险会给哪些项目相关利益者造成损失，从而影响他们的利益。项目风险损失的时间分布是指项目风险是突发的，还是随时间的推移逐渐致损的，项目风险损失是在项目风险事件发生后马上就能感受到，还是需要随时间的推移而逐渐显露出来以及这些风险损失可能发生的时间等等。

（3）项目风险损失期望值的计算。项目风险损失期望值的计算一般是将上述项目风险概率与项目风险损失估计相乘得到的。有关这种期望的计算请参阅相关的概率统计教材或著作即可。

2)模拟仿真法

模拟仿真法是用数学模拟或系统仿真模型分析和度量项目风险的方法。这种项目风险度量方法使用蒙特卡罗模拟或三角模拟等分析法。这种方法可用来度量各种能量化的项目风险,通过改变参数并多次模拟项目风险以后就能得到模拟仿真计算的统计分布结果,并可以此作为项目风险度量的结果。例如,项目工期风险和项目成本风险等的度量就可以使用这种方法。这种方法多数用在大项目或是复杂项目的风险度量上,小项目一般使用前面给出的损失期望值法。由于项目时间和成本的风险都是项目风险管理的重点,所以模拟仿真法在这些项目风险度量中的使用较为广泛。

3)专家决策法

专家决策法也是在项目风险度量中经常使用的方法,它可以代替或辅助上面所讲过的数学计算和模拟仿真的方法。例如,许多项目管理专家运用他们自己的专家经验做出的项目工期风险、项目成本风险、项目质量风险等的度量通常是很准确可靠的,甚至有时比数学计算与模拟仿真确定的项目风险度量还要准确和可靠,因为这些专家的经验通常是一种比较可靠的依据。另外,在很多项目风险度量中要求给出高、中、低三种项目风险概率和几种项目风险损失不同严重程度的数据,而且精确程度一般要求并不高,所以使用专家决策法做出的项目风险度量结果一般是足够准确和可靠的。专家决策法中用的专家经验可以从搞过类似项目的专家处获得,也可以通过查阅历史项目有关经验教训、原始资料等方法获得。

当风险分析度量完成后,应根据风险发生的大小和风险造成的影响的大小对风险进行评级,这里,可以对风险进行五级评级,其中五级风险度量最大,表示其一旦发生,会发生灾难性后果,四级风险度量次之,表示其一旦发生,后果较为严重,三级风险度量再次之,标志中度风险,二级风险度量再次之,表示其发生后后果较轻,一级风险度量最小,表示其后果可以忽略。最终列出的风险等级评估表如表6.1所示;当确定风险等级后,就要对风险等级高的风险进行重点控制和监控。

表6.1 风险等级评估表

A—可能性、发生概率	B—严重性		
	H—重大伤亡/严重污染/财产损失	M—一般伤害/污染/财产损失	L—轻度伤害/污染/财产损失
H—非常可能	H—高(五级风险)	H—高(四级风险)	M—中(三级风险)
M—有可能	H—高(四级风险)	M—中(三级风险)	L—低(二级风险)
L—不太可能	M—中(三级风险)	L—低(二级风险)	L—低(一级风险)

6.3.3 项目风险控制与监控

工程项目风险控制对策是指通过风险分析,风险的承受者面对明确了的风险采取何种措施进行处置,这种风险处置的方法叫对策。风险对策通常有两类,即风险控制和风险转移。

1. 风险控制

风险控制是指采取各种措施减小风险事件发生的可能性,或者把可能的损失控制在一定的范围内,以避免在风险事件发生时带来难以承担的损失。

风险控制包括如下基本形式。

1)风险回避

风险回避是投资主体有意识地放弃风险行为,完全避免特定损失的风险。简单的风险回避是一种最消极的风险处理办法,因为投资者在放弃风险行为的同时,往往也放弃了潜在的目标收益。所以一般只有在以下情况下才会采用这种方法:

(1)投资主体对风险极端厌恶;

(2)存在可实现同样目标的其他方案,其风险更低;

(3)投资主体无能力消除或转移风险;

(4)投资主体无能力承担该风险,或承担风险得不到足够的补偿。

2)风险自留

风险自留即风险承担,也就是说,如果损失发生,经济主体将以当时可利用的任何资金进行支付。采用风险自留应满足下列条件之一:

(1)自留费用低于保险公司所收取的费用;

(2)企业的期望损失低于保险人的估计;

(3)企业有较多的风险单位(意味着单位风险小,且企业有能力准确地预测其损失);

(4)企业的最大潜在损失或最大期望损失较小;

(5)短期内企业有承受最大潜在损失或最大期望损失的经济能力;

(6)风险管理的目标可以承受年度损失的重大差异;

(7)费用和损失支付分布于很长的时间里,因而导致很大的机会成本;

(8)投资机会好;

(9)内部服务或非保险人服务优良。

3)风险隔离

风险隔离指是对风险单位进行分隔、限制,以避免交互作用,从而发生连锁反应。比如关键施工点和容易发生安全事故的工序单独施工,就是一种风险隔离的办法。

4)风险分担

风险分担(风险分散)指的通过增加风险单位以减轻总体风险的压力,达到共同分摊集体风险的目的。联合体承包就是一种典型的风险分担方式,企业组建成联合体后共同承包某项工程,从而分散了单个企业承担所有风险的压力。

5)损失控制

损失控制(风险减轻)指的不是放弃风险,而是制订计划和采取措施降低损失的可能性或者是减少实际损失。控制的阶段包括事前、事中和事后三个阶段。事前控制的目的主要是为了降低损失的概率,事中和事后的控制主要是为了减少实际发生的损失,主要包括以下两方面的工作。

Ⅰ.预防损失

预防损失指采取各种预防措施以杜绝损失发生的可能。

Ⅱ.减少损失

减少损失指在风险损失已经不可避免地发生的情况下,通过种种措施以遏制损失继续恶化或局限其扩展范围使其不再蔓延或扩展,也就是说使损失局部化。

损失控制应采取主动,以预防为主,防控结合,应认真研究风险源。就某一行为或项目而言,应在计划、执行及施救各个阶段进行风险控制分析。

2.风险转移

风险转移是指通过合同或非合同的方式将风险转嫁给另一个人或单位的一种风险处理方式。一般说来,风险转移的方式可以分为财务型保险转移、财务型非保险转移和控制性风险转移。

1)财务型保险转移

财务型保险转移是指通过订立保险合同,将风险转移给保险公司(保险人)。个体在面临风险的时候,可以向保险人交纳一定的保险费,将风险转移。一旦预期风险发生并且造成了损失,则保险人必须在合同规定的责任范围之内进行经济赔偿。

Ⅰ.工程保险的种类

我国的工程保险主要是建筑工程一切险、安装工程一切险以及建筑安装工程第三者责任险。

建筑工程一切险是对各种建筑工程项目提供全面保障。既对在施工期间工程本身、施工机具或工地设备所遭受的损失予以赔偿。也对因施工而给第三者造成的物资损失或人员伤亡承担赔偿责任。

建筑工程一切险由承包商和业主联合投保,费用由业主承担。

建筑工程一切险的保险合同生效后,投保人就成为被保险人,包括业主、总承包商、分包商、监理工程师、与工程有密切关系的单位或个人。

建筑工程一切险适用于所有房屋工程和公共工程。

Ⅱ.建筑工程一切险的内容

(1)工程本身,指由总承包商和分包商为履行合同而实施的全部工程,包括预备工程、临时工程、全部存放于工地的为施工所必需的材料等。

(2)施工用设施和设备,包括活动房、存料库、搅拌站、脚手架、水电供应及其他类似设施。

(3)施工机具,包括大型陆上运输和施工机械、吊车及不能在公路上行驶的工地用车辆,不管这些机具属承包商所有还是租赁物资。

(4)场地清理费,指在发生灾害事故后场地上产生了大量的残砾,为清理工地现场而必须支付的一笔费用。

(5)第三者责任,指在保险期内对因工程意外事故造成的依法应由被保险人负责的工地上及邻近地区的第三者人身伤亡、疾病或财产损失以及被保险人因此而支付的诉讼费用和事先经保险公司书面同意支付的其他费用等赔偿责任。

(6)工地内现有的建筑物,包括不在承保的工程范围内的、业主或承包人所有的工地内已有的建筑物或财产。

(7)由被保险人看管或监护的停放于工地的财产，包括安装工程的建筑项目，如果建筑部分占主导地位，也就是说，如果机器、设施或钢结构的价格及安装费用低于整个工程造价的50%，亦应投保建筑工程一切险。如果安装费用高于工程造价的50%，则应投保安装工程一切险。

建筑工程一切险承保的危险与损害涉及面很广。凡保险单中列举的"除外情况"之外的一切情况均属于保险的范围。

2)控制型的风险转移

控制型的风险转移是通过契约或合同将损失的财务负担和法律责任转移给非保险业的其他人，达到降低风险发生概率和减小其损失的目的。出售、转让、转包、分包、租赁等均是风险转移的具体形式。

3)财务型的非保险转移

财务型的非保险转移与控制型的非保险转移不同。前者寻求企业外部资金以支付可能发生的损失，将损失的财务负担转移给他方。后者将财产或本身的活动转移给别人，由其他人来承担损失责任，强调把损失的责任转移给他人。财务型的非保险转移与保险方法虽同属风险财务技术，但两者也有区别，主要表现在：第一，财务型的非保险转移，其承受人不是保险经营人，从法律观点看，这种风险转移不属于保险；第二，财务风险的承受人通常不会接受风险转移单位进行的风险预测；第三，财务型的非保险转移需通过契约或合同才能完成。总而言之，财务型的非保险转移的特点是通过契约或合同由受补偿人将风险损失的财务负担转移给除保险人外的补偿人。

财务型的非保险转移的具体形式很多，主要有转移财务责任、互助保证、基金制度、发行股票等。

一般来说，适用财务型的非保险转移的情况包括：

(1)被转移方和转移方之间的损失可以清楚划分；

(2)被转移方能够且愿意承担适当的财务责任；

(3)风险承担者有承担损失的能力；

(4)运用此法的成本低于其他方法的成本。

3. 风险监控

风险监控是指在决策主体的运行过程中，对风险的发展与变化情况进行全程监督，并根据需要进行应对策略的调整。因为风险是随着内部外部环境的变化而变化的，它们在决策主体经营活动的推进过程中可能会增大或者衰退乃至消失，也可能由于环境的变化又生成新的风险。

风险监控就是通过对风险规划、识别、估计、评价、应对全过程的监视和控制，从而保证风险管理能达到预期的目标，它是项目实施过程中的一项重要工作。监控风险实际是监视项目的进展和项目环境，即项目情况的变化，其目的是：核对风险管理策略和措施的实际效果是否与预见的相同；寻找机会改善和细化风险规避计划；获取反馈信息，以便将来的决策更符合实际。在风险监控过程中，及时发现那些新出现的以及随着时间推延而发生变化的风险，然后及时反馈，并根据对项目的影响程度，重新进行风险规划、识别、估计、评价和应对。

风险监控的依据主要有：风险管理计划、风险应对计划、实际风险发展变化情况、可用于风险控制的资源。

风险监控的目标主要有：努力及早识别风险、努力避免风险事件的发生、积极消除风险事件的消极后果、充分吸取风险管理中的经验与教训。

案例分析

某28层（地下两层，地上26层）大型综合性办公楼建筑，位于武汉市武昌区雄楚大道，其总建筑面积约为26 801平方米，建筑高度为84.85米。合同工期为二年，工程的建筑安装工程合同造价为9 000万元。尝试对该项目进行风险分析。

1. 风险识别

通过参考类似工程项目，结合项目的具体特点，采用过专家调查法、核对表法等方法来进行风险的识别，识别结果认为项目的一级风险要素有四个：费用风险、质量风险、工期风险和安全风险。它们又可细分为五个二级要素：自然风险（地震、洪水、地基沉陷、塌方等），管理风险（材料、人力、能源价格、合同等），经济风险（资金、利率、通货膨胀），技术风险（设计、施工、设备安装），其他风险（法规、政策）。

2. 风险评价

采用层次分析法，通过专家分析该项目各层次内风险因素重要性，构造判断矩阵，计算各风险因素的权重。从大到小对各风险因素权重进行排序，并算出各项的累积风险权重，按照ABC分类法将累积风险权重分为A、B、C三类。

评价结果认为材料、通货膨胀、资金、施工、人力和利率这六项为A类风险，应对它们进行重点监控和管理；勘察、能源、设计、合同这四项为B类风险；地震、洪水等其他五项为C类风险，也应给予相应的重视，防止其发生的可能性及对项目威胁程度增大。项目建设期内钢材、水泥等主要材料价格波动较大，而且该项目采用贷款的筹资方式，施工质量也是主要工程项目目标之一，所以前六项风险对项目的影响较大，而该项目地质条件良好，普通办公楼的勘察设计工作已很成熟，对项目的影响程度一般，所以可以认为风险的识别和评价结果基本符合实际情况。

3. 风险应对

本项目采取风险回避、风险控制、风险转移、风险自留的措施来重点加强A类风险的管理。

1）材料风险

材料风险权重最大，若材料价格管理不善，会增加施工成本，甚至可能导致成本超支，所以要加强市场调研和市场的开拓工作，正确预测和掌握最新的材料价格变动情况，合理确定采购和库存量。

2）通货膨胀风险

这类风险是不可避免的，应拓宽信息的来源渠道，加强有关信息的搜集整理和分析工作，准确预测和及时了解最新宏观经济动向，若有必要可放弃项目或调整投资方向。

3)资金风险

科学地分析融资渠道以选择安全的融资渠道,减小资金成本风险,提高财务人员对资金的管理能力,加强对施工过程中进度工程款的严格审核。

4)施工风险

做好方案实施前的技术经济论证,做好技术交底工作,加强施工质量安全教育,加强施工质量管理,严格按施工工艺及技术施工。对于已出现的施工问题要及时查明原因,及时采取措施来进行补救,将损失降到最低。

5)人力风险

要建立健全项目管理组织结构和制度,加强项目人员之间的沟通,让他们及时了解项目相关信息;要加强项目管理人员之间的协调工作,减少施工中的分歧;做好安全防范工作,防止人员出现意外身亡。由于人力因素是工程项目中最灵活的因素,其发生风险的频率较高,影响较大,所以可采取风险减轻的策略来应对。

6)利率风险

这类风险应加强对经济方面政策信息的收集反馈,做好防范对策,可采取风险回避和风险自留。

项目小结

6.1 工程项目风险的概念

风险的概念,项目风险的概念、性质、分类。

6.2 工程项目风险管理

风险管理的概念,不同主体风险管理的任务。

6.3 工程项目风险管理过程与方法

(1)风险识别的概念、方法、结果。

(2)风险分析度量的概念、方法、结果。

(3)风险应对控制的概念、方法、风险控制和风险转移。

(4)风险监控的概念。

项目习题

一、选择题

1.下列不属于自然风险的是(　　)。

A. 异常恶劣的雨、雪、冰冻天气　　B. 未能预测到的特殊地质条件
C. 恶劣的施工现场条件等　　D. 环境保护法规的限制

2. 在建设工程项目风险管理过程中，风险识别的最主要成果是(　　)。
A. 风险事件发生的概率　　B. 风险清单表
C. 风险事故引发后果的严重程度　　D. 风险等级

3. 下列应对风险措施中属于风险回避的措施是(　　)。
A. 业主选择放弃该项目　　B. 业主选择签订总价合同
C. 承包商选择签订专业分包合同　　D. 要求对方提供第三方担保

4. 风险事件发生概率很大且后果损失也很大的项目，应该采用的应对策略为(　　)。
A. 风险回避　　B. 风险自留　　C. 风险控制　　D. 风险转移

5. 在建设工程项目风险管理过程中，风险识别的最主要成果是(　　)。
A. 风险事件发生的概率　　B. 风险清单表
C. 风险事故引发后果的严重程度　　D. 风险等级

6. 总承包商将自己不擅长施工的某分部工程进行分包属于(　　)的风险应策略。
A. 风险回避　　B. 风险自留　　C. 风险控制　　D. 风险转移

7. 工程项目风险管理的过程为(　　)。
A. 风险识别、风险度量、风险应对、风险监控
B. 风险监控、风险响应、风险评估、风险控制
C. 风险度量、风险识别、风险响应、风险控制
D. 风险识别、风险控制、风险评估、风险响应

8. 项目风险具有(　　)的性质。
A. 相对性　　B. 直接性　　C. 可变性　　D. 随机性
E. 确定性

二、简答题

1. 何谓工程项目风险，它有什么特点？
2. 项目风险管理的概念是什么，业主的项目风险管理包括哪些方面？
3. 风险识别的目的和意义是什么？
4. 风险的主要分类有什么，建设项目的风险因素主要包括哪几个方面？
5. 如何有效地控制项目风险？

三、分析题

理想的风险管理团队由风险管理负责人和不同层次项目管理人员组成，团队中应包括外部专家。创建一个能够最好地平衡各种技能且有凝聚力的团队是一项挑战。

对于不同的项目参与人员，诸如发展商、承包商、供应商、设计人、监理人、最终的使用者以及保险公司等，当然他们所看到的风险是不同的。因此，个人的态度和经验可以造成对项目目标的不同理解，不可避免地这会影响他们如何识别、评估和管理潜在的风险。需要指出的是，最大的风险可能是团队之间缺乏沟通。因此，风险管理团队的负责人应具备哪些主要的知识结构和能力？

项 目 练 习

分组对自己项目组选择的项目进行风险分析，按照项目3完成的项目分解结构和项目5完成项目进度计划，进行项目风险识别（项目结构风险、进度风险、施工风险等，列出风险清单）、项目风险度量分析（列出风险等级评估表）、制定项目风险应对措施、风险监控这几个过程，依次进行分析，并参考本书附录6，撰写风险分析报告。

项目7　豆腐渣工程的严重危害——建设项目质量控制与安全管理

【知识目标】

了解建设项目质量控制的概念。

了解建设项目安全管理的概念。

【技能目标】

能根据所学习的知识分析项目的安全与质量问题，具备质量控制与安全管理的实际操作和运用能力。

【素养目标】

树立工程项目的质量与安全管理理念。

引例　衡州大厦“11·3”特大火灾坍塌事故

2003年11月3日，湖南省衡阳市珠晖区衡州大厦发生特大火灾坍塌事故，造成正在进行灭火的20名消防武警官兵死亡，15人受伤。这起事故是成立以来消防武警官兵伤亡最重的事故，引起了党中央、国务院高度重视和社会各界、新闻媒体的广泛关注。

1997年6月，在衡州大厦西南角二楼大梁发现水泥质量有问题，第二天拆模后，发现使用这批水泥建造的5根大梁有4根存在多处裂缝，裂缝宽有1毫米以上。衡阳市质监站长及技术人员和设计人员到现场查看裂缝后认为大梁开裂是水泥质量有问题，并取样送检。

经鉴定，此水泥为废品。衡阳质监站有关人员及设计人员当即要求将大梁全部打掉重造。但李文革、李永开认为拆除大梁将损失10万余元。为省去这笔费用，李文革、李永开指示进行局部修复，即用人工把裂缝的地方凿开6～8厘米宽再灌水泥浆填补，并且将此批20吨废品水泥继续作为衡州大厦砌墙用水泥，由此留下安全隐患，当大厦发生火灾后，废品水泥在高温中迅速失去强度并爆裂，造成大厦很快倒塌，因而造成了巨大的损失。

结论 安全事故猛于虎，一时疏忽，一点偷工减料，就能带来无法估量的损失。

7.1 建设项目质量管理概述

7.1.1 建设项目质量概述

我国国家标准 GB/T 19000—2000 中关于质量的定义是：一组固有特性满足要求的程度。施工质量是指工程满足业主（顾客）需要的，符合国家法律、法规、技术规范标准、设计文件及合同规定的要求，包括在安全、使用功能、耐久性、环境保护等方面所有明确和隐含需要能力的特性综合。

建设项目质量是国家现行的有关法律、法规、技术标准和设计文件及建设项目合同中对建设项目的安全、使用、经济、美观等特性的综合要求，它通常体现在适用性、可靠性、经济性、外观质量与环境协调等方面。其根本目的是保障最终交付的项目产出物能够符合质量要求。项目质量管理包括两个方面的内容，其一是项目工作质量的管理，其二是项目产出物的质量管理，因为任何项目产出物的质量都是靠项目的工作质量保证的。项目质量管理的概念与一般质量管理的概念有许多相同之处，也有许多不同之处，这些不同之处是由于项目的一次性和独特性等特性所决定的。

建设项目质量是按照建设项目建设程序，经过建设项目可行性研究、项目决策、工程设计、工程施工、工程验收等各个阶段而逐步形成的，而不仅仅决定于施工阶段。

建设项目质量包含工序质量、分项工程质量、分部工程质量和单位工程质量。

建设项目质量不仅包括工程实物质量，而且也包含工作质量。工作质量是指项目建设参与各方为了保证建设项目质量所从事技术、组织工作的水平和完善程度。

项目质量的这些特性主要表现在两个方面。

1. 项目质量的双重性

项目质量的双重性是指项目质量既有产品质量的特性，又有服务质量的特性。这是因为在同一个项目中会有许多项目产出物具有产品的有形性、可储存性和可预先评估性等特性，所以完全属于产品的范畴，而这一项目的另一些产出物具有无形性、不可储存性和无法预先评估等特性，所以完全属于服务的范畴。例如，对于一个房屋建设项目而言，最终形成的建筑物属于产品的范畴，但是在建房过程中的图纸设计、施工管理和顾问咨询等都属于服务的范畴。当然，不同项目的产出物不同，所以它们所包含的产品和服务的比例也不同。例如，一个婚礼的组织项目的产出物有很大比例属于服务的范畴，而一个专用车辆制造项目的产出物有很大比例属于产品的范畴。但是无论如何，一个项目的产出物都具有产品和服务两个方面的成分，因此项目的质量一定会具有产品质量和服务质量的双重特性。

2. 项目质量的过程特性

项目质量的过程特性是指一个项目的质量是由整个项目的全过程形成的，是受项目全过程的工作和活动质量直接和综合影响的。任何项目的质量不是由一个项目的某个阶段或某项活动形成的,而是由整个项目的全过程形成的。特别需要指出的是,项目质量的形成与产品和服务的质量形成都不相同。由于项目具有的一次性和独特性的特性,所以人们(包括项目业主和实施者)在项目的定义和决策阶段往往无法充分认识和界定自己“明确和隐含”的需求,因此项目的质量要求在许多情况下,一开始无法比较明确和完全地确定的下来,它是在项目进行过程中通过不断修订和变更而最终形成的。尤其是一些带有探索性质的项目(像科研项目、产品开发项目、创新项目等),它们的质量在很大程度上是在项目实施过程中通过各种各样的项目质量变更而不断地修订,最终在项目结束前才形成一个项目质量的明确要求与最终结果。甚至,就是一些很小的项目(像房屋内装修)也需要使用项目变更等手段去不断地修改对于项目质量的要求,直至最终项目结束才能完全确定对于项目质量的要求,并最终形成项目的质量。这与单纯的产品或服务质量的确定和形成过程相比要复杂和麻烦得多,所以项目在质量管理所需的努力要比单纯的产品或服务(可以周而复始生产的产品或提供的服务)质量管理艰巨很多。

建设项目质量的特点具体表现在如下几个方面:

(1)影响因素多;

(2)质量波动大;

(3)质量变异大;

(4)质量隐蔽性;

(5)最终检验局限大。

3. 影响建设项目质量的因素

(1)人的因素:包括决策者、管理者和作业者。

(2)材料的因素:包括工程材料和施工材料。

(3)机械的因素:包括工程设备、施工机械和各类施工工器具。

(4)方法的因素:主要包括施工技术方案、施工工艺、施工技术措施等方面的控制。

(5)环境的因素:主要包括现场自然环境条件、施工质量管理环境和施工作业环境的控制。

7.1.2　建设项目质量管理的原则和基础工作

我国国家标准 GB/T 19000—2000 中关于质量管理的定义是:在质量方面指挥和控制组织的协调活动。施工质量管理是指导和控制工程项目组织关于质量的相互协调的活动。建设项目质量管理是指为保证提高建设项目质量而进行的一系列管理工作,它的目的是以尽可能低的成本,按既定的工期完成一定数量的达到质量标准的建设项目。它的任务就在于建立和健全质量管理体系,用企业的工作质量来保证建设项目实物质量。

现代项目管理中的质量管理是为了保障项目的产出物能够满足项目业主/客户以及项目各相关利益者的需要所开展的对于项目产出物质量和项目工作质量的全面管理工作。项目质量管理的概念与一般质量管理的概念有许多相同之处,但是也有许多不同之处。这些不同之处是由于上述有关项目的特性所决定的。项目质量管理的基本概念也包括:项目质量方针的确定、项目质量目标和质量责任的制定，项目质量体系的建设以及为实现项目质量目标所开展的项目质量计划、项目质量控制和项目质量保障等一系列的项目质量管理工作。

一般情况下，在项目质量管理中同样要使用全面质量管理（Total Quality Management，TQM）的思想。所谓全面质量管理的思想，国际标准化组织认为它是一个组织以质量为中心，以全员参与为基础，目的在于通过让顾客满意和本组织所有成员及社会受益而达到长期成功的一种质量管理模式。从这一定义中可以看出，全面质量管理的指导思想分两个层次：其一，一个组织的整体要以质量为核心，并且一个组织的每个员工要积极参与质量管理；其二，全面质量管理的根本目的是使全社会受益和使组织本身获得长期成功。确切地说，全面质量管理的核心思想是质量管理的全员性（全员参与质量管理的特性）、全过程性（认真管理好质量形成的全过程）和全要素性（认真管理好质量所涉及的各个要素）。

现代项目管理认为，全面质量管理的思想也必须在项目质量管理中使用和贯彻，项目质量管理必须按照全团队成员都参的模式开展质量管理（全员性）；项目质量管理的工作内容必须是贯穿项目全过程（全过程性），从项目的初始阶段、计划阶段、实施阶段、控制阶段，一直到项目最终结束阶段；项目的质量管理要特别强调对于项目工作质量的管理，强调对于项目的所有活动和工作质量的管理和改进（全要素性），因为项目产出物的质量是由项目工作质量保障的。

建设项目质量管理的原则如下：

（1）“质量第一”是根本出发点；

（2）以预防为主的思想；

（3）为用户服务的思想；

（4）一切用数据说话。

建设项目质量管理的基础工作包括如下几个方面：

（1）质量教育；

（2）质量管理的标准化；

（3）质量管理的计量工作；

（4）质量信息；

（5）建立健全质量责任制；

（6）开展质量管理小组活动。

7.1.3 建设项目质量管理体系

质量管理体系依照 GB/T 19000 系列标准的解释，是指“在质量方面指挥和控制组织的管理体系”，它事实上是指建立建设工程项目质量方针、目标并实现这些方针、目标的保证体系。

1. 质量管理体系的建立

质量管理体系是以保证和提高建设项目质量为目标，运用系统的概念和方法，把企业各部门、各环节的质量管理职能和活动合理地组织起来，形成一个有明确任务、职责、权限而互相协调、互相促进的有机整体，一般应做好下列工作：

（1）建立和健全专职质量管理机构，明确各级各部门的职责分工；

(2)建立灵敏的质量信息反馈系统;

(3)实现管理业务标准化、管理流程程序化。

2. 质量管理体系的运转

质量管理体系的运转形式有两种:一种是质量管理循环方式,另一种是全面质量管理方式。

1)质量管理体系运转的基本形式

质量管理体系运转的基本形式是 PDCA 管理循环,通过四个阶段把生产经营过程的质量管理活动有机地联系起来。

第一阶段是计划阶段(P)。计划(Plan)即确定质量管理的计划职能,包括确定或明确质量目标和制定实现质量目标的行动方案两方面。

第二阶段是实施阶段(D)。实施(Do)职能在于将质量的目标值,通过生产要素的投入、作业技术活动和产出过程,转换为质量的实际值。为保证工程质量的产出或形成过程能够达到预期的结果,在各项质量活动实施前,要根据质量管理计划进行行动方案的部署和交底;交底的目的在于使具体的作业者和管理者明确计划的意图和要求,掌握质量标准及其实现的程序与方法。

第三阶段是检查阶段(C)。检查(Check)指对计划实施过程进行各种检查,包括作业者的自检、互检和专职管理者专检。各类检查也都包含两大方面:一是检查是否严格执行了计划的行动方案,实际条件是否发生了变化,不执行计划的原因;二是检查计划执行的结果,即产出的质量是否达到标准的要求,对此进行确认和评价。

第四阶段是处理阶段(A)。处理(Action)指对于质量检查所发现的质量问题或质量不合格,及时进行原因分析,采取必要的措施,予以纠正,保持工程质量形成过程的受控状态。处置分纠偏和预防改进两个方面。

质量管理活动的全部过程就是反复按照 PDCA 循环不停地、周而复始地运转(见图 7.1),每完成一次循环,解决一定质量问题,质量水平就提高一步,管理循环不停地运转,质量水平也就随之不断提高。PDCA 的具体实现,可以按以下 8 个步骤进行:

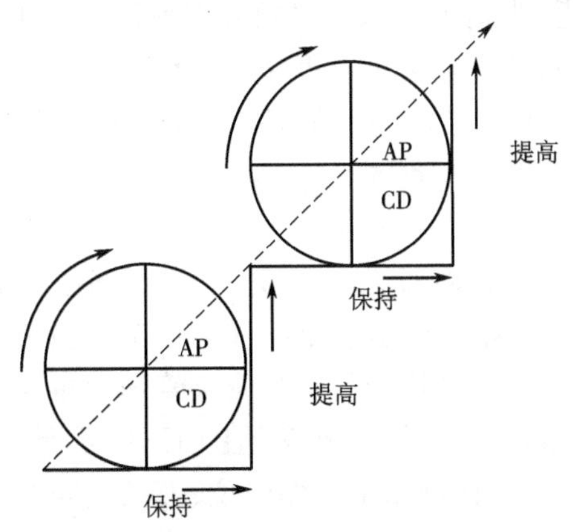

图 7.1　PDCA 改进提高

(1)分析现状,找出存在的质量问题,确定方针和目标;

(2)分析这些问题的各种原因和影响因素;

(3)找出影响质量的主要因素;

(4)针对主要因素,制定措施,提出行动计划,并估计效果;

(5)执行措施或计划;

(6)调查、统计所采取措施的效果;

(7)总结经验,制定相应的标准或制度;

(8)提出尚未解决的问题,转入下一个循环。

2)全面质量管理(TQC)的思想

TQC 即全面质量管理(Total Quality Control),是 20 世纪中期在欧美和日本广泛应用的质量管理理念和方法,我国从 20 世纪 80 年代开始引进和推广全面质量管理方法。其基本原理就是强调在企业或组织的最高管理者质量方针的指引下,实行全面、全过程和全员参与的质量管理。

TQC 的主要特点是以顾客满意为宗旨,领导参与质量方针和目标的制定,提倡预防为主、科学管理、用数据说话等。在当今国际标准化组织颁布的 ISO 9000—2000 版质量管理体系标准中,都体现了这些重要特点和思想。建设工程项目的质量管理,同样应贯彻如下三全管理的思想和方法。

Ⅰ.全方位质量管理

建设工程项目的全面质量管理,是指建设工程项目各方干系人所进行的工程项目质量管理的总称,其中包括工程(产品)质量和工作质量的全面管理。工作质量是产品质量的保证,工作质量直接影响产品质量的形成。业主、监理单位、勘察单位、设计单位、施工总包单位、施工分包单位、材料设备供应商等,任何一方任何环节的怠慢疏忽或质量责任不到位都会造成对建设工程质量的影响。

Ⅱ.全过程质量管理

全过程质量管理是指根据工程质量的形成规律,从源头抓起,全过程推进。GB/T 19000 强调质量管理的“过程方法”管理原则。因此,必须掌握识别过程和应用“过程方法”进行全程质量控制。主要的过程有:项目策划与决策过程、勘察设计过程、施工采购过程、施工组织与准备过程、检测设备控制与计量过程、施工生产的检验试验过程、工程质量的评定过程、工程竣工验收与交付过程、工程回访维修服务过程等。

Ⅲ.全员参与质量管理

按照全面质量管理的思想,组织内部的每个部门和工作岗位都承担有相应的质量职能,组织的最高管理者确定了质量方针和目标,就应组织和动员全体员工参与到实施质量方针的系统活动中去,发挥自己的角色作用。开展全员参与质量管理的重要手段就是运用目标管理方法,将组织的质量总目标逐级进行分解,使之形成自上而下的质量目标分解体系和自下而上的质量目标保证体系。发挥组织系统内部每个工作岗位、部门或团队在实现质量总目标过程中的作用。

3. 质量控制

质量控制的基本原理是运用全面全过程质量管理的思想和动态控制的原理，进行质量的事前预控、事中控制和事后纠偏控制。

1）事前质量预控

事前质量预控就是要求预先进行周密的质量计划，包括质量策划、管理体系、岗位设置，把各项质量职能活动，包括作业技术和管理活动建立在有充分能力、条件保证和运行机制的基础上。对于建设工程项目，尤其施工阶段的质量预控是指通过施工质量计划或施工组织设计或施工项目管理实施规划的制定过程，运用目标管理的手段，实施工程质量事前预控，或称为质量的计划预控。

事前质量预控必须充分发挥组织的技术和管理方面的整体优势，把长期形成的先进技术、管理方法和经验智慧，创造性地应用于工程项目。

事前质量预控要求针对质量控制对象的控制目标、活动条件、影响因素进行周密分析，找出薄弱环节，制定有效的控制措施和对策。

2）事中质量控制

事中质量控制也称为作业活动过程质量控制，是指质量活动主体的自我控制和他人监控的控制方式。自我控制是第一位的，即作业者在作业过程中对自己质量活动行为的约束和技术能力的发挥，以完成预定质量目标的作业任务；他人监控是指作业者的质量活动过程和结果，接受来自企业内部管理者和来自企业外部有关方面的检查检验，如工程监理机构、政府质量监督部门等的监控。事中质量控制的目标是确保工序质量合格，杜绝质量事故发生。

由此可知，关键是增强质量意识，发挥操作者自我约束、自我控制，即坚持质量标准是根本的，他人监控是必要的补充，没有前者或用后者取代前者都是不正确的。因此，有效进行过程质量控制，也就在于创造一种过程控制的机制和活力。

3）事后质量控制

事后质量控制也称为事后质量把关，以使不合格的工序或产品不流入后道工序、不流入市场。事后质量控制的任务就是对质量活动结果进行评价、认定；对工序质量偏差进行纠正；对不合格产品进行整改和处理。

从理论上分析，对于建设工程项目如果计划预控过程所制定的行动方案考虑得越周密，事中自控能力越强、监控越严格，实现质量预期目标的可能性就越大。理想的状况就是希望做到各项作业活动“一次成活”“一次交验合格率达 100%”。但要达到这样的管理水平和质量形成能力是相当不容易的，即使坚持不懈地努力，也还可能有个别工序或分部分项施工质量会出现偏差，这是因为在作业过程中不可避免地会存在一些计划时难以预料的因素，包括系统因素和偶然因素的影响。

建设工程项目质量的事后控制，具体体现在施工质量验收各个环节的控制方面。

以上系统控制的三大环节，不是孤立和截然分开的，它们之间构成有机的系统过程，实质上也就是质量管理 PDCA 循环的具体化，并在每一次滚动循环中不断提高，达到质量管理和质量控制的持续改进。

7.1.4　建设项目质量管理制度

1. 建设工程质量监督管理制度的内容

建设工程质量监督管理制度包括以下内容:

(1)监督管理部门;

(2)监督检查内容;

(3)县级以上地方人民政府建设行政主管部门和其他有关部门应当加强对有关建设工程质量的法律、法规和强制性标准执行情况的监督检查。

2. 建设工程施工图设计文件审查制度

建设单位应当将施工图设计文件报县级以上人民政府主管部门或者其他有关部门审查。施工图设计文件未经审查批准,不得使用。

3. 建设工程竣工验收备案制度

建设单位应当自建设工程竣工验收合格之日起 15 日内,将建设工程竣工验收报告和规划、公安消防、环保等部门出具的认可文件或者准许使用文件报建设行政主管部门或者其他有关部门备案。

建设行政主管部门或者其他有关部门发现建设单位在竣工验收过程中有违反国家有关建设工程质量管理规定行为的,责令停止使用,重新组织竣工验收。

4. 建设工程质量事故报告制度

建设工程发生质量事故,有关单位应当在 24 小时内向当地建设行政主管部门和其他有关部门报告。

对重大质量事故,事故发生地的建设行政主管部门和其他有关部门应当按照事故类别和等级向当地人民政府和上级建设行政主管部门和其他有关部门报告。

特别重大质量事故的调查程序按照国务院有关规定办理。

任何单位和个人对建设工程的质量事故、质量缺陷都有权检举、控告、投诉。

5. 建设工程质量检测制度

工程质量检测机构的检测依据是国家、部门和地区颁发的有关建设工程的法规和技术标准。

我国的工程质量检测体系是由国家级、省级、市(地区)级、县级检测机构所组成,国家建设工程质量检测中心是国家级的建设工程质量检测机构。

国家检测中心受国务院建设行政主管部门的委托,有权对指定的国家重点工程进行检测复核,向国务院建设行政主管部门提出检测复核报告和建议。

6. 建设工程质量保修制度

工程自办理交工验收手续后,在规定的期限内,因勘察设计、施工、材料等原因造成的工程质量缺陷,要由施工单位负责维修、更换。

工程质量缺陷是指工程不符合国家现行的有关技术标准、设计文件以及合同中对质量的要求。

7. 质量认证制度

质量认证是由具有一定权威，并为社会所公认的，独立于第一方（组织）和第二方（顾客）的第三方机构（认证机构），通过科学、客观的鉴定，用合格证书或合格标志的形式，来表明某一产品或服务，某一组织的质量管理的能力符合特定的标准或技术规范，相应法律、法规和顾客要求。

质量认证不实行终身制，质量认证证书的有效期一般为三年，期间认证机构对获证的单位还需进行定期和不定期的监督检查，在监督检查中如发现获证单位在质量管理中有较大、较严重的问题时，认证机构有权采取暂停认证、撤销认证及注销认证等处理方法，以保证质量认证的严肃性、连续性和有效性。

由国际标准化组织颁布的 ISO 10006 是参考美国项目管理学会（PMI）的项目管理知识体系指南（PMBOK）编制的，它是专门用于提高项目质量管理的标准。它给出了项目质量管理系统的构成，项目质量管理的概念和做法，对于提高项目质量管理是非常有价值的一份文件。这一文件是 1997 年 12 月发布的，文件的全称是《质量管理——项目质量管理指南》。文件有两个部分，一个是主体部分，另有三个附件。其中主体部分的核心内容包括三个部分：其一是这一标准所涉及的范围界定、所引用的标准和相关的定义；其二是有关项目特征的说明，包括项目管理的界定、项目组织、项目阶段和项目过程等；其三是项目管理过程中的质量规定，包括项目策划过程、项目集成管理过程、项目范围管理过程、项目时间管理过程、项目成本管理过程、项目资源管理过程、项目组织与人力资源管理过程、项目沟通与信息管理过程、项目风险管理过程、项目资源获得过程等各方面的质量保障与控制方面的规定。

在 ISO 10006 的规定中最为关键的是 5. 2 款中提出的战略管理概念，它规定：“在为项目确定方向的过程中，应考虑下列对项目质量有重要影响的概念：满足顾客和其他利益相关者的明确的和隐含的需要是最重要的；一个项目是按一系列规划好并互相关联的过程来实施的；项目过程和产品二者的质量都是必须满足项目的目标；项目管理者要负责为项目质量创建一个好的环境；项目管理者要负责项目实施的持续改进。”在该款的第五条中还规定：“项目组织（包括业主和实施者）的管理者应相互合作，共同创建质量环境。创建这种环境的方法包括：建立组织机构开展项目质量管理以实现项目目标；收集和处理数据与有关事实并依据这些信息做出相关决策；开展项目实施绩效评估并将其结果用于质量管理；使项目的全体人员参与实现项目过程和项目产出物的质量；与承包商和其他组织建立互利关系；应指定有能力的人员采用恰当的工具、技术、方法和实施惯例去实施、监测及控制项目过程，实施质量纠偏和预防措施以及质量改进过程。”

为了实现项目目标，项目质量管理重点应放在项目过程的质量和项目产出物的质量两个方面。

ISO 10006 标准文件还规定：“ISO 9000 系列标准描述了许多过程及与产品有关的质量管理惯例，如文档、审核和过程的控制方法，这些方法可以帮助实现项目目标。”所以实际上，项目质量管理的 ISO 10006 标准是 ISO 9000 系列的一个部分，而企业大量借用 ISO 9000 系列的方法和工具。例如，ISO 10006 标准的附录 A 是“项目质量管理的惯例——引用 ISO 9000 族标准”，它给出了适用于许多项目过程质量管理方法和惯例，它指明了在 ISO 9000 系列中的哪些章节可以找到更详细的信息。附录 B“项目实施质量评价”给出了项目实施过程中质量控制方面的相应规定。现在已经有许多国家在贯彻这一标准,并且已经开始在推广 ISO 10006 的质量认证工作。我国也开始了这方面的探索和实践。当然也有人对 ISO 10006 的内容和效果提出了一些疑义,甚至有人认为:如果将主要精力放在标准条款的套用上,那么使用这一标准可能还会具有负面的效果。

ISO 10006 标准的主要内容与美国项目管理协会的项目管理知识体系是基本一致的,因为它主要是参考美国项目管理学会(PMI)的项目管理知识体系指南(PMBOK)编制的,对此有许多项目管理专家认为 ISO 10006 中遗漏了许多东西。例如,ISO 10006 中没有项目质量管理的标准程序,没有项目实施的质量控制标准程序,而没有这些基本的程序规定和要求,就只有一大堆项目计划管理过程的要求和说明,这对于项目质量管理是十分不利的。ISO 10006 这种缺少项目质量管理标准、程序、方法和工具要求及说明的问题是由于它借用美国项目管理协会的项目管理知识体系指南造成的,因为该指南中本身就缺少项目质量管理的具体方法和工具。当然,对于项目质量管理而言,不同性质的项目和不同专业领域的项目会有不同的要求,所以很难确定统一的标准项目质量管理程序,所以 ISO 没有能够解决这一问题也是可以理解的。另外,ISO 10006 规定了一些项目质量管理工作,但是对于这些工作的具体描述却使用了大量的模糊语言。例如,这一标准的 5. 4. 4 款提出:当一个项目活动涉及新的技术方法时应该给予特殊的关注。什么是特殊的关注,关注到什么程度,采用什么方法去特别关注,究竟应该关注哪些问题和要素,如何特别关注项目的质量风险?这些问题 ISO 10006 文件中都没有正面回答和描述。在这一标准中的像“所有的非正式协议都应正规地进行文档化处理”这样的话也很容易引起人们的误解,从而使人们错误地使用了这一标准而破坏项目管理的成功。因为这究竟是要表明非正式的协议经过正规地文档化处理是变成了正式协议呢,还是正式的协议不需要进行正规文档化处理呢?这些问题的确是 ISO 10006 中的不足之处,它可能会给项目质量管理造成了一定的负面影响。但是无论如何 ISO 10006 标准为项目质量管理和整个项目管理提供了一些重要的原理和技术方法。

7.2 建设参与各方的质量责任和义务

7.2.1 建设单位的质量责任和义务

建设单位的质量责任和义务如下所述。

(1)应当将工程发包给具有相应资质等级的单位,不得将建设工程分解发包。

(2)应当依法对建设项目的勘察、设计、施工、监理以及与工程建设有关的重要设备、材料等的采购进行招标。

(3)必须向有关的勘察、设计、工程监理等单位提供与建设工程有关的原始资料。原始资料必须真实、准确、齐全。

(4)不得迫使承包方以低于成本的价格竞标,不得任意压缩合理工期。建设单位不得明示或者暗示设计单位或者施工单位违反工程建设强制性标准,降低建设工程质量。

(5)应当将施工图设计文件报县级以上人民政府建设行政主管部门或者其他有关部门审查。施工图设计文件未经审查批准的,不得使用。

(6)实行监理的建设工程,应当委托具有相应资质等级的工程监理单位进行监理,也可以委托具有工程监理相应资质等级并与被监理工程的施工承包单位没有隶属关系或者其他利害关系的该工程的设计单位进行监理。

(7)在领取施工许可证或者开工报告前,应当按照国家有关规定办理工程质量监督手续。

(8)按照合同约定,由建设单位采购建筑材料、建筑构配件和设备的,建设单位应当保证建筑材料、建筑构配件和设备符合设计文件和合同要求。

(9)涉及建筑主体和承重结构变动的装修工程,建设单位应当在施工前委托原设计单位或者具有相应资质等级的设计单位提出设计方案,没有设计方案的,不得施工。

房屋建筑使用者在装修过程中,不得擅自变动房屋建筑主体和承重结构。

(10)收到建设工程竣工报告后,应当组织设计、施工、工程监理等有关单位进行竣工验收。建设项目经验收合格后,方可交付使用。

建设工程竣工验收应当具备下列条件:

①完成建设工程设计和合同约定的各项内容;

②有完整的技术档案和施工管理资料;

③有工程使用的主要建筑材料、建筑构配件和设备的进场试验报告;

④有勘察、设计、施工、工程监理等单位分别签署的质量合格文件;

⑤有施工单位签署的工程保修书。

(11)应当严格按照国家有关档案管理的规定,及时收集、整理建设项目各环节的文件资料,建立、健全建设项目档案,并在建设项目竣工验收后,及时向建设行政主管部门或者其他有关部门移交建设项目档案。

7.2.2 勘察、设计单位的质量责任和义务

勘察、设计单位的质量责任和义务如下所述。

(1)应当依法取得相应等级的资质证书,并在其资质等级许可的范围内承揽工程。

(2)必须按照工程建设强制性标准进行勘察、设计,并对其勘察、设计的质量负责。

(3)勘察单位提供的地质、测量、水文等勘察成果必须真实、准确。

(4)设计单位应当根据勘察成果文件进行建设工程设计。

(5)设计单位在设计文件中选用的建筑材料、建筑构配件和设备,应当注明规格、型号、性能等技术指标,其质量要求必须符合国家规定的标准。

(6)设计单位应当就审查合格的施工图设计文件向施工单位做出详细说明。

(7)设计单位应当参与建设工程质量事故分析,并对因设计造成的质量事故,提出相应的技术处理方案。

7.2.3 施工单位的质量责任和义务

施工单位的质量责任和义务如下所述。

(1)应当依法取得相应等级的资质证书,并在其资质等级许可的范围内承揽工程。

(2)对建设工程的施工质量负责。

(3)总承包单位依法将建设工程分包给其他单位的,分包单位应当按照分包合同的约定对其分包工程的质量向总承包单位负责,总承包单位应当对其承包的建设工程的质量承担连带责任。

(4)必须按照工程设计图纸和施工技术标准施工,不得擅自修改工程设计,不得偷工减料。

(5)必须按照工程设计要求、施工技术标准和合同约定,对建筑材料、建筑构配件、设备和商品混凝土进行检验,检验应当有书面记录和专人签字;未经检验或者检验不合格的,不得使用。

(6)必须建立、健全施工质量的检验制度,严格工序管理,做好隐蔽工程的质量检查和记录。隐蔽工程在隐蔽前,应当通知建设单位和建设工程质量监督机构。

(7)施工人员对涉及结构安全的试块、试件以及有关材料,应当在建设单位或者工程监理单位监督下现场取样,并送具有相应资质等级的质量检测单位进行检测。

(8)对施工中出现质量问题的建设工程或者竣工验收不合格的建设工程,应当负责返修。

(9)应当建立、健全教育培训制度,加强对职工的教育培训;未经教育培训或者考核不合格的人员,不得上岗作业。

7.2.4 工程监理单位的质量责任和义务

工程监理单位的质量责任和义务如下所述。

(1)应当依法取得相应等级的资质证书,并在其资质等级许可的范围内承担工程监理业务。禁止超越本单位资质等级许可的范围或者以其他工程监理单位的名义承担工程监理业务。禁止允许其他单位或者个人以本单位的名义承担工程监理业务。不得转让工程监理业务。

(2)与被监理工程的施工承包单位以及建筑材料、建筑构配件和设备供应单位有隶属关系或者其他利害关系的,不得承担该项建设工程的监理业务。

(3)应当依照法律、法规以及有关技术标准、设计文件和建设工程承包合同,代表建设单位对施工质量实施监理,并对施工质量承担监理责任。

(4)应当选派具备相应资格的总监理工程师和监理工程师进驻施工现场。未经监理工程师签字,建筑材料、建筑构配件和设备不得在工程上使用或者安装,施工单位不得进行下一道工序的施工。未经总监理工程师签字,建设单位不拨付工程款,不进行竣工验收。

(5)监理工程师应当按照工程监理规范的要求,采取旁站、巡视和平行检验等形式,对建设工程实施监理。

7.3 建设项目质量控制

建设项目质量控制是指为达到建设项目质量要求所采取的作业技术和活动。在建设项目实施过程中，项目建设参与各方包括建设单位、设计单位、施工单位和材料设备供应单位均必须进行建设项目质量控制。

7.3.1　建设单位项目质量控制的内容和措施

1. 建设单位项目质量控制的含义

建设单位进行项目的质量控制，其含义具体如下：

(1)项目质量控制的目的是建设项目质量符合建设要求、有关技术规范和标准；

(2)项目质量控制的关键工作是建立建设项目质量目标系统；

(3)项目质量控制将以动态控制原理为指导进行质量计划值与实际值的比较；

(4)项目质量控制可采取组织、技术、经济、合同措施；

(5)有必要进行计算机辅助建设项目质量控制。

2. 建设单位项目质量目标

建设单位项目质量目标如图7.2所示。

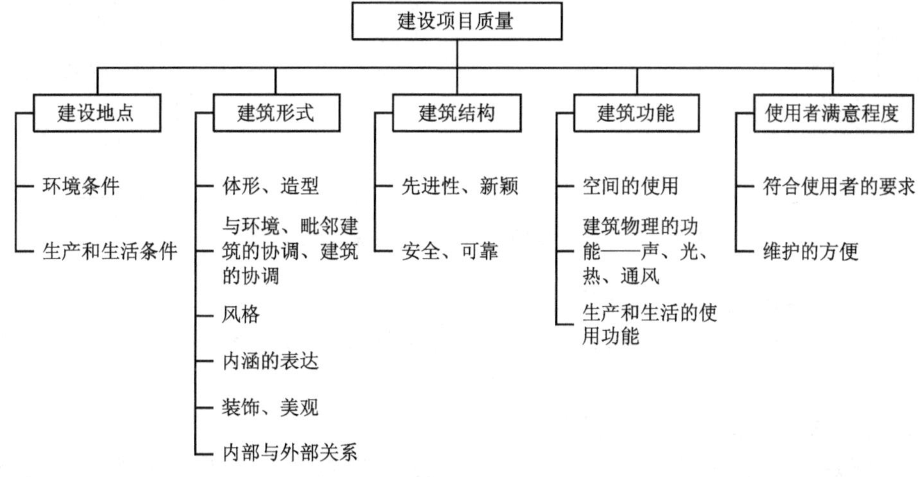

图7.2　建设单位项目质量目标

3. 建设单位项目质量控制的主要工作内容

项目质量控制的主要工作内容包括如下几个方面：

(1)确定项目质量要求和标准(包括设计、施工、工艺、材料和设备等方面)；

(2)编制或组织编制设计竞赛文件，确定有关设计质量方面的评选原则；

(3)审核各设计阶段的设计文件(图纸与说明等)是否符合质量要求和标准；

(4)确定或审核招标文件和合同文件中的质量条款；

(5)审核或检测材料、成品、半成品和设备的质量；

(6)检查施工质量，组织或参与分部、分项工程和各隐蔽工程验收和竣工验收；

(7)审查或组织审查施工组织设计和施工安全措施；

(8)处理工程质量、安全事故的有关事宜；

(9)确认施工单位选择的分包单位,并审核施工单位的质量保证体系。

4. 设计准备阶段项目质量控制工作流程

设计准备阶段项目质量控制工作流程如图7.3所示。

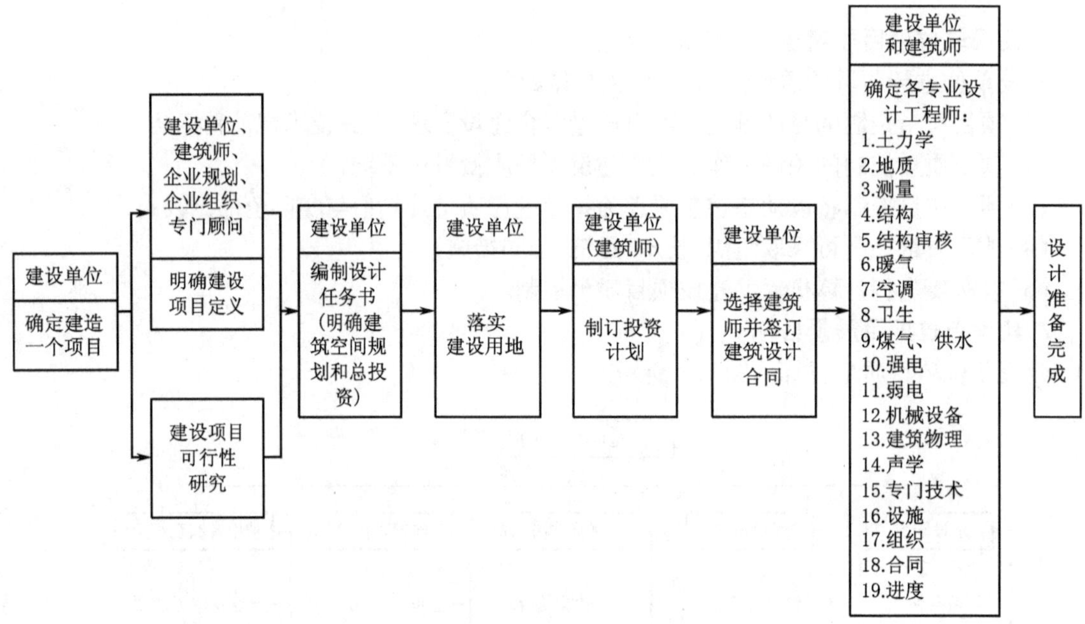

图7.3 设计准备阶段项目质量控制工作流程

5. 设计阶段项目质量控制工作流程

设计阶段项目质量控制工作流程分为初步设计阶段(如图7.4所示)和技术设计阶段(如图7.5所示)。

6. 施工阶段项目质量控制工作流程

施工阶段包括施工图设计阶段项目质量控制工作流程如图7.6所示,项目质量控制工作流程如图7.7所示。

7.3.2 工程施工质量控制的内容和措施

工程施工阶段的工作质量控制是工程质量控制的关键环节。工程施工是一个从对投入原材料的质量控制开始,直到完成工程质量检验验收和交工后服务的系统过程,分施工准备、施工、竣工验收和回访保修四个阶段。

(1)施工准备阶段工作质量控制,包括:a)施工质量控制的准备工作;b)技术准备的质量控制;c)现场施工准备的质量控制;d)材料的质量控制;e)施工机械设备的质量控制。

(2)施工阶段施工质量控制,包括如下内容。

①技术交底。项目开工前应由项目技术负责人向承担施工的负责人或分包人进行书面技术交底,技术交底资料应办理签字手续并归档保存。

②测量控制。在施工过程中必须认真进行施工测量复核工作。

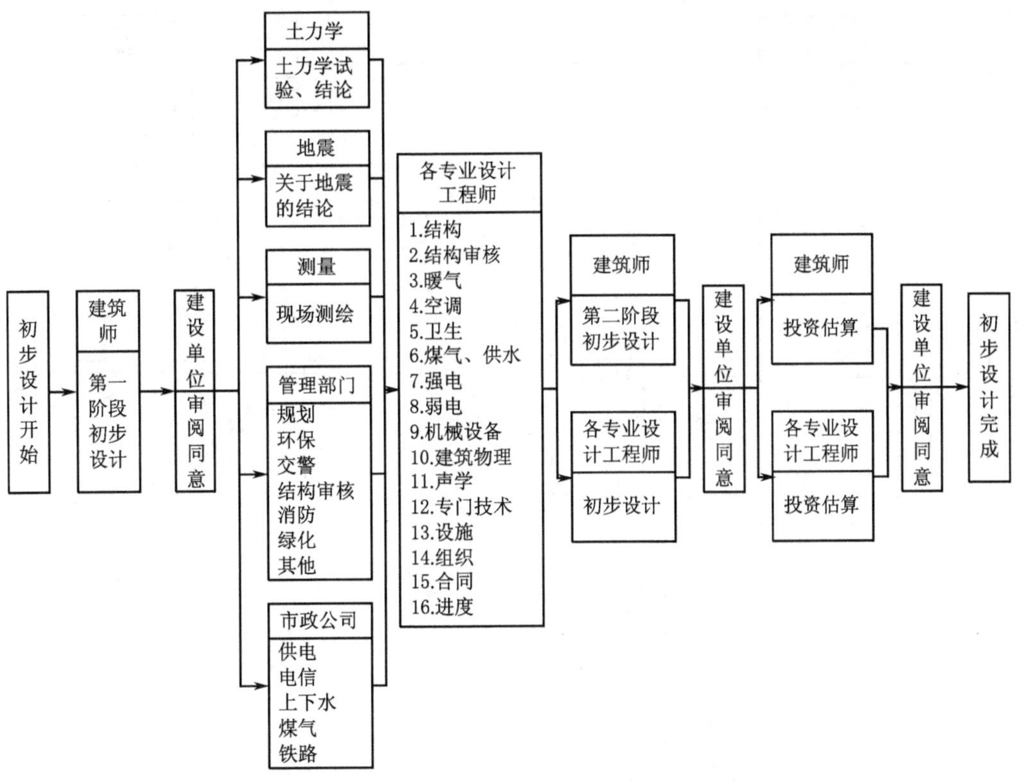

图7.4 初步设计阶段项目质量控制工作流程

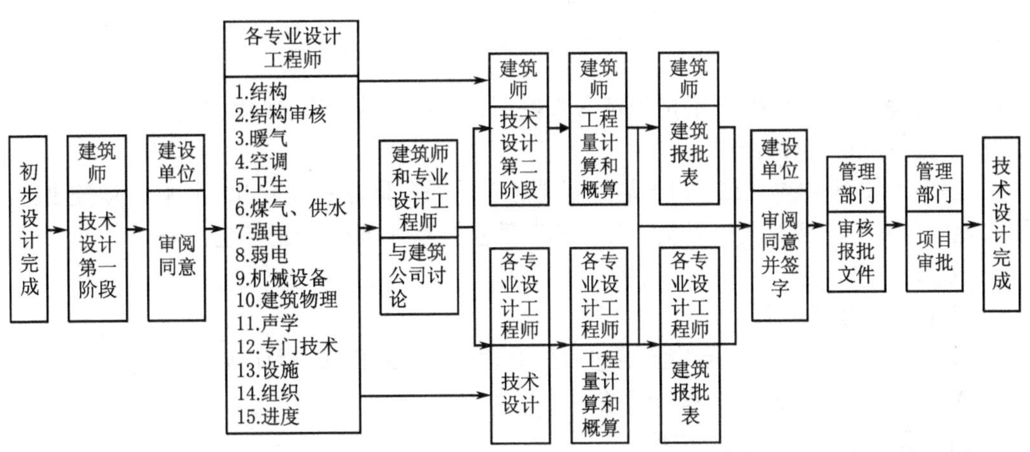

图7.5 技术设计阶段项目质量控制工作流程

③计量控制。施工过程中的计量工作包括施工生产时的投料计量、施工测量、监测计量以及对项目、产品或过程的测试、检验、分析计量等。其主要任务是统一计量单位制度，组织量值传递，保证量值统一。计量控制的工作重点是：建立计量管理部门和配置计量人员，建立健全

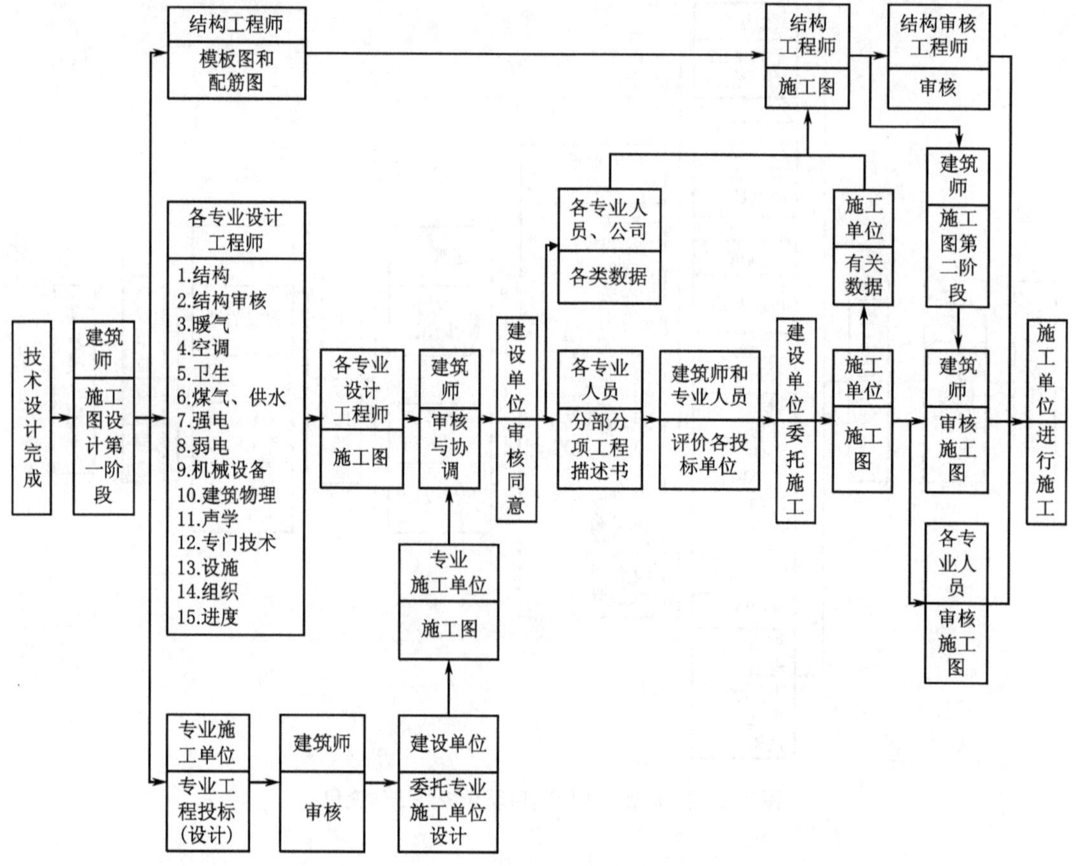

图 7.6 施工图设计阶段项目质量控制工作流程

和完善计量管理的规章制度;严格按规定有效控制计量器具的使用、保管、维修和检验;监督计量过程的实施,保证计量的准确。

④工序施工质量控制。工序的质量控制是施工阶段质量控制的重点。只有严格控制工序质量,才能确保施工项目的实体质量。工序施工质量控制主要包括工序施工条件质量控制和工序施工效果质量控制。

⑤特殊过程的质量控制。

⑥成品保护的控制。成品保护的措施一般有防护、包裹、覆盖、封闭等几种方法。

(3)竣工验收交付阶段的工程质量控制。

(4)回访保修期的工作质量控制。

7.3.3 工程施工质量验收

1. 工程施工质量验收的概念

1)工程施工质量验收的意义

工程施工质量验收是在施工单位自行质量检查评定的基础上,参与建设活动的有关单位

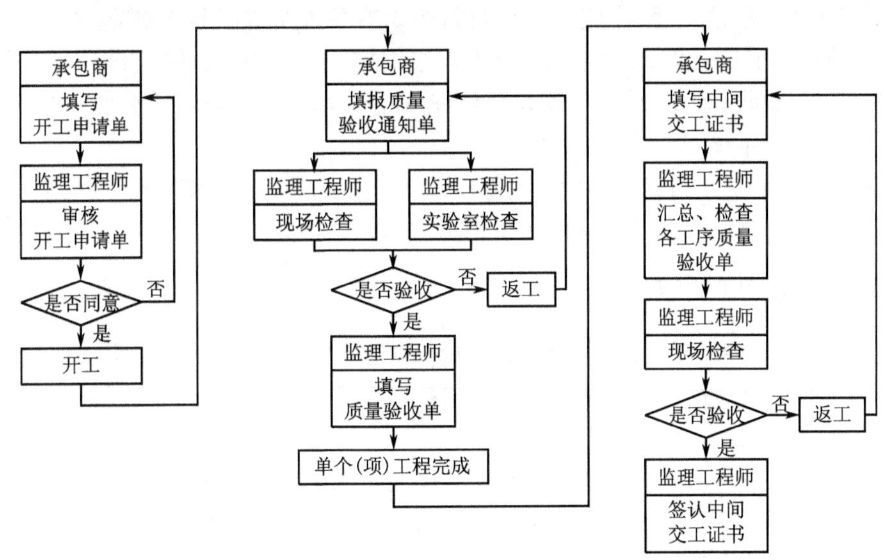

图7.7　施工阶段项目质量控制工作流程

共同对工程的施工质量进行抽查复验，根据相关标准以书面形式对工程施工质量达到合格与否做出确认。工程施工质量验收有利于全面评价工程施工质量、衡量承包商的施工质量水平、促进质量管理水平的提高。

2）工程施工质量验收的依据

（1）国家和主管部门颁发的建设工程施工质量验收标准和规范、技术操作规程、工艺标准。

（2）设计图纸、设计修改通知单、标准图、施工说明书等设计文件。

（3）设备制造厂家的产品说明书和有关技术规定。

（4）原材料、半成品、成品、构配件及设备的质量验收标准等。

2. 工程施工质量验收的划分

（1）单位工程。

（2）分部工程。

（3）分项工程。

（4）检验批。

3. 工程施工质量验收的程序和合格标准

（1）检验批由监理工程师（建设单位项目技术负责人）组织施工单位项目专业质量（技术）负责人等进行验收。

（2）分项工程由监理工程师（建设单位项目技术负责人）组织施工单位项目专业质量（技术）负责人等进行验收。

（3）分部工程（子分部工程）由总监理工程师（建设单位项目负责人）组织施工单位项目负责人和技术、质量负责人等进行验收；地基与基础、主体结构分部工程的勘察、设计单位工程项目负责人和施工单位技术、质量部门负责人也应参加相关分部工程验收。

(4)单位工程(子单位工程)由施工单位自行组织有关人员进行检查评定,并向建设单位提交工程验收报告;再由建设单位(项目)负责人组织施工(含分包单位)、设计、监理等单位(项目)负责人进行验收;验收合格后,建设单位在规定时间内将工程竣工验收报告和有关文件,报建设行政管理部门备案。

(5)当建筑工程质量不符合要求时,应按规定进行处理,对通过返修或加固处理仍不能满足安全使用要求的分部工程、单位工程(子单位工程),严禁验收。

7.3.4 项目质量控制的结果

项目质量控制的结果是项目质量控制和质量保障工作所形成的综合结果,是项目质量管理全部工作的综合结果。这种结果的主要内容包括以下几个方面。

1. 项目质量的改进

项目质量的改进是指通过项目质量管理与控制所带来的项目质量提高。项目质量改进是项目质量控制和保障工作共同作用的结果,也是项目质量控制最为重要的一项结果。

2. 对于项目质量的接受

对于项目质量的接受包括两个方面,其一是指项目质量控制人员根据项目质量标准对已完成的项目结果进行检验后对该项结果所做出的接受和认可,其二是指项目业主/客户或其代理人根据项目总体质量标准对已完成项目工作结果进行检验后做出的接受和认可。一旦做出了接受项目质量的决定,就表示一项项目工作或一个项目已经完成并达到了项目质量要求,如果做出不接受的决定就应要求项目返工和恢复并达到项目质量要求。

3. 返工

返工是指在项目质量控制中发现某项工作存在着质量问题并且其工作结果无法接受时,所采取的将有缺陷或不符合要求的项目工作结果重新变为符合质量要求的一种工作。返工既是项目质量控制的一个结果,也是项目质量控制的一种工作和方法。返工的原因一般有三个:其一是项目质量计划考虑不周,其二是项目质量保障不力,其三是出现意外变故。返工所带来的不良后果主要也有三个:其一是延误项目进度,其二是增加项目成本,其三是影响项目形象。有时重大或多次的项目返工会导致整个项目成本突破预算,并且无法在批准工期内完成项目工作。在项目质量管理中返工是最严重的质量后果之一,项目团队应尽力避免返工。

4. 核检结束清单

核检结束清单也是项目质量控制工作的一种结果。当使用核检清单开展项目质量控制时,已经完成了核检的工作清单纪录是项目质量控制报告的一部分。这一项目质量控制工作的结果通常可以作为历史信息使用,以便对下一步项目质量控制所做的调整和改进提供依据和信息。

5. 项目调整和变更

项目调整和变更是项目质量控制的一种阶段性和整体性的结果。它是指根据项目质量控制的结果和面临的问题(一般是比较严重的,或事关全局性的项目质量问题),或者是根据项目各相关利益者提出的项目质量变更请求,对整个项目的过程或活动所采取的调整、变更和纠偏行动。在某些情况下,项目调整和变更是不可避免的。例如,当发生了严重质量问题而无法通过返工修复项目质量时;当发生了重要意外而进行项目变更时都会出现项目调整的结果。

7.4　建设项目安全管理方法概述

7.4.1　安全与安全管理

安全生产是指为了预防生产过程中发生人身伤害、设备损毁等事故,保证职工在生产中的安全和健康而采取的各种措施和活动。

安全管理是一门综合性的系统科学,包括安全法规、安全技术、工业卫生等三个相互联系又相互独立的内容。

安全管理的基本原则如下:

(1)必须贯彻预防为主的方针;

(2)管生产同时管安全;

(3)坚持安全管理的目的性;

(4)坚持"四全"动态管理;

(5)安全管理重在控制;

(6)在管理中发展提高。

7.4.2　安全生产责任制

2004年1月9日国务院在《关于进一步加强安全生产工作的决定》中将其调整概括为"政府统一领导、部门依法监管、企业全面负责、群众参与监督、全社会广泛支持",提出了构建全社会齐抓共管的安全生产工作格局的要求。

安全管理体制中,对项目参与各方的安全责任均有详细的要求,包括建设单位的安全责任,勘察、设计、工程监理及其他有关单位的安全责任,施工单位的安全责任。

建筑企业安全管理组织机构在工程开工前,必须对项目人员进行安全教育与培训。

安全教育的目的与意义包括如下:

(1)安全教育是提高全员安全素质,实现安全生产的基础;

(2)安全工作是与生产活动紧密联系的,与经济建设、生产发展、企业深化改革、技术改造同步进行,只有加强安全教育工作,才能使安全工作适应不断变革的形势需要。

安全教育的内容如下:

(1)安全生产思想教育;

(2)安全知识教育;

(3)安全技能教育。

安全教育的基本要求如下:

(1)领导干部必须先受教育;

(2)新工人的公司、项目部门、项目小组三级安全教育;

(3)特种作业人员的培训;

(4)经常性教育；

(5)安全教育培训形式要多样。

7.4.3 安全检查

1. 安全检查的目的和意义

(1)通过检查,可以发现施工(生产)中的不安全(人的不安全行为和物的不安全状态)、不卫生问题,从而采取对策,消除不安全因素,保障安全生产。

(2)利用安全生产检查,进一步宣传、贯彻、落实党和国家的安全生产方针、政策和各项安全生产规章制度。

(3)安全检查实质上也是一次集体的安全教育。通过检查,增强领导和员工安全意识,纠正违章指挥、违章作业,提高搞好安全生产的自觉性和责任感。

(4)通过检查可以互相学习、总结经验、吸取教训、取长补短,有利于进一步促进安全生产工作。

(5)通过安全生产检查,了解安全生产状态,为分析安全生产形势、研究加强安全管理提供信息和依据。

2. 安全检查的内容及形式

(1)针对主要问题进行检查。

(2)定期安全检查。

(3)专业性安全检查。

(4)经常性安全检查。

(5)季节性及节假日前后安全检查。

3. 安全检查方法及要求

(1)加强组织领导。

(2)要有明确的目的。

(3)检查记录是安全评价的依据,因此要认真、详细记录。

(4)安全评价。安全检查后要认真地、全面地进行系统分析,用定性和定量相结合的方法进行安全评价。

(5)整改是安全检查工作的重要组成部分,是检查结果的归宿。整改工作包括隐患登记、整改、复查、销案。

7.5 建设项目施工现场安全管理

7.5.1 建筑施工伤亡事故的主要类别

建筑施工伤亡事故的主要类别如下：

(1)高处坠落；

(2)物体打击；

(3)触电事故;

(4)机械伤害;

(5)坍塌事故;

(6)火灾、爆炸。

7.5.2　建筑施工现场的安全管理工作

施工安全技术措施是施工组织设计中的重要组成部分,它是具体安排和指导工程安全施工的安全管理与技术文件,也是工程施工中安全生产的指令性文件,在施工现场管理中具有安全生产法规的作用。

施工现场是建筑行业生产产品的场所,为了保证施工过程中施工人员的安全和健康,应注意建立施工现场的安全规定、安全操作知识以及安全措施这三个方面。

1. 建立健全施工现场的安全规定

(1)悬挂标牌与安全标志。

(2)施工现场的入口处应当设置“一图五牌”,即工程总平面布置图和工程概况牌、管理人员及监督电话牌、安全生产规定牌、消防保卫牌、文明施工管理制度牌,以接受群众监督。在场区有高处坠落、触电、物体打击等危险部分应悬挂安全标志牌。

(3)施工现场四周用硬质材料进行围挡封闭。

(4)在市区内其高度不得低于1.8米,场内的地坪应当做硬化处理,道路应当坚实畅通。施工现场应当保持排水系统畅通,不得随意排放。各种设施和材料的存放应当符合安全规定和施工总平面图的要求。

(5)施工现场的孔、洞、口、沟、坎、井以及建筑物临边,应当设置围挡、盖板和警示标志,夜间应当设置警示灯,施工现场的各类脚手架(包括操作平台及模板支撑)应当按照标准进行设计,采取符合规定的工具和器具,按专项安全施工组织设计搭设,并用绿色密目式安全网封闭。

(6)施工现场的用电线路、用电设施的安装和使用应当符合临时用电规范和安全操作规程,并按照施工组织设计进行架设,严禁随意拉线接电。

(7)施工单位应当采取措施控制污染,做好施工现场的环境保护工作。

(8)施工现场应当设置必要的生活设施,并符合国家卫生有关规定要求。应当做到生活区与施工区、加工区的分离。

(9)进入施工现场,必须配戴安全帽,攀登与独立悬空作业配挂安全带。

2. 施工过程中的安全操作知识

施工现场的施工队伍中有两类人员参加施工,一类是管理人员,包括项目经理、施工员、技术员、质检员、安全员等;另一类是操作人员,包括瓦工、木工、钢筋工等各工种。管理人员在任何情况下,不应为了抢进度,而忽视安全规定,指挥工人冒险作业。操作人员应通过安全教育、安全技术交底和每日的班前活动,掌握保护自己生命安全和健康的知识和技能,杜绝冒险蛮干,做到不伤害自己,不伤害别人,也不被别人伤害。各类人员除做到不违章指挥,不违章作业以外,还应熟悉以下建筑施工安全的特点。

安全防护措施和设施要不断地补充和完善;随着建筑物从基础到主体结构的施工,不安全因素和安全隐患也在不断地变化和增加,这就需要及时地针对变化了的情况和新出现的隐患采取措施进行防护,以确保安全生产。

在有限的空间交叉作业危险因素多;在施工现场的有限空间里集中了大量的机械、设施、材料和人。随着在建工程形象进度的不断变化,机械与人、人与人之间的交叉作业就会越来越频繁,因此,受到伤害的机会是很多的,这就需要建筑工人加强安全意识,掌握安全生产方面的法律、法规、规范、标准知识,杜绝违章施工、冒险作业。

3. 施工现场安全措施

安全目标管理:控制伤亡事故指标,施工现场安全达标,施工期间达到《建筑施工安全检查标准》合格要求。

4. 文明施工

在工程施工期间,施工现场都能做到地坪硬化、场区绿化、五小设施(办公室、宿舍、食堂、厕所、浴室)卫生化、材料堆放标准化等文明施工的标准。

5. 安全标志

在危险处,如起重机械、临时用电设施、脚手架、出入通道口、楼梯口、电梯井口、孔洞口、桥梁口、隧道口、基坑边沿、爆破物及有害危险气体和液体存放处等,都必须按规定悬挂醒目的安全标志牌。

6. 季节性施工

建筑施工是露天作业,受到天气变化的影响很大,因此,在施工中要针对季节的变化制定相应的施工措施,主要包括雨季施工和冬季施工。高温天气应采取防暑降温措施。

7. 尘毒防治

建筑施工中主要有水泥粉尘、电焊锰尘及油漆涂料等有毒气体的危害,随着工艺的改革,有些尘毒危害已经消除。如实施混凝土作业以后,水泥污染正在消除。其他的尘毒应采取措施治理。施工单位应向作业人员提供安全防护用具和安全防护服装,并书面告知危险岗位的操作规程和违章操作的危害。作业人员应当遵守安全施工的强制性标准、规章制度和操作规程。

建筑施工安全技术措施除以上进入现场的安全规定外,还有地面及深坑作业的防护;高处及立体交叉作业的防护;施工用电安全;机械设备的安全使用;采用新工艺、新材料、新技术、新结构,要制定专门的安全措施;预防因自然灾害促成事故的措施;防火防爆措施。

7.5.3 建筑施工安全管理的检查评价

1. 建筑施工安全检查标准

执行《建筑施工安全检查标准》(JCJ 59—99)。对建筑施工中易发生伤亡事故的主要环节、部位和工艺等做安全检查评价时,标准将检查对象分为十个分项,每个分项又设立若干检查项目。

(1)安全管理,是对施工单位安全管理工作的评价。

(2)文明施工,是对施工现场文明施工的评价。

(3)脚手架,是对落地式脚手架、悬挑式脚手架、门型脚手架、挂脚手架、吊篮脚手架、附着式升降脚手架六种脚手架的评价。

(4)基坑支护与模板工程,是对施工现场基坑支护工程和施工过程中模板工作的安全评价。

(5)“三宝”、“四口”防护,是对安全帽、安全网、安全带、楼梯口、预留洞口、坑井口、通道口及阳台、楼板、屋面等临边结构使用及防护情况的评价。

(6)施工用电,是对施工现场临时用电情况的评价。

(7)物料提升机与外用电梯,是对龙门架、井字架等物料提升机的设计制作、搭设和使用情况和施工现场用人货两用电梯的评价。

(8)塔吊,是对塔式起重机使用情况的评价。

(9)起重吊装,是对施工现场起重吊装作业和起重吊装机械的安全评价。

(10)施工机具,是对施工中使用的平刨、圆盘锯、手持电动工具、钢筋机械、电焊机、搅拌机、气瓶、翻斗车、潜水泵、打桩机械十种施工机具安全状况的评价。

2. 安全生产情况检查评价方法

(1)检查评分方法。建筑施工安全检查评分汇总表主要内容应包括:安全管理、文明施工、脚手架、基坑支护与模板工程、“三宝”及“四口”防护、施工用电、物料提升机与外用电梯、塔吊、起重吊装和施工机具十项。该表所示得分作为对一个施工现场安全生产情况的评价依据。安全管理检查评分表是对施工单位安全管理工作的评价。检查的项目应包括:安全生产责任制、目标管理、施工组织设计,分部(分项)工程安全技术交底、安全检查、安全教育、班前安全活动、特种作业持证上岗、工伤事故处理和安全标志十项内容。文明施工检查评分表是对施工现场文明施工的评价。检查的项目应包括:现场围挡、封闭管理、施工场地、材料堆放、现场宿舍、现场防火、治安综合治理、施工现场标牌、生活设施、保健急救、社区服务十一项内容。当检查完成后,应以汇总表的总得分及保证项目达标与否,作为对一个施工现场安全生产情况的评价依据,分为优良、合格、不合格三个等级。

(2)安全生产情况评价。

项目小结

7.1　建设项目质量管理概述

质量的概念、质量管理的概念,质量管理体系和制度。

7.2　建设参与各方的质量责任和义务

建设单位、勘察单位、设计单位、施工与监理单位的责任与义务。

7.3　建设项目质量控制

(1)施工质量预控和过程控制的主要途径与方法。

(2)施工质量控制的依据及验收方法。

(3)施工质量事故的处理方法。

(4)施工企业质量管理体系的建立和运行。

7.4　建设项目安全管理方法概述

建设项目安全管理及其基本制度与原则、安全管理责任制和检查方法。

7.5　建设项目施工现场安全管理

施工现场的安全管理。

项 目 习 题

一、单项选择题

1. 建设项目质量管理的任务是(　　)。

A. 尽可能降低成本

B. 减少人员伤亡

C. 建立和健全质量管理体系,用企业的工作质量来保证建设项目实物质量

D. 加快工期

2. 下列(　　)说法能反映建设工程项目的质量内涵。

A. 法律法规和合同对质量等所规定的要求

B. 建筑产品客观存在的某些要求

C. 满足明确和隐瞒需要的特性之总和

D. 满足质量要求的一系列作业技术和管理活动

3. 工程项目各阶段的质量控制均应围绕着致力于满足(　　)要求的质量目标而展开。

A. 政府部门　　B. 监理部门　　C. 设计部门　　D. 业主或投资者

4. 施工机械、设备、模具等施工手段的配置是由(　　)确定的。

A. 施工组织方案　　B. 施工技术方案　　C. 施工工艺　　D. 施工管理方案

5. 按质量计划制定施工项目实施规划工作属于(　　)的内容。

A. 事前控制　　B. 始终控制　　C. 事后控制　　D. 反馈控制

6. 全质量控制指的是(　　)。

A. 建设工程项目各参与主体的工程质量与工作质量的全面控制

B. 建设项目诸多相关联的活动构成的具体过程的控制

C. 组织内部所有人员参与到实施质量方针的系统环境控制

D. 工序质量控制、分项工程质量控制、分部工程质量控制及单位工程质量控制

7. PDCA 的四个阶段为(　　)。

A. 计划→实施→检查→处置　　B. 计划→实施→处置→检查

C. 计划→检查→实施→处置　　D. 检查→计划→实施→处置

8. 质量控制的阶段过程中,(　　)阶段最为重要。

A. 事前控制　　B. 事中控制　　C. 事后控制　　D. 检查控制

9.(　　)是指导和控制工程项目组织关于质量的相互协调的活动。

A. 质量　　B. 施工质量　　C. 管理　　D. 施工质量管理

10. 一组固有特性满足要求的程度称为(　　)。

A. 质量　　B. 施工质量　　C. 管理　　D. 质量管理

二、简答题

1. 什么是建设项目质量管理？建设项目质量管理的基础工作包含哪些？
2. 简述建设单位项目质量控制的内容和措施。
3. 简述工程施工质量控制的内容和措施。
4. 简述安全技术措施计划和施工安全技术措施。

项 目 练 习

分组对自己项目组选择的项目进行质量与安全分析，讨论本项目在实施过程中，哪些部位易出现质量问题，应当如何控制。哪些部位易出现安全问题，应当如何控制。

要求，制作PPT演示文稿，由组内成员上台讲解。

项目8 工程建设的幕后——工程合同管理与项目竣工验收

【学习目标】

了解项目合同的概念，掌握工程项目合同管理的要点。

了解项目合同变更的原因。

了解工程项目竣工验收作用，掌握竣工验收的程序。

【技能目标】

能够区分各类合同的主次关系，能够熟悉竣工验收的流程。

【素养目标】

建立完整的项目管理理念。

引例 小浪底水利枢纽工程——合同管理是项目管理的核心

被国内外专家称为“世界上最富挑战性”的小浪底水利枢纽工程，是治理黄河的关键性控制工程，也是当时世界银行在中国最大的贷款项目。

小浪底工程建设中三大国际承包联营体隶属的40多个国家和地区的承包商、分包商，与项目业主之间围绕合同管理，呈现出多方利益主体之间的博弈。

小浪底工程国家批复概算347.24亿元，其中内资255.19亿元人民币，外资11.09亿美元。主体工程进行国际竞争性招标。

小浪底工程主体土建工程的招标文件和合同文本采用FIDIC合同条件格式，并结合中国国情和小浪底工程的实际，增加了合同特别条件。其中对合同条款的确切性、标准、支付的限制、货币的规定以及争端的解决等，都有详细和明确的规定。招标文件和合同条款于1993年

2月4日获得世界银行批准。

在长达11年的建设中,工程建设经受了各方面的严峻考验,克服了许多意外的风险,难得节余投资38亿元,占到总投资的近11%。38亿元的结余中,27.3亿元来自管理环节。

在项目建设前,业主以合同的形式对业主与监理、设计、承包商的关系和职责进行规范,用合同条款来明确各方的权利和义务,约束和规范各方的行为。

在工程建设中,业主以合同为依据,解决工程建设管理过程中的各类问题。要求参与建设的所有人员在处理日常事务中均要遵守合同的规定,根据合同确定的原则处理变更事项。

结论 小浪底水利枢纽工程坚持了先进的项目管理机制,以合同管理为核心,最终取得了良好的效果。

8.1 工程合同管理

8.1.1 合同与合同管理

1. 合同的概念

1999年10月1日起实行的《中华人民共和国合同法》规定:合同是平等主体的自然人、法人、其他组织之间设立、变更、终止民事权利义务关系的协议;合同当事人的法律地位平等,一方不得将自己的意志强加给另一方;当事人依法享有自愿订立合同的权力,任何单位和个人不得非法干预;当事人应当遵循公平原则确定各方的权利和义务;当事人行使权力、履行义务应当遵循诚实信用原则;依法订立的合同,受法律保护。

(1)合同是一种法律行为。

(2)合同是双方的法律行为。

(3)合同应是合法的法律行为。

(4)双方当事人在合同中地位平等。

(5)合同关系是一种法律关系。

(6)合法签订合同,以防无效合同。

2. 合同管理的目的

企业的日常生产经营活动、投资决策、供销活动、工程承发包、产品加工、货物运输、仓储保管、劳务供应、金融活动、财产保险、进出口贸易等经济活动,企业之间均需要通过经济合同方式来规范市场经济。

为了维护合同当事人的合法权益,维护社会经济秩序,促进社会主义现代化建设,经济合同法显得特别重要。为了保护企业合法权益,提高企业经济效益,避免经营风险,必须加强合同管理,尤其是在现代工程项目中合同已越来越复杂,更要求专业化的合同管理。在项目管理中,合同管理居于核心地位,作为一条主线贯穿始终,同时,严格的合同管理符合国际惯例。

8.1.2　建设工程项目合同

1. 签订项目合同的必要性

建设工程项目合同是指发包方(项目法人)与项目承包方为完成指定的投资项目而达成的、明确相互权利与义务关系的具有法律效力的协议,项目合同应当采用书面形式。

(1)项目合同可以明确建设项目发包方与承包方在项目实施中的权利和义务。

(2)项目合同是建设项目实施阶段实行社会监理的依据。

(3)项目合同是建设项目实施的法律依据。

2. 建设工程项目合同构架的形成

(1)研究企业战略和项目战略,确定企业和项目对合同的要求。

(2)确定合同相关的总体原则和目标,并对合同的各种依据进行调查。

(3)分层次、分对象对合同的一些重大问题进行研究,列出可能的各种选择,并按照相应的依据综合分析各种选择的利弊得失。

(4)对合同的各个重大问题做出决策和安排,提出合同措施。

3. 建设工程项目合同的分类

在一个工程项目中,不同参与方之间的合同关系构成了该项目的合同体系。在这个体系中有不同层次的合同,其中业主和承包商是两个最重要的节点。合同的不同层次分类如图8.1所示。

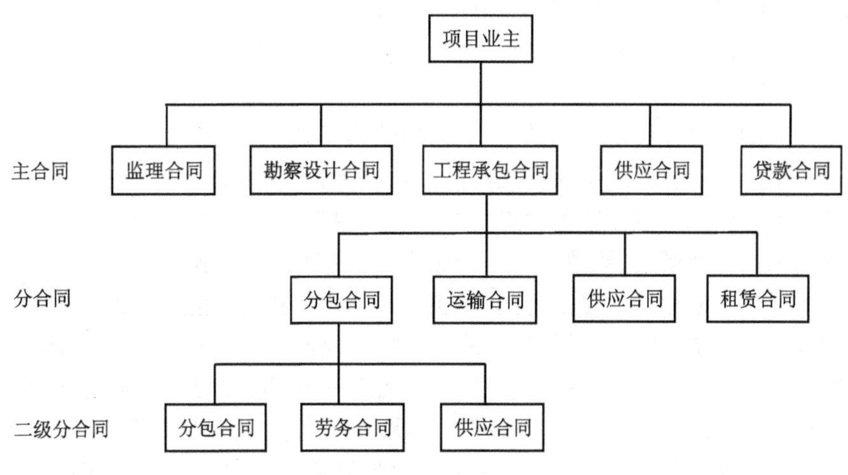

图8.1　合同的不同层次

4. 建设工程项目合同的内容

投资项目由于性质、类型以及各国国情不同,在合同内容的繁简、格式上也有所差别。但不论哪一类项目的合同都有其共同点,一般合同都必须包括以下基本内容。

(1)合同序文。它主要包括合同当事人各方的名称和法定地址。

(2)合同的宗旨。它主要用以说明投资项目根据什么设计文件实施,还要说明各项技术规范和标准,项目建设的性质、规模、种类、质量要求、材料及物资的供应条件等。

(3)合同各方的职责。

(4)合同价格条款和支付条款。

(5)开工与工期。

(6)保险条款。

(7)维修及验收条款。

(8)保证条款。合同双方为了确保合同的认真履行,共同协商而采取的具有法律效力的、在合同一方不能履行其义务时必须付给另一方一定金额的书面保证条款。

(9)税金条款。

(10)违约与索赔条款

(11)不可抗力条款。

(12)仲裁条款。

(13)终止条款。

(14)其他条款。

5. 合同的计价方式

建设工程施工合同根据合同计价方式的不同,一般情况下分为四大类型,即总价合同、单价合同、成本加酬金合同和混合计价合同。

1)总价合同

总价合同是指根据合同规定的工程施工内容和有关条件,业主应付给承包商的款额是一个规定的金额,即明确的总价。总价合同也称为总价包干合同。

总价合同又分固定总价合同和变动总价合同两种。

Ⅰ. 固定总价合同

固定总价合同的价格计算是以图纸及规定、规范为基础,承发包双方就施工项目协商一个固定的总价,由承包方一笔包死,不能变化。采用这种合同,合同总价只有在设计和工程范围有所变更的情况下才能随之做相应的变更,除此之外,合同总价是不能变动的。因此,作为合同价格计算依据的图纸及规定、规范应对工程做出详尽的描述,一般在施工图设计阶段,施工详图已完成的情况下。采用固定总价合同,承包方要承担实物工程量、工程单价、地质条件、气候和其他一切客观因素造成亏损的风险。在合同执行过程中,承发包双方均不能因为工程量、设备、材料价格、工资等变动和地质条件恶劣、气候恶劣等理由,提出对合同总价调值的要求,因此承包方要在投标时对一切费用的上升因素做出估计并包含在投标报价之中。因此,这种形式的合同适用于工期较短(一般不超过一年),对最终产品的要求又非常明确的工程项目,这就要求项目的内涵清楚,项目设计图纸完整齐全,项目工作范围及工程量计算依据确切。

Ⅱ. 变动总价合同

变动总价合同又称为可调总价合同,合同价格是以图纸及规定、规范为基础,按照时价(Current Price)进行计算,得到包括全部工程任务和内容的暂定合同价格。它是一种相对固定的价格,在合同执行过程中,由于通货膨胀等原因而使所使用的工、料成本增加时,可以按照合同约定对合同总价进行相应的调整。当然,一般由于设计变更、工程量变化和其他工程条件变化所引起的费用变化也可以进行调整。因此,通货膨胀等不可预见因素的风险由业主承担,对承包商而言，其风险相对较小，但对业主而言，不利于其进行投资控制，突破投资的风险就增大了。

2) 单价合同

单价合同是承包人在投标时，按招投标文件就分部分项工程所列出的工程量表确定各分部分项工程费用的合同类型。这类合同的适用范围比较宽，其风险可以得到合理的分摊，并且能鼓励承包商通过提高工效等手段节约成本，提高利润。这类合同能够成立的关键在于双方对单价和工程量技术方法的确认。在合同履行中需要注意的问题则是双方对实际工程量计量的确认。单价合同也可以分为固定单价合同和可调单价合同。

Ⅰ. 固定单价合同

固定单价合同也是经常采用的合同形式，特别是在设计或其他建设条件（如地质条件）还不太落实的情况下（计算条件应明确），而以后又需增加工程内容或工程量时，可以按单价适当追加合同内容。在每月（或每阶段）工程结算时，根据实际完成的工程量结算，在工程全部完成时以竣工图的工程量最终结算工程总价款。

Ⅱ. 可调单价合同

合同单价可调，一般是在工程招标文件中规定。在合同中签订的单价，根据合同约定的条款，如在工程实施过程中物价发生变化等，可做调整。有的工程在招标或签约时，因某些不确定因素而在合同中暂定某些分部分项工程的单价，在工程结算时，再根据实际情况和合同约定合同单价进行调整，确定实际结算单价。

3) 成本加酬金合同

成本加酬金合同也称为成本补偿合同，这是与固定总价合同正好相反的合同，工程施工的最终合同价格将按照工程实际成本再加上一定的酬金进行计算。在合同签订时，工程实际成本往往不能确定，只能确定酬金的取值比例或者计算原则。由业主向承包单位支付工程项目的实际成本，并按事先约定的某一种方式支付酬金的合同类型。

成本加酬金合同有许多种形式，主要有以下几种：成本加固定费用合同、成本加固定比例费用合同、成本加奖金合同。

4) 混合计价合同

在许多实际的工程合同中，不一定固定采取某一种合同方式，有时可能采取多种合同混合的方式，称为混合计价合同。

8.1.3　建设工程项目合同实施的控制

合同实施的控制包括合同执行前的交底工作、合同执行工作、合同履行情况以及索赔和合同后评价工作。

在合同实施前，必须对相关合同进行分析和交底，包括以下内容。

(1) 合同履行分析：对合同的执行问题进行研究，分析合同要求和对合同条款的解释，将合同的规定落实到相关的项目实施的具体问题和各工程活动上，使合同可执行。

(2) 合同交底：将合同和合同分析文件下达落实到具体的责任人，使参加的各个实施者都能了解相关合同的内容，并能熟练地掌握。

(3)在项目组织及管理系统的建立过程中,落实各合同规定。

合同实施控制的主要工作包括如下内容:

(1)对项目经理、各职能人员、所属承(分)包商在合同关系上给以帮助;

(2)协助项目经理正确行使合同规定的各项权力,防止产生违约行为;

(3)对建设工程项目的各个合同执行进行协调;

(4)对合同实施档案管理;

(5)对合同实施过程进行监督;

(6)及时向各层次的管理人员提供合同实施情况的报告;

(7)调解合同争执,包括各个合同争执以及合同之间界面的争执;

(8)处理索赔与反索赔事务。

索赔的起因如下:

(1)由于业主没能正确履行合同义务;

(2)由于业主因行使合同规定的权力而增加了承包商的花费和延长了工期;

(3)由于某一个承包商完不成合同责任而造成的连锁反应;

(4)由于环境的变化等。

合同后评价:合同执行后,将合同签订和执行过程中的利弊、经验教训总结出来,提出分析报告,作为以后工程合同管理的借鉴。合同后评价包括如下内容:

(1)合同签订情况评价;

(2)合同执行情况评价;

(3)合同管理工作评价;

(4)合同条款分析。

8.1.4 合同变更

在当今纷繁复杂的商业环境中,人们唯一可以肯定的是“变化”。建设工程项目也同其他事物一样,在发展过程中也面临很多变化,于是产生了项目变更,随之变更的是既有项目合同。

合同的变更通常是指由于一定的法律事实而改变合同的内容和标的的法律行为,其特点如下:

(1)合同当事人必须协商一致;

(2)改变合同的内容和标的,一般是修改合同的条款;

(3)其法律后果应是产生新的债券和债务关系。

合同变更是合同管理的重点,合同双方按合同规定的要求处理出现的变更。项目合同变更的原因一般包括以下几个方面。

1. 物价波动

物价波动是指项目实施过程中劳动力、材料、设备的价格与投标时相比发生了变化。因为普遍存在通货膨胀的影响,大多数情况下的物价波动是价格上涨。通常情况下,合同中会有相应的条款规定如何处理价格的波动。一般的规定是当价格波动超过一定的范围才准许调整。

2. 延迟

延迟是合同履行过程中经常发生的事情,有许多的原因可以引起项目时间延迟。最糟糕的情况是,延迟发生后,常常会引起项目费用的增加,合同双方会因此产生争执,受损失一方可能会提出索赔。

3. 工作范围变化

工作范围变化通常是指工作内容在数量上的增加(减少),管理者应注意当工作数量增加(减少)超过一定范围可能引起合同标的的实质改变。工作范围的变化一般是由业主或客户引起的,在项目实施过程中随着对项目的认识逐渐具体,他们可能对项目提出新的要求,这些要求的最直接反应是引起工作内容的增加(减少)。通常情况是谁提出工作范围变化,谁就要为此变化带来的工期延长或费用增加承担责任。对工作范围变化管理的难点是,如何给因为变化而受损失的承包商进行费用或时间补偿,承包、发包双方经常会因此产生争端索赔的。

从管理上看,主要是正常和必要的合同变更与失控的合同变更两大类。正常和必要的合同变更是为了保证项目的正常实施,合同双方根据项目标的需要,进行必要的设计变更或项目工作范围调整等所引起的变化,经过充分协商,对原定合同条款做适当修正或补充新的条款。这种项目变化引起的原合同条款的变更,是有利于实现项目目标的积极变更。失控的合同变更是迫不得已的情况下、未经合同双方充分协商做出的变更,往往会导致项目受损或是合同执行产生困难。

变更内容包括设计变更、进度变更、施工条件变更、技术与标准变更、施工次序变更、工程数量变更等。

变更的程序包括变更申请、变更审查、变更确认、变更通知与变更执行。

8.1.5 项目合同终结管理

项目合同当事双方在依照合同规定履行了全部义务之后,项目合同就可以终结了。项目合同的终结需要伴随一系列的项目合同终结管理工作。项目合同终结阶段的管理活动包括商品或劳务的检查与验收、项目合同及其管理的终止(这包括更新项目合同管理工作记录并将有用的信息存入档案等)等。需要说明的是,项目合同的提前终止也是项目合同终结管理的一种特殊工作。项目合同终结阶段的管理任务有以下几个方面。

1. 整理项目合同文件

这里的项目合同文件泛指与项目采购或承发包合同有关的所有文件,包括(但不仅限于)项目合同本身、所有辅助性的供应或承包工作实际进度表、项目组织和供应商或承包商请求并被批准的合同变更纪录、供应商或承包商制定或提供的技术文件、供应商或承包商工作绩效报告(如发货单、支付纪录等各种凭证)以及任何与项目合同有关的检查结果纪录。这些项目合同文件应该经过整理并建立索引记录,以便日后使用。这些整理过的项目合同文件应该包含在最终的项目总体记录之中。

2. 项目采购合同的审计

项目采购合同的审计是对从项目采购计划直到项目合同管理整个项目采购过程的结构化评价,这种评价和审查的依据是有关的合同文件、相关法律和标准。项目采购合同审计的目标是要确认项目采购管理活动的成功之处、不足之处以及是否存在违法现象,以便吸取经验和教训。项目采购合同的审计工作一般不能由项目组织内部的人员来进行,而是国家或专业审计部门来进行。

3. 项目合同的终止

当供应商或承包商完成全部项目合同所规定的义务以后,项目组织负责合同管理的个人或小组就应该向供应商或承包商提交项目合同已经完成的正式书面通知。一般合同双方应该在项目采购或承发包合同中对于正式接受和终止项目合同有相应的协定条款,项目合同终止活动必须按照这些协定条款规定的条件和过程开展。

8.2 竣工验收

8.2.1 验收条件

竣工验收指建设工程项目竣工后开发建设单位会同设计、施工、设备供应单位及工程质量监督部门,对该项目是否符合规划设计要求以及建筑施工和设备安装质量进行全面检验,取得竣工合格资料、数据和凭证。

竣工验收是工程全部建成,具备投产运行条件,正式办理固定资产交付使用手续时进行的工程验收。

凡是新建、扩建、改建的基本建设项目和技术改造项目,按批准设计文件所规定的设计内容和验收标准全部建成的,都要及时组织竣工验收,对于不同的工程项目参与方,所涉及的工程项目的范围是不同的,即工作起始点和终结点的定义。

竣工验收是建设项目全过程的最后一个程序,是全面考核建设成果的重要环节,其作用有如下几个方面。

(1)检验设计和工程质量,保证项目按设计要求的技术经济指标正常生产的关键环节。竣工验收对保证工程质量,促进建设项目及时投产,发挥投资效益有重要作用。

(2)对工程管理有关部门和单位可以从中总结工程经验教训,提高工程管理水平。

(3)建设单位经负荷联合试运转和试生产考核,检验该项目能否生产出合格产品,提高生产能力和企业经济效益。

(4)通过竣工决算能为项目经济效益后评提供基础资料。

竣工验收的依据是批准的可行性研究报告、初步设计或扩大初步设计、施工图、设备技术说明和现行施工技术验收规范以及主管部门(公司)有关审批、修改、调整的文件等。从国外引进新技术或成套设备的项目,还应按照签订的合同和外国提供的设计文件等资料进行验收。

《建筑工程施工质量验收统一标准》规定,竣工验收的工程必须符合下列规定。

1. 合同约定的工程质量标准

《建设工程施工合同(示范文本)》第二部分通用条款 15.1 规定:“工程质量应达到协议书约定的质量标准,质量标准的评定以国家或行业的质量检验评定标准为依据。因承包人原因工程质量达不到约定的质量标准,承包人承担违约责任。”通用条款 15.2 还规定:“双方对工程质量有争议，由双方同意的工程质量检测机构鉴定，所需费用及因此造成的损失，由责任方承担。双方均有责任，由双方根据其责任分别承担。”

合同约定的质量标准具有强制性，合同的约束规范了承发包双方的质量责任和义务，承包人必须确保工程质量达到验收标准，不合格不得交付验收和使用。

2. 单位工程竣工验收的合格标准

国家标准《建筑工程施工质量验收统一标准》(GB 50300—2001)对单位(子单位)工程质量验收合格规定如下：

(1)单位(子单位)工程所含分部(子分部)工程的质量均应验收合格；

(2)质量控制资料应完整；

(3)单位(子单位)工程所含分部工程有关安全和功能的检测资料应完整；

(4)主要功能项目的抽查结果应符合相关专业质量验收规范的规定；

(5)观感质量验收应符合要求。

其中，在观感质量验收时，实际不单单是外观质量，还有能启动或运转的要启动或试运转，能打开看的打开看，有代表性的房间、部位都应走到，并由施工单位项目经理组织进行现场检查，经检查合格后，将施工单位填写的内容填写好后，由项目经理签字后交监理单位或建设单位验收。

其他专业工程的竣工验收标准，也必须符合各专业工程质量验收标准的规定。合格标准是工程验收的最低标准，不合格一律不允许交付使用。

3. 单项工程达到使用条件或满足生产要求

建设项目的某个单项工程已按设计要求完成，即每个单位工程都已竣工、相关的配套工程整体收尾已完成无影响，能满足生产要求或具备使用条件，工程质量经检验合格，竣工资料整理符合规定，发包人可组织竣工验收。

4. 建设项目能满足建成投入使用或生产的各项要求

建设项目的全部子项工程均已完成，符合交付竣工验收的要求。在此基础上，项目能满足使用或生产要求并应达到以下标准：

(1)生产工程和辅助公用设施，已按设计要求建成，能满足生产使用；

(2)主要工艺设备配套，设施经试运行合格，形成生产能力，能产出设计文件规定的产品；

(3)必要的设施已按设计要求建成；

(4)生产准备工作能适应投产的需要；

(5)其他环保设施、劳动安全卫生、消防系统已按设计要求配套建成。

竣工验收需要成立竣工验收委员会或验收小组。根据工程规模大小和复杂程度组成验收委员会或验收组，由项目业主负责组织，其人员构成应由银行、物资、环保、劳动、统计、消防及其他有关部门的专业技术人员和专家组成。建设主管部门和建设单位(业主)、监理单位、施工单位、勘察设计单位也应参加验收工作。

竣工验收委员会议或验收组的职责为，负责审查工程建设的各个环节，听取各有关单位的工作报告。审阅工程档案资料，实地查验建筑工程和设备安装情况、质量情况。对工程设计、施工和设备质量、环境保护、安全卫生、消防等方面客观地、实事求是地做出全面评价。签收验收意见，对遗留问题应提出具体解决意见并限期落实完成。不合格工程不予验收。

8.2.2 竣工验收步骤

竣工验收的步骤如下。

(1)由建设单位组织工程竣工验收并主持验收会议。

(2)工程勘察、设计、施工、监理各单位分别汇报工程合同履约情况和在工程建设各环节执行法律、法规和工程建设强制性标准情况。

(3)验收组审阅建设、勘察、设计、施工、监理单位的工程档案资料。

(4)验收组和专业组(由建设单位组织勘察、设计、施工、监理单位、监督站和其他有关专家组成)人员实地查验工程质量。

(5)专业组、验收组发表意见，分别对工程勘察、设计、施工、设备安装质量和各管理环节等方面做出全面评价；验收组形成工程竣工验收意见，填写《建设工程竣工验收报告》并签名(盖公章)。

当参与工程竣工验收的各方不能形成一致意见时，应当协商提出解决的方法，待意见一致后，重新组织工程竣工验收。

【例 8.1】 某锅炉厂拟建六层砖混结构办公楼，该市某建筑公司通过招标方式承接该项施工任务，某监理公司负责监理。该办公楼建筑平面形状为 L 形，设计采用混凝土小型砌块砌筑，墙体加构造柱。工程于 2011 年 10 月 10 日开工建设，2012 年 6 月 15 日竣工。

(1)该办公楼达到什么条件，方可竣工验收?

(2)该办公楼竣工验收应如何组织?

【案例分析】 (1)该办公楼竣工验收的条件如下：

①完成建设工程设计和合同规定的内容；

②有完整的技术档案和施工管理资料；

③有工程使用的主要建筑材料、建筑构配件和设备的进场试验报告；

④有勘察、设计、施工、工程监理等单位分别签署的质量合格文件；

⑤有施工单位签署的工程质量保证书。

(2)该办公楼竣工验收的组织方法如下：

①该办公楼完工后，建筑公司首先要依据质量标准、设计图纸等组织有关人员进行自检，并对检查结果进行评定，符合要求后向建设单位提交工程验收报告和完整的质量资料，请建设单位组织验收。

②建设单位收到工程验收报告后，应由建设单位(项目)负责人组织施工(含分包单位)、设计、监理等单位(项目)负责人进行单位(子单位)工程验收。

8.3　工程结算与决算

8.3.1　工程结算

1. 工程结算的概念和分类

工程结算是指施工企业按照承包合同和已完成工程量向建设单位(业主)办理工程款清算的经济文件。工程建设周期长,耗用资金数大,为使建筑安装企业在施工中耗用的资金及时得到补偿,需要对工程价款进行中间结算(进度款结算)、年终结算,全部工程竣工验收后应进行竣工结算。在会计科目设置中,工程结算为建造承包商专用的会计科目。

工程结算是工程项目承包中的一项十分重要的工作,主要表现在以下几方面。

(1)工程结算是反映工程进度的主要指标。在施工过程中,工程结算的依据之一就是按照已完的工程量进行结算,根据累计已结算的工程价款占合同总价款的比例,能够近似反映出工程的进度情况。

(2)工程结算是加速资金周转的重要环节。施工单位尽快尽早地结算工程款,有利于偿还债务,有利于资金回笼,降低内部运营成本。通过加速资金周转,提高资金的使用效率。

(3)工程结算是考核经济效益的重要指标。对于施工单位来说,只有工程款如数地结清,才意味着避免了经营风险,施工单位也才能够获得相应的利润,进而达到良好的经济效益。

工程结算办理程序主要有如下三个。

(1)承包单位结算申请:工程完工并验收合格后,施工单位根据合同约定进行结算书的编制。编制完成后,出具书面结算申请书与结算书一并上报。该工作须在一个月内完成。

(2)监理批准:监理单位核实工程是否通过验收以及结算书中所附结算资料是否属实,并在结算申请书上书写意见,该工作在一周内完成。

(3)建设单位审查:监理单位将同意结算的批复意见报至建设单位后,建设单位对监理单位的意见进行审查,对于合同约定工作内容的现场实际完成情况提出意见。逐层审核完毕后按照合同约定办理结算。

根据工程的性质、规模、资金来源和施工工期以及承包内容不同,一般工程结算方式可分为定期结算、分段结算、年终结算、竣工后一次结算和目标结算等。

1)定期结算

定期结算是指定期由承包方提出已完成的工程进度报表,连同工程价款结算账单,经发包方签证,交银行办理工程价款结算,通常分为以下两种。

(1)月初预支,月末结算,竣工后清算的办法。在月初(或月中),承包方按施工作业计划和施工图预算,编制当月工程价款预支账单,其中包括预计完成的工程名称、数量和预算价值等,经发包方认定,预支大约50%的当月工程价款,月末按当月施工统计数据,编制已完工程月报表和工程价款结算账单,经发包方签证,办理月末结算。同时,扣除本月预支款,并办理下月预支款。本期收入额为月终结算的已完工程价款金额。

(2)月末结算。月初(或月中)不实行预支,月终承包方按统计的实际完成分部分项工程量,编制已完工程月报表和工程价款结算账单,经发包方签证,交建设银行审核办理结算。

2)分段结算

分段结算是指以单项(或单位)工程为对象,按其施工形象进度划分为若干施工阶段,按阶段进行工程价款结算。

(1)阶段预支和结算。根据工程的性质和特点,将其施工过程划分若干施工进度阶段,以审定的施工图预算为基础,测算每个阶段的预支款数额。在施工开始时、办理第一阶段的预支款,待该阶段完成后,计算其工程价款,经发包方签证,审查并办理阶段结算,同时办理下阶段的预支款。

(2)阶段预支,竣工结算。对于工程规模不大,投资额较小,承包合同价值在 50 万元以内,或工期较短,一般在六个月以内完成的工程,将其施工全过程的形象进度大体分几个阶段,施工企业按阶段预支工程价款,在工程竣工验收后,经发包方签证,通过建设银行办理工程竣工结算。

3)年终结算

年终结算是指单位工程或单项工程不能在本年度竣工,而要转入下年度继续施工。为了正确统计施工企业本年度的经营成果和建设投资完成情况,由承包方、发包方和建设银行对正在施工的工程进行已完成和未完成工程量盘点,结清本年度的工程价款。

4)竣工后一次结算

基本建设投资由预算拨款改为银行拨款,取消了预付备料款和预支工程价款制度,承包方所需流动资金,全部由银行贷款。按承包合同规定,实行竣工结算的工程项目,工程价款结算实行竣工后一次结算。竣工后一次结算的工程,一般按建设项目工期长短不同可分为以下两种。

(1)建设项目竣工结算。它是指建设工期在一年内的工程,一般以整个建设项目为结算对象,实行竣工后一次结算。

(2)单项工程竣工结算。它是指当年不能竣工的建设项目,其单项工程在当年开工,当年竣工的,实行单项工程竣工后一次结算。

单项工程当年不能竣工的工程项目,也可以实行分段结算、年终结算或竣工后总结算的方法。

工程项目竣工结算是指施工单位按照合同规定的内容全部完成所承包的工程,经建设单位及有关部门验收合格并办理竣工验收手续后,根据施工过程中实际记录,现场签证、设计变更及竣工图纸、预算定额、材料结算价格等多项资料,按规定向建设单位办理工程价款的结算。不管在项目进行中采取何种结算方式,在项目完全竣工并验收完成后,承包方都会向建设方提出最终的项目竣工结算,以收回项目所有的工程款额。对于建筑工程竣工结算审计,国家规定凡国家、集体投资项目必须通过社会咨询机构审计,私营企业和外资企业可以不委托社会审计而自行审计,但目前大部分建设单位不仅要自己内部审核,而且还要请专业审计公司进行审核。通过对施工单位送审结算书进行全面、系统的检查和复核,及时纠正所存在的错误和问题,使之更加合理地确定工程造价,保证项目目标管理的实现。

在进行竣工结算之前,应准备如下资料:

(1)施工合同及附件、协议书；

(2)补充协议(若有)；

(3)中标(中选)通知书；

(4)施工企业规费计取标准；

(5)建设项目安全文明施工评价得分及措施费费率核定表；

(6)图纸会审纪要(签字盖章手续齐全且清楚)；

(7)开、竣工报告及工期延期联系单(签字盖章手续齐全且清楚)；

(8)竣工验收记录(签字盖章手续齐全且清楚)；

(9)招标文件及招标工程量清单及电子盘、招标答疑纪要、招标补遗；

(10)投标文件商务标及电子盘；

(11)投标文件技术标；

(12)承包人编制的结算书及电子盘(盖承包人公章和造价编制人员资格章,并由建设单位签字同意送审,共三套)；

(13)地勘报告；

(14)施工图及电子盘(按《技术制图复制图的折叠方法》GB/10609.3—89 统一折叠成 A4 幅面 297 毫米 ×210 毫米)；

(15)承包方、发包方、监理方按规定签字认可的竣工图纸(按《技术制图复制图的折叠方法》GB/10609.3—89 统一折叠成 A4 幅面 297 毫米 ×210 毫米)；

(16)经审定的施工组织设计、施工方案或专项施工方案(签字盖章齐全且清楚)；

(17)原始地貌标高抄测记录；

(18)材料、设备认值核价单(需有连续编号,签字盖章齐全且清楚)；

(19)设计变更单、技术核定单(需有连续编号,签字盖章手续齐全且清楚、附件完备)；

(20)现场签证单(需有连续编号,签字盖章手续齐全且清楚、附件完备)；

(21)甲供材料(设备)收货验收签收单；

(22)隐蔽工程验收记录(签字盖章手续齐全且清楚)；

(23)吊装工程记录、安装工程调试记录、调试报告(签字盖章手续齐全且清楚)；

(24)与工程结算有关的“发包方通知、指令、会议纪要、往来函件、工程洽商记录等”；

(25)建设单位付款情况表(附进度支付审核报表封面)；

(26)各标段、各专业施工单位涉及交叉的施工范围确认文件；

(27)结算资料报送承诺书；

(28)其他有关影响工程造价、工期等资料；

(29)移交资料签收表(一式三份)。

在我国,不同地区、不同单位对工程结算书的格式要求有所不同,但大致都包含以下内容：

(1)工程结算书封面；

(2)编制说明；

(3)工程结算费用汇总；

(4)洽商变更及索赔依据；

(5)其他。

其中,工程结算费用汇总包括工程合同造价(工程项目总价表、单项工程费用表、单位工程费用表)、合同外增加费用(分部分项工程费增减表、措施项目费增减表、其他项目费增减表,零星工作项目费增减表,乙供主要材料、设备增减表,甲供主要材料、设备增减表)、历次商洽变更及索赔金额、暂估价差调整以及其他按招标文件、合同及政府有关文件可以调整的费用。

2. 工程价款的计算和支付方法

在各种结算方式中,除了竣工后一次结算外,其他的结算方式均需在项目进行中进行多次支付,一个工程项目从施工准备开始,就要采购建筑材料并支付各种费用,施工期间更要支付人工费、材料费、施工机械费以及各项施工管理费。所以工程建设是一个不断消费不断补给的过程,工程建设过程中,工程价款的支付主要包括两个方面:一个是预付备料款,另一个是工程进度款。

预付备料款是指在工程开工之前的施工准备阶段,由发包方预先支付一部分资金,主要用于材料、结构构件等流动资金,也称工程备料款。工程预付款额度,各地区、各部门的规定不完全相同,主要是保证施工所需材料和构件的正常储备,其计算方法有如下几种。

(1)百分比法。百分比法是按年度工作量的一定比例确定预付备料款额度的一种方法,由各地区各部门或合同双方根据各自的条件从实际出发分别制定预付备料款的比例。建筑工程一般不得超过当年建筑工程量的25%(大量采用预制构件以及工期在6个月内的工程可适当增加);安装工程一般不得超过当年安装工程量的10%(安装材料用量较大的工程可适当增加);小型工程(指30万元以下)可以不预付备料款,直接分阶段拨付工程进度款等。

(2)数学计算法。数学计算法是根据主要材料(含结构构件等)占年度承包工程总价的比重、材料储备定额天数和年度施工天数等因素,通过数学公式计算预付备料款额度的一种方法。其计算公式为

$$\text{工程备料款数额} = \text{年度计划完成合同价款} \times \text{主要材料所占比重}/\text{年度施工日历天数}(\text{每天平均材料使用款额}) \times \text{材料储备天数}$$

式中,年度施工天数按365天日历天计算,材料储备天数由当地材料供应的在途天数、加工天数、整理天数、供应间隔天数、保险天数等因素决定。

在《建设工程施工合同(示范文本)》中,对有关工程预付备料款做了如下约定:"实行工程预付款的,双方应当在专用条款内约定发包人向承包人预付工程款的时间程数额,开工后按约定的时间和比例逐次扣回。预付时间应不迟于约定的开工日期前7天。发包人不按约定预付,承包人在约定预付时间7天后向发包人发出要求预付的通知,发包人收到通知后仍不能按要求预付,承包人可在发出通知后7天停止施工,发包人应从约定应付之日起向承包人支付应付款的贷款利息,并承担违约责任。"

当施工到一定程度后,材料和构配件的储备量将减少,需要的工程备料款也随之减少,此后办理工程价款结算时,应开始扣还工程备料款。扣还的工程备料款,以冲减工程结算价款的方法逐次抵扣,工程竣工时备料款全部扣完。

工程备料款开始扣还时的工程进度状态称为工程备料款的起扣点。

工程预付款起扣点的依据是：未完施工工程所需主要材料和构件的费用，等于工程预付款的数额时，开始起扣。其计算公式为

起扣点 = 承包工程价款总额 -（预付备料款/主要材料所占比重）

《建设工程施工合同（示范文本）》关于工程款的支付也做出了相应的约定："在确认计量结果后 14 天内，发包人应向承包人支付工程款（进度款）"；"发包人超过约定的支付时间不支付工程款（进度款），承包人可向发包人发出要求付款的通知，发包人接到承包人通知后仍不能按要求付款，可与承包人协商签订延期付款协议，经承包人同意后可延期支付"。协议应明确延期支付的时间和从计量结果确认后第 15 天起计算应付款的贷款利息。"发包人不按合同约定支付工程款（进度款），双方未达成延期付款协议，导致施工无法进行，承包人可停止施工，由发包人承担违约责任"。

按照有关规定，工程项目总造价中应预留出一定比例的尾留款应如何扣除，一般有两种做法。

（1）当工程进度款拨付累计额达到该建筑安装工程造价的一定比例（一般为 95% ~97% 左右）时，停止支付，预留造价的 3% ~5% 作为尾留款。

（2）国家颁布的《招标文件范本》中规定。尾留款（保留金）的扣除，可以从发包方向承包方第一次支付的工程进度款开始，在每次承包方应得的工程款中扣留投标书附录中规定金额作为保留金，直至保留金总额达到投标书中规定的限额为止。

在进行工程结算时，工程价款的拨付通常根据发包方和承包方的合同主要条款的实际约定执行，合同条款不同，其工程结算的内容就不同。如有的工程不付备料款，工程进度款按每月实际完成建筑安装工程量乘以综合单价的一定百分比拨付，也有的工程款付至总造价的 90% 时停止拨付，工程竣工验收合格后，工程款付至总造价的 95%，工程结算留 5% 的工程质量保证金，待工程保修期满，扣除返工维修费用，其尾款全部一次付清。因此，工程价款的结算方式应根据工程的具体情况确定。

在工程完全竣工后，竣工结算工程价款计算公式为

竣工结算工程价款 = 预算（或概算）或合同价款 + 施工过程中预算或合同价款调整数额 - 预付及已结算工程价款 - 保修金

【例 8.2】 某施工单位承包某内资工程项目，甲、乙双方签订的关于工程价款的合同内容有

（1）建筑安装工程造价 660 万元，建筑材料及设备费占施工产值的比重为 60%；

（2）预付工程款为建筑安装工程造价的 20%，工程实施后，预付工程款从未施工工程尚需的主要材料及购件的价值相当于工程款数额时起扣；

（3）工程进度款逐月计算；

（4）工程保修金为建筑安装工程造价的 3%，竣工结算月一次扣留；

（5）材料价差调整按规定进行（按有关规定上半年材料、设备价差上调 10%，在 6 月份一次调增）。工程各月实际完成产值如表 8.1 所示。

表 8.1　各月实际完成产值表　　万元

月份	2	3	4	5	6
完成产值	55	110	165	220	110

问题　(1)通常工程竣工结算的前提是什么?

(2)工程价款结算的方式有哪几种?

(3)该工程的预付工程款、起扣点为多少?

(4)该工程 2—5 月每月拨付工程款为多少? 累计工程款为多少?

(5)6 月份办理工程竣工结算,该工程结算造价为多少? 甲方应付工程结算款为多少?

(6)该工程在保修期间发生屋面漏水,甲方多次催促乙方修理,乙方一再拖延,最后甲方另请施工单位修理,修理费 1.5 万元,该项费用如何处理?

【解】　(1)工程竣工结算的前提条件是承包商按照合同规定的内容全部完成所承包的工程,并符合合同要求,经验收质量合格。

(2)工程价款的结算方式主要分为按月结算、竣工后一次结算、分段结算、目标结算和双方议定的其他方式。

(3)预付工程款:660 × 20% =132 万元。

起扣点:660 - 132/60% =440 万元。

(4)各月拨付工程款如下。

①2 月:工程款 55 万元,累计工程款 55 万元。

②3 月:工程款 110 万元,累计工程款 165 万元。

③4 月:工程款 165 万元,累计工程款 330 万元。

④5 月:工程款 220 - (220 + 330 - 440) × 60% =154 万元(预付款还余 132 - 66 =66 万,未完成工程 110 万元,未完工程的主要材料费用为 66 万),累计工程款 484 万元。

(5)工程结算总造价为:660 + 660 × 0.6 × 10% =699.6 万元。

甲方应付工程结算款:699.6 - 484 - (699.6 × 3%) - 132 =62.612 万元。

(6)1.5 万元维修费应从乙方(承包方)的保修金中扣除。

8.3.2　工程竣工决算

1. 工程竣工决算的概念

竣工决算是在建设项目或单项工程完工后,由建设单位财务及有关部门,以竣工结算等资料为基础,编制的反映建设项目实际造价和投资效果的文件。

竣工决算是竣工验收报告的重要组成部分,它包括建设项目从筹建到竣工投产全过程的全部实际支出费用,即建筑安装工程费、设备工具器具购置费、预备费、工程建设其他费用和投资方向调节税支出费用等。

它是考核建设成本的重要依据。对于总结分析建设过程的经验教训,提高工程造价管理水平,积累技术经济资料,为有关部门制订类似工程的建设计划和修订概预算定额指标提供资料和经验，都具有重要的意义。

竣工结算和竣工决算虽然只有一字之差，但却有很大的差别，具体表现在以下方面。

(1)二者包含的范围不同。工程竣工结算是指按工程进度、施工合同、施工监理情况办理的工程价款结算以及根据工程实施过程中发生的超出施工合同范围的工程变更情况，调整施工图预算价格，确定工程项目最终结算价格。它分为单位工程竣工结算、单项工程竣工结算和建设项目竣工总结算。竣工结算工程价款等同于合同价款加上施工过程中合同价款调整数额减去预付及已结算的工程价款再减去保修金。竣工决算包括从筹集到竣工投产全过程的全部实际费用，包括建筑工程费、安装工程费、设备工器具购置费用及预备费和投资方向调节税等费用。按照财政部、国家发改委和建设部的有关文件规定，竣工决算是由竣工财务决算说明书、竣工财务决算报表、工程竣工图和工程竣工造价对比分析四部分组成。前两部分又称建设项目竣工财务决算，是竣工决算的核心内容。

(2)二者的性质、编制人不同。竣工结算是决定甲乙双方之间的合同价款的文件，是由施工单位预算、造价人员编制，建设单位预算、造价人员审核的支付工程款文件。竣工决算是建设单位财会人员编制，由主管部门或者会计师事务所的权威人士审核，决定进入固定资产份额的经济文件。

2. 竣工决算的作用

(1)全面反映竣工项目的实际建设情况和财务情况。

(2)有利于节约基建投资。

(3)有利于经济核算。

(4)考核设计概算的执行情况，提高管理水平。

(5)正确编制竣工决算，有利于进行“三算”对比，即设计概算、施工图预算和竣工决算的对比。

3. 竣工决算的主要内容

竣工决算包括竣工财务决算说明书、建设项目竣工财务决算报表、建设工程竣工图、工程造价对比分析。

4. 竣工决算的编制过程

(1)收集、整理、分析原始资料。从工程开始就按编制依据的要求，收集、整理有关资料，主要包括建设项目档案资料，如设计文件、施工记录、上级批文、概预算文件、工程结算的归集整理，财务处理、财产物资的盘点核算及债权债务的清偿，做到账表相符。

(2)对照工程变动情况，重新核实各单位工程、单项工程造价。竣工资料与原始设计图纸进行对比，必要时可实地测量，确认实际变更情况；根据经审定的施工单位竣工结算的原始资料，按照有关规定，对原概预算进行增减调整，重新核定工程造价。

(3)填写基建支出和占用项目。经审定的待摊投资、其他投资、待核销基建支出和非经营项目的转出投资，按照国家规定严格划分和核定后，分别计入相应的基建支出(占用)栏目内。

(4)编制竣工决算报告说明书。竣工决算报告说明书包括反映竣工工程建设的成果和经验，是全面考核与分析工程投资与造价的书面总结，是竣工决算报告的重要组成部分，其主要内容包括以下两方面。

①对工程总的评价。a)进度:主要说明开工和竣工时间,对照合理工期和要求工期,说明工程进度是提前还是延期。b)质量:要根据竣工验收委员会或质量监督部门的验收评定,对工程质量进行说明。c)安全:根据劳动工资和施工部门的记录,对有无设备和人身事故进行说明。d)造价:应对照概算造价,说明节约还是超支,用金额和百分比进行分析说明。

②各项财务和技术经济指标的分析。a)概算执行情况分析:根据实际投资完成额与概算进行对比分析。b)新增生产能力的效益分析:说明交付使用财产占总投资额的比例、固定资产占交付使用财产的比例、递延资产占投资总数的比例,分析有机构成和成果。c)基本建设投资包干情况的分析:说明投资包干数、实际支用数和节约额、投资包干节余的有机构成和包干节余的分配情况。d)财务分析:列出历年的资金来源和资金占用情况。e)工程建设的经验教训及有待解决的问题。f)需要说明的其他事项。

(5)编制竣工决算报表。竣工决算报表共有9个,按大、中、小型建设项目分别制定,包括建设项目竣工工程概况表、建设项目竣工财务决算总表、建设项目竣工财务决算明细表、交付使用固定资产明细表、交付使用流动资产明细表、交付使用无形资产明细表、递延资产明细表、建设项目工程造价执行情况分析表、待摊投资明细表。该9个表见本书附录10。

(6)进行工程造价比较分析。在竣工决算报告中,必须对控制工程造价所采用的措施、效果及其动态的变化,进行认真的比较分析,总结经验教训。批准的概算是考核建设工程造价的依据,在分析时可将决算报表中所提供的实际数据和相关资料与批准的概算进行比较,以确定投资建设的效果。

(7)清理、装订好竣工图,按国家规定上报审批、存档概算、预算指标进行对比,以考核竣工项目总投资控制的水平,在对比的基础上总结先进经验,找出落后的原因,提出改进措施。

为考核概算执行情况,正确核算建设工程造价,财务部门首先必须积累概算动态变化资料(如材料价差、设备价差、人工价差、费率价差等)和设计方案变化以及对工程造价有重大影响的设计变更资料;其次,考察竣工形成的实际工程造价节约或超支的数额。

为了便于比较,可先对比整个项目的总概算,之后对比工程项目(或单项工程)的综合概算和其他工程费用概算,最后再对比单位工程概算,并分别将建筑安装工程、设备、工器具购置和其他工程费用,逐一与项目竣工决算编制的实际工程造价进行对比,找出节约或超支的具体内容和原因。

根据经审定的竣工结算等原始资料,对原概预算进行调整,重新核定各单项工程和单位工程的造价。属于增加固定资产价值的其他投资,如建设单位管理费、研究试验费、土地征用及拆迁补偿费等,应分摊于受益工程,共同构成新增固定资产价值,完成工程决算。

【例8.3】 某工程项目开工之前,承包方向项目管理工程师提交了施工进度计划如图8.2所示,该计划满足合同工期100天的要求,合同价500万元(其中含现场管理费60万元)。

在上述施工进度计划中,由于工作E和工作G共享一台塔吊(塔吊原计划在开工第25天后进场投入使用),必须顺序施工,使用的先后顺序不受限制(其他工作不使用塔吊)。

根据投标书附件规定,塔吊租赁费600元/天、台班费850元/天,现场管理费率10%,利润5%,人工费30元/工日,人员窝工费20元/工日,赶工费5 000元/天。

问题 (1)如果在原计划中先安排工作E,后安排工作G,塔吊应安排在第几天(上班时

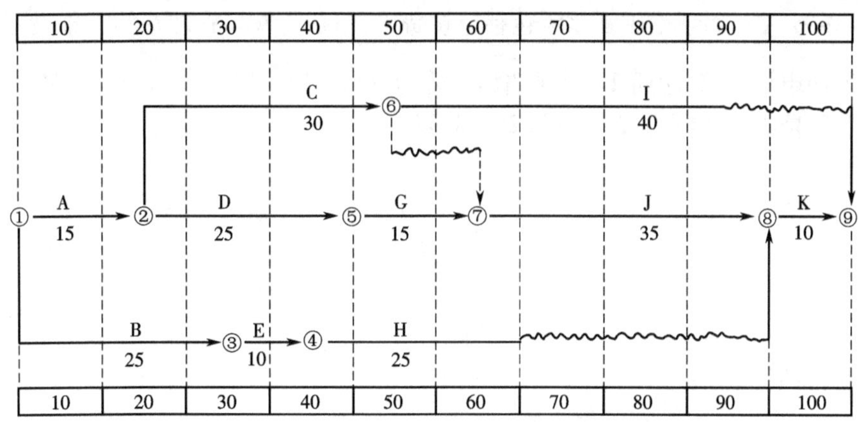

图8.2　进度计划表

刻)进场投入使用较为合理？为什么？

(2)施工过程中,由于业主要求变更设计图纸,使工作B停工10天(其他工作持续时间不变),工程师及时向承包商发出了通知并指示承包商调整进度计划,以保证该工程按合同工期完工。承包商提出的调整计划及附加要求如下。

①调整方案:将工作J的持续时间压缩5天。

②费用补偿要求:a)工作J压缩5天,增加赶工费25 000元;b)塔吊闲置15天补偿15×600=9 000元;c)由于工作B停工10天造成其他机械闲置、人员窝工等综合损失45 000元(数据真实)。

承包方提出的调整方案是否合理,该计划如何调整更为合理,承包商的费用补偿要求是否合理?

(3)在施工过程中,由于现场的不利条件,引起人工费、材料费、施工机械分别增加1.5万元、3.8万元、2万元;另因设计变更,新增工程款98万元,引起工期延误25天。承包商可提出的现场管理费索赔应是多少万元？(计算结果保留两位小数。)

【解】 (1)塔吊应安排在第31天(上班时刻)进场投入使用。塔吊在工作E与工作G间没有闲置,也不会影响工期(因为E有30天总时差)。

(2)关于案例做如下分析。

①调整方案不合理。可调整为先G后E,这样安排不影响合同工期(因为E有30天总时差)。

②费用补偿:a)补偿赶工费不合理,因为工作合理安排后不需要赶工(或工作J的持续时间不需要压缩);b)塔吊闲置补偿9 000元不合理,因为闲置时间为10天,补偿费为6 000元;c)其他机械闲置、人员窝工费补偿要求合理。

(3)现场管理费索赔额由两个部分组成。

①由于不利的现场条件引起的现场管理费索赔额:(1.5+3.8+2)×10%=0.73万元。

②由于设计变更引起的现场管理费索赔额:新增工程款相当于原合同19.6天的工作量

$(100 \times \frac{98}{500} = 19.6$ 天),而新增工程款既包括直接费,也包括了现场管理费等其他费用,所以仅需对超期的工期申请索赔,超期25天,则增加的管理费为$(25-19.6)\times 0.6=3.24$。

③现场管理费索赔总额为:$0.73+3.24=3.97$ 万元。

项 目 小 结

8.1 工程合同管理

合同的内容、特征、分类、实施与变更。

8.2 工程竣工验收

工程竣工验收的内容、依据、步骤。

8.3 工程结算与决算

工程结算定义、分类、方法;决算的定义,方法(预付款与工程款)。

项 目 习 题

一、单项选择题

1.某独立土方工程按《工程量清单计价规范》计价,招标文件中预计工程量10万立方米,合同中规定:土方工程单价30元/立方米,当实际工程量超过估计工程量10%时,超出部分价格调整为25元/立方米。工程完成后实际工程量12万立方米,则该土方工程的结算工程款为(　　)万元。

A.355　　B.350　　C.325　　D.300

2.某工程合同总额300万元,合同中约定的工程预付款额度为15%,主要材料和构配件所占比重为60%,则该工程预付款的起扣点为(　　)万元。

A.135　　B.180　　C.225　　D.255

二、案例分析题

1.某施工单位(承包人)于2012年3月与业主签订了某综合办公楼的施工总承包合同,合同价7 000万元。合同方式采用可调整价格合同,双方依据《建设工程施工合同(示范文本)》。除了通用条款约定的价款可调整因素,在专用条款也约定了价款调整的因素,并约定考虑材料价格上涨因素的结算按照合同中约定的调整值公式进行计算。该工程于2012年3月20日正式开工建设。

请问:《建设工程施工合同(示范文本)》的通用条款中,可调价格合同中合同价款的调整因素包括哪些内容?

2. 某多层办公教学楼，框架剪力墙结构，2011年7月开工，2012年6月组织单位工程验收。经查验，该工程存在较多质量问题，有结构外形尺寸偏差，混凝土强度不足，设备不能正常使用等问题，随即建设单位停止验收。

请问：单位工程质量验收合格应符合哪些规定？该工程后续各方应如何安排？

3. 某施工单位根据领取的某2 000平方米两层厂房工程项目招标文件和全套施工图纸，采用低报价策略编制了投标文件，并获得中标。该施工单位（乙方）于某年某月某日与建设单位（甲方）签订了该工程项目的固定价格施工合同。合同工期为8个月。甲方在乙方进入施工现场后，因资金紧缺，无法如期支持工程款，口头要求乙方暂停施工1个月。乙方亦口头答应。工程按合同规定期限验收时，甲方发现工程质量有问题，要求返工。2个月后，返工完毕。结算时甲方认为乙方迟延交付工程，应按合同约定偿付违约金。乙方认为临时停工是甲方要求的。乙方为抢工期，加快施工进度才出现的质量问题，因此迟延交付的责任不在乙方。甲方则认为临时停工和不顺延工期是当时乙方答应的，乙方应履行承诺，承担违约责任。

问题：

（1）该工程采用固定价格合同是否合适？

（2）该施工合同的变更形式是否妥当？此合同争议论据合同法律规范应如何处理？

4. 某建设单位（甲方）拟建造一栋职工住宅，采用招标方式由某施工单位（乙方）承建。甲乙双方签订的施工合同摘要如下。

一、协议书中的部分条款

（一）工程概况

工程名称：职工住宅楼。

工程地点：市区。

工程内容：建筑面积为3 200平方米的砖混结构住宅楼。

（二）工程承包范围

承包范围：某建筑设计院设计的施工图所包括的土建、装饰、水暖电工程。

（三）合同工期

开工日期：2012年3月21日。

竣工日期：2012年9月30日。

合同工期总日历天数：190天（扣除5月1—3日）。

（四）质量标准

工程质量标准：达到甲方规定的质量标准。

（五）合同价款

合同总价为：壹佰陆拾陆萬肆仟元人民币（￥166.4万元）。

（八）乙方承诺的质量保修

在该项目设计规定的使用年限（50年）内，乙方承担全部保修责任。

（九）甲方承诺的合同价款支付期限与方式

（1）工程预付款：于开工之日支付合同总价的10%作为预付款。预付款予以扣回，直接抵作工程进度款。

(2)工程进度款:基础工程完成后,支付合同总价的10%;主体结构三层完成后,支付合同总价的20%;主体结构全部封顶后,支付合同总价的20%;工程基本竣工时,支付合同总价的30%。为确保工程如期竣工,乙方不得因甲方资金的暂时不到位而停工和拖延工期。

(3)竣工结算:工程竣工验收后,进行竣工结算。结算时按全部工程造价的3%扣留工程保修金。

(十)合同生效

合同订立时间:2012年3月5日。

合同订立地点:××市××区××街××号。

本合同双方约定:经双方主管部分批准及公证后生效。

二、专用条款中有关合同价款的条款

合同价款与支付

本合同价款采用固定价格合同方式确定

合同价款包括的风险范围:

(1)工程变更事件发生导致工程造价增减不超过合同总价10%。

(2)政策性规定以外的材料价格涨落等因素造成工程成本变化。

风险费用的计算方法:风险费用已包括在合同总价中。

风险范围以外合同价款调整方法:按实际竣工建筑面积520.00元/平方米调整合同价款。

三、补充协议条款

在上述施工合同协议条款签订后,甲乙双方又接着签订了补充施工合同协议条款、摘要如下:

补1.木门窗均用水曲柳板包门窗套。

补2.铝合金窗90系列改用42型系列某铝合金厂产品。

补3.挑阳台均采用42型系列某铝合金厂铝合金窗封闭。

问题:

(1)上述合同属于哪种计价方式合同类型?

(2)该合同签订的条款有哪些不妥当之处?应如何修改?

(3)对合同中未规定的承包商义务,合同实施过程中又必须进行的工程内容,承包商应如何处理?

附录1　建设工程项目管理总流程

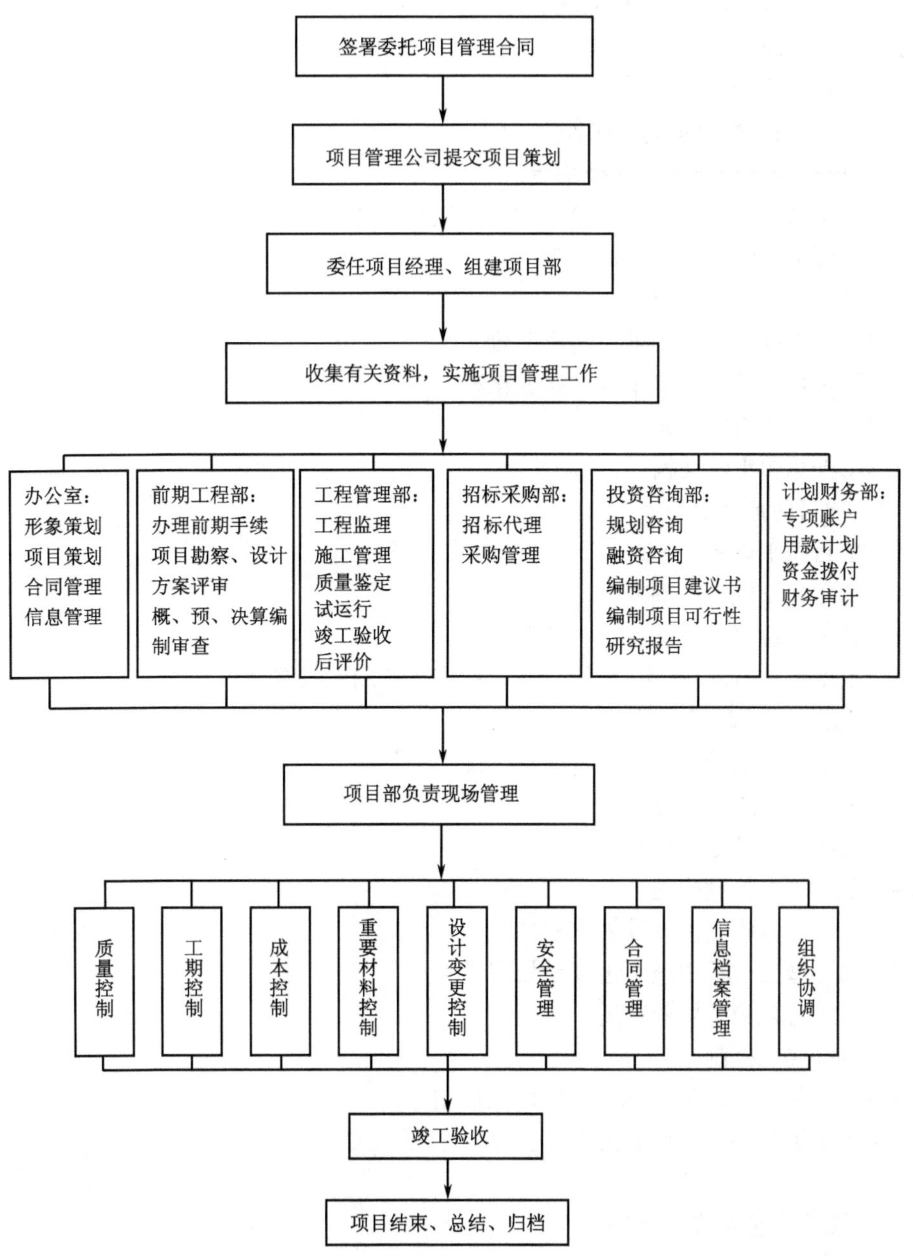

附录 2　建设工程项目管理实施计划书目录模板

第 1 章　工程概况及项目总平面图

1. 1　项目概况

1. 2　项目总平面图

1. 3　项目工程管理的特点和难点

第 2 章　项目的组织架构与岗位职责

2. 1　整个项目开发过程中各单位的组织架构及职责

2. 2　工程部组织架构及岗位职责

2. 2. 1　工程部组织架构

2. 2. 2　工程部工作职责及岗位职责

2. 3　监理单位及总承包单位可能的架构及其他

2. 3. 1　监理组织架构图

2. 3. 2　总包组织架构

第 3 章　项目的范围划分

3. 1　项目总平面图

3. 2　总承包商施工范围划分

3. 3　总承包商、分包商的工作范围

3. 4　由甲方另行发包、甲供材料设备、指定品牌材料设备

第 4 章　工程进度管理

4. 1　项目总控制计划

4. 2　工程施工进度节点计划

4. 3　工程进度计划的特点

4. 4　工程进度控制措施

4. 4. 1　总包施工进度计划审核

4. 4. 2　施工过程中施工进度计划审核

4. 4. 3　总包施工协调管理

4. 4. 4　奖惩机制

4. 4. 5　甲方分包工程施工进度计划控制

4. 4. 6　工程部内部计划协调

4. 4. 7　总包计划控制

第 5 章　工程质量及安全管理

5. 1　工程质量与安全管理目标

5. 1. 1　工程质量管理目标

附录3　房地产项目建议书模板

××项目建议书

××房地产发展股份有限公司

营销策划部

××年××月××日

封面

目录

第一部分　宏观分析

一、城市概况

(一)城市基本概况

1. 地理位置(位置、行政区划、面积、市区面积)。

2. 城市性质及地位(城市的历史、文化、所占的重要地位)。

3. 城市规模(城市用地规模、人口规模)。

4. 城市交通(城市航空、铁路、公路等交通运输配套状况)。

5. 城市总体布局(城市格局、所含区域、规划方向、突出特色)。

(二)城市经济发展状况

1. 城市 GDP 及增长率。

2. 城市人均可支配收入及支出水平。

3. 固定资产投资情况。

4. 城市经济发展目标。

(三)城市发展规划(城市中长期发展规划)

1. 城市经济发展规划。

2. 城市规模及城市功能区域发展规划。

3. 城市人口发展规划。

4. 城区市政基础设施规划。

二、区位分析

（一）项目所属区域分析

1. 项目所在区域概况（项目所在区域是城市的什么地带、占什么地位、起到什么作用）。

附图：项目地块位置图。

2. 项目区位分析（项目地理位置、基础配套以及区位发展规划等）。

第二部分　项目区域房地产市场分析

一、房地产市场现状

（一）市场供需状况

分析现阶段市场供需情况，预测项目上市时的市场供需情况。

（二）价格水平

近一两年内市场价格变化情况。

（三）产品特征

从建筑形式、建筑风格、居住模式、户型面积等方面分析本区域市场产品的特征，一般包括区域项目的开发规模、基础配套、产品特点（建筑形式、建筑风格、社区环境、产品内部结构、户型配比、面积区间等方面）。

（四）客户群体特征

客户群体特征一般包括年龄分布、家庭结构、收入水平、文化程度、置业目的、户型面积选择、房价承受能力等方面。

（五）市场竞争分项

从本区域市场竞争的核心和主体展开，来论述区域内市场竞争的特征。

（六）区域市场的发展特点

1. 政府对市场的管理调控能力（相关房地产政策及区域房产政策的出台及作用）。

2. 市场体系完善情况（包括出现多层次的产品供应及二手房的发展）。

3. 市场热点的转移（大盘的出现、配套的完善，社区的规划及设计）。

4. 房地产企业的优胜劣汰进程（外地开发商的进入和现有开发商的状况及分析）。

二、区域市场调查分析

（一）调查问卷内容（附表）

（二）问卷调查说明及统计分析内容

（三）问卷统计分析结论

（注：市场调查分析详细内容请参见项目市场调研报告（附件 3）。）

三、市场发展预测

从包括价格、产品、消费群体特征等方面的趋势来预测区域房地产市场的发展趋势。

第三部分　项目分析

一、地块位置

宗地所处城市、行政区域地理位置(包括是否是商业中心、文化中心、教育中心或行政中心等)。

附图:项目在该城市的区位图,标记出宗地区域位置,与标志性市政设施、建筑物(如市中心商圈、机场等)的相对位置和距离、地段的定性描述(与主要中心区域办公/商务/政府的关系)。

二、地块现状

1. 四至范围。

2. 地势、地表现状,包括宗地内是否有水渠、较深的沟壑(小峡谷)、池塘及高压线等对开发有较大影响的因素,并计算因此而损失的实际用地面积。

3. 地块地表是否涉及居民拆迁、旧厂搬迁或其他改造等,并说明拆迁对项目开发进度的影响。

4. 地下情况,包括管线、地下电缆、暗渠、地上建筑物原有桩基及地下建筑结构等,地上地下都要注意有没有受保护的历史文物古迹、可利用的构建。

5. 土地地形及完整性,地形是否规整,有否市政代征地、市政绿化带、市政道路、名胜古迹、江河湖泊等因素分割土地。

附图:平面地形图,标记四至范围及相关数据;地形地貌图,主要反映宗地地面建筑、河流、沟壑、高压线等内容;地下状况图,包括地下管线、暗渠、电缆等。

三、项目交通出行状况

1. 公交系统情况,包括主要线路、行车区间等。

2. 宗地出行主要依靠的交通方式,是否需要发展商自己解决。

3. 现有交通捷运系统,近期或规划中是否有地铁、轻轨等对交通状况有重大影响的工程。

附图:交通状况示意图,包括现有和未来规划的城市公共交通和快速捷运系统。

四、项目周边社区配套

项目周边社区配套一般是指以项目可辐射范围(3千米)内的教育(大、中、小学及教育质量情况)、医院、购物(大型购物中心、主要商业区和菜市场)、邮局、休闲(文化、体育、娱乐、公园等设施)、银行以及其他配套设施。

附图:生活设施分布图,具体位置、距离。

五、项目周边环境(根据个案特性描述,没有的可以不写)

项目周边环境一般包括区域治安情况、空气状况、噪声情况、污染情况(化工厂、河流湖泊污染等)、危险源情况(如高压线、放射性、易燃易爆物品生产或仓储基地等)、周边景观、风水情况以及近期或规划中周边环境的主要变化,如道路的拓宽、工厂的搬迁、大型医院、学校、购物中心或超市的建设等。

六、市政配套(都要说明距宗地距离、接入的可能性)

说明项目的道路、上水、下水、电信、水、暖、电、气等基础市政配套情况,一般重点需要说明的道路现状及规划发展,包括现有路幅、规划路幅、规划实施的时间、与宗地的关系(影响)。

七、主要经济技术指标

项目的基本用地情况(总占地面积、代征地面积、净用地面积、绿化面积、道路面积)、建筑面积(住宅建筑面积、公建建筑面积,公建的内容,并区分经营性和非经营性公建的面积)、容积率、建筑密度、控高、绿化率以及其他规划指标,特别需说明关键性或难度较大的指标对项目规划、建设的影响。

八、项目 SWOT 分析

(一)优势分析

(二)劣势分析

(三)机会分析

(四)风险分析

第四部分　项目开发结论性建议

对项目的产品规划设计提出建议(包括主力房价、户型设计、户型配比、面积区间、景观规划、建筑形式、建筑风格、配套标准等)。

根据实际区域情况,提出建议主要支撑点是区域市场分析、项目市场调研方案。

给出项目基本可行的建议,并建议进入可行性分析阶段。

附录4　项目可行性报告目录模板

第1章　总论

1.1　项目背景与概况

1.2　主要技术经济指标

1.3　问题与建议

第2章　项目投资环境与市场研究

2.1　投资环境分析

2.2　区域房地产市场分析

2.3　销售预测

2.4　营销策略

第3章　建设规模与项目开发条件

3.1　建设规模

3.2　项目概况现状

3.3　项目建设条件

第4章　建筑方案

4.1　设计依据

4.2　项目设计主题和开发理念

4.3　项目总体规划方案

4.4　建筑设计

4.5　结构设计

4.6　给排水设计

第5章　节能节水措施

5.1　设计依据

5.2　建筑部分节能设计

第6章　环境影响评价

6.1　编制依据

6.2　环境现状

6.3　项目建设对环境的影响

6.4　环境保护措施

第7章　劳动卫生与消防

7.1　指导思想

7.2　职业安全卫生健康对策与措施

7.3　消防设计

第 8 章　组织机构与人力资源配置

8. 1　组织机构

8. 2　人力资源配置

第 9 章　项目实施进度

9. 1　项目开发期

9. 2　项目实施进度安排

9. 3　项目实施过程控制措施

第 10 章　项目招投标

10. 1　工程项目招标投标概述

10. 2　工程项目招标投标因素分析

10. 3　招标依据

10. 4　招标范围

10. 5　招标方式

第 11 章　投资估算与资金筹措

11. 1　投资估算

11. 2　资金筹措

第 12 章　财务评价

12. 1　项目评估依据

12. 2　财务评价基础数据的选择

12. 3　财务评价

12. 4　不确定性分析

第 13 章　社会评价

13. 1　项目对社会的影响分析

13. 2　风险分析

13. 3　社会评价结论

第 14 章　研究结论与建议

14. 1　可行性研究结论

14. 2　建议

附录5　房地产开发成本估算表

<table>
<tr><th colspan="8">工程成本估算表</th></tr>
<tr><td rowspan="8">工程概况</td><td>工程名称</td><td></td><td>用地面积/平方米</td><td></td><td>可销售面积</td><td></td><td></td></tr>
<tr><td>建设地点</td><td></td><td>建筑面积</td><td></td><td>其中住宅</td><td></td><td></td></tr>
<tr><td>结构形式</td><td></td><td>住宅面积</td><td></td><td>商业</td><td></td><td></td></tr>
<tr><td>基础形式</td><td></td><td>公建面积</td><td></td><td></td><td></td><td></td></tr>
<tr><td>层数</td><td></td><td>绿化面积</td><td></td><td>车位</td><td></td><td></td></tr>
<tr><td>檐高</td><td></td><td>容积率</td><td></td><td></td><td></td><td></td></tr>
<tr><td>建设标准</td><td></td><td>绿化率</td><td></td><td></td><td></td><td></td></tr>
<tr><td>设备标准</td><td></td><td>建筑密度</td><td></td><td></td><td></td><td></td></tr>
<tr><td></td><td colspan="2"></td><td>住宅户数</td><td></td><td></td><td></td><td></td></tr>
</table>

☆ ☆ ☆ ☆ ☆ ☆ ☆ ☆ ☆ ☆ ☆ ☆ ☆ ☆ ☆ ☆ ☆ ☆

<table>
<tr><th>编号</th><th>项目</th><th colspan="2">成本名称</th><th>数量</th><th>单价/费率</th><th>总价</th><th>折合楼面单价</th><th>备注</th></tr>
<tr><td rowspan="5">一</td><td rowspan="5">土地费用</td><td colspan="2">土地转让费</td><td></td><td></td><td></td><td></td><td></td></tr>
<tr><td colspan="2">土地契税</td><td></td><td></td><td></td><td></td><td></td></tr>
<tr><td colspan="2">土地评估公告费</td><td></td><td></td><td></td><td></td><td></td></tr>
<tr><td colspan="2">其他拆迁费</td><td></td><td></td><td></td><td></td><td></td></tr>
<tr><td colspan="2">土地费用合计</td><td></td><td></td><td></td><td></td><td></td></tr>
<tr><td rowspan="9">二</td><td rowspan="9">工程前期费</td><td rowspan="9">勘察设计监理费</td><td>地质勘探费</td><td></td><td></td><td></td><td></td><td></td></tr>
<tr><td>建筑规划方案设计费</td><td></td><td></td><td></td><td></td><td></td></tr>
<tr><td>景观设计费</td><td></td><td></td><td></td><td></td><td></td></tr>
<tr><td>施工图设计费</td><td></td><td></td><td></td><td></td><td></td></tr>
<tr><td>市政规划、综合管线设计费</td><td></td><td></td><td></td><td></td><td></td></tr>
<tr><td>施工图审查</td><td></td><td></td><td></td><td></td><td></td></tr>
<tr><td>规划技术服务</td><td></td><td></td><td></td><td></td><td></td></tr>
<tr><td>监理费（按工程造价的1.2%）</td><td></td><td></td><td></td><td></td><td></td></tr>
<tr><td>小计</td><td></td><td></td><td></td><td></td><td></td></tr>
</table>

续表

编号	项目	成本名称		数量	单价/费率	总价	折合楼面单价	备注
二	工程前期费	各种规费	城市市政公用基础设施配套费					
			环评费					
			环境监测费					
			氡气检测费					
			交通影响分析					
			散装水泥押金					
			新型墙体基金					
			白蚁防治费					
			测绘费					
			质监费（按总造价的 0.23%）					
			小计					
		招标办理	招投标代理费					
			综合服务费					
			档案费					
			小计					
		交接费	治安接管					
			环卫接管					
			街道接管					
			地名、面积测绘、产权登记					
			小计					
		施工准备	三通一平					
			土方平衡（按 40 元/平方米计）					
			临时设施					
			河道整治					
			小计					
		工程前期费合计						

续表

<table>
<tr><th>编号</th><th>项目</th><th colspan="2">成本名称</th><th>数量</th><th>单价/费率</th><th>总价</th><th>折合楼面单价</th><th>备注</th></tr>
<tr><td rowspan="5">三</td><td rowspan="5">建安工程费</td><td rowspan="2">住宅</td><td>土建</td><td></td><td></td><td></td><td></td><td></td></tr>
<tr><td>水电</td><td></td><td></td><td></td><td></td><td></td></tr>
<tr><td rowspan="2">公建</td><td>土建、装修</td><td></td><td></td><td></td><td></td><td></td></tr>
<tr><td>水电</td><td></td><td></td><td></td><td></td><td></td></tr>
<tr><td colspan="2">建安工程费合计</td><td></td><td></td><td></td><td></td><td></td></tr>
<tr><td rowspan="13">四</td><td rowspan="13">配套建设费</td><td colspan="2">供电</td><td></td><td></td><td></td><td></td><td></td></tr>
<tr><td colspan="2">供水</td><td></td><td></td><td></td><td></td><td></td></tr>
<tr><td colspan="2">煤气(2 900元/户)</td><td></td><td></td><td></td><td></td><td></td></tr>
<tr><td colspan="2">电视电信</td><td></td><td></td><td></td><td></td><td></td></tr>
<tr><td colspan="2">区内道路</td><td></td><td></td><td></td><td></td><td></td></tr>
<tr><td colspan="2">雨水、污水</td><td></td><td></td><td></td><td></td><td></td></tr>
<tr><td colspan="2">绿化、景观、铺装</td><td></td><td></td><td></td><td></td><td></td></tr>
<tr><td colspan="2">路灯</td><td></td><td></td><td></td><td></td><td></td></tr>
<tr><td colspan="2">围墙</td><td></td><td></td><td></td><td></td><td></td></tr>
<tr><td colspan="2">保安、智能化系统</td><td></td><td></td><td></td><td></td><td></td></tr>
<tr><td colspan="2">电梯</td><td></td><td></td><td></td><td></td><td></td></tr>
<tr><td colspan="2">消防水暖空调</td><td></td><td></td><td></td><td></td><td></td></tr>
<tr><td colspan="2">配套建设费合计</td><td></td><td></td><td></td><td></td><td></td></tr>
<tr><td>五</td><td colspan="3">不可预见费(二＋三＋四)×3%</td><td colspan="2"></td><td></td><td></td><td></td></tr>
<tr><td>六</td><td colspan="5">投入成本合计(一＋二＋三＋四＋五)</td><td></td><td></td><td></td></tr>
</table>

☆ ☆ ☆ ☆ ☆ ☆ ☆ ☆ ☆ ☆ ☆ ☆ ☆ ☆ ☆ ☆ ☆ ☆ ☆

<table>
<tr><th>编号</th><th>项目</th><th>成本名称</th><th>数量</th><th>单价/费率</th><th>总价</th><th>折合楼面单价</th><th>备注</th></tr>
<tr><td>七</td><td colspan="2">公司管理费用(六)×2.5%</td><td></td><td></td><td></td><td></td><td></td></tr>
<tr><td>八</td><td colspan="2">推广销售费用(六)×3%</td><td></td><td></td><td></td><td></td><td></td></tr>
<tr><td>九</td><td colspan="2">财务费用及税金</td><td></td><td></td><td></td><td></td><td></td></tr>
<tr><td>十</td><td colspan="2">其他费用</td><td></td><td></td><td></td><td></td><td></td></tr>
<tr><td>十一</td><td colspan="4">运营成本合计(七＋八＋九＋十)</td><td></td><td></td><td></td></tr>
<tr><td colspan="8">编制部门：</td></tr>
</table>

附录6　某房地产项目风险评估报告模板

某某花园 风险评估报告 某某房地产开发有限公司 2011 年 6 月   封面

1. **项目概况**

1.1　项目简介

项目的位置和规模。

1.2　项目现状及周边情况

项目用地情况。由于项目所处是长江中下游平原地带，所以地势比较平坦，但地势较低，海拔高程为 10～13 m（黄海高程），土方工程以填方为主。

目前，在这一区域开发的楼盘主要分布情况为：项目范围内有 5、9、12、15、20 路公交车路过，水、电、市政、环卫、煤气、电信等基础生活配套设施基本齐备，而且随着项目的建设日趋完善。

1.3　项目主要内容

项目总投资由建设投资和融资成本与利息两部分组成。预计总投资×××亿元，规划用地面积×××万平方米，规划建筑总面积为×××万平方米。根据项目初步规划等有关资料，本次项目建设内容如下（具体建筑面积以施工图为准）：

分项列出。

1.4　总投资构成

(1)土地出让金及契税。

(2)工程建设费用:包括建筑、安装工程费用及小区配套费。

(3)其他费用:主要包括规费、管理费、勘测设计费、施工图审查费、工程质量监督费、工程监理费、文明施工增加费等。

(4)资金贴息费用:主要为建设期资金成本费用。

1.5　项目的实施方案

1.5.1　项目运作模式

本项目是通过房地产开发的模式来实现土地的利用价值,以达到效益的最大化。

1.5.2　内部管理方式

由开发公司负责项目总体运作,总公司负责项目策划、资金筹措、投融资管理、建设过程的监控有关事宜。项目建设施工由总公司授权、开发公司组建项目经理部负责建设(具体办法根据公司制度另行制定)。

1.5.3　进度计划

项目控制工期:首批商品房上市预售在2011年10底,上市量约10万平方米。

2. 项目风险分析

房地产投资就是将资金投入到房地产综合开发、经营、管理和服务等房地产业的基本经济活动中,以期将来获得不确定的收益。它是进行房地产开发和经营的基础,其结果是形成新的可用房地产或改造原有的房地产。而在这个投资活动过程中,收益与风险是同时存在的,特别是处在经济转轨时期的中国房地产投资,风险更是在所难免。

2.1　项目的政策风险

政策风险是指由于国家或地方政府有关房地产投资的各种政策发生变化而给投资者带来的损失,例如产业政策、税收政策、金融政策和投资限制等。我国现正处于市场经济改革、经济体制转轨的关键时期,各种有关政策的调整比较频繁,而房地产投资周期相对较长,房地产特别土地是国家宏观调控的重点对象,故房地产投资受政策风险的影响比较大,城市规划的变化不但影响投资房地产的用途,对其利用强度也形成限制,不去理解城市规划的变化方向而盲目投资,对投资者的打击将是巨大的。我国2006年5月出台的《关于调控房地产市场的大条政策(国六条)》以及各种住房公积金、抵押贷款、住房分配制度改革等有关文件、规定,既为房地产投资者提供了机遇,又对其形成了一定的限制,有效地利用各种政策的优惠条件是保证投资成功的前提条件。

2.2　金融风险

房地产投资量大的特点使得一般的投资者都要借助于各种融资工具。据有关资料分析表明,大部分房地产投资中,贷款一般都占总投资的50%以上,有时甚至占80%或90%以上。自有资本和借入资本组合比率是高些好还是低些好是不一定的,主要取决于企业的融资能力和金融市场的环境变化。

1. 融资能力不足

在该项目运作中,需投入的资金量非常大,如此大的资金投入量,单靠开发公司自有资金来保障项目建设可能性非常小。因而，自有资本都是项目投资中的少部分，大部分是通过项目再融资来推进整个项目建设。项目运作的负债比例比较高也是不争事实。为保障项目的顺利运作，开发公司的再融资能力就成为项目是否能如期建成的关键，如果公司对自己的再融资能力估计不足，而盲目开工，必然会产生资金链断裂的风险。

2. 货币利率变化的风险

房地产市场的利率变化风险是指利率的变化对房地产市场的影响和可能给投资者带来的损失。

国家和地区的货币利率波动是经常的、动态的，特别是在全国或全世界性的金融危机期间，其货币利率波动幅度非常大，货币利率波动对项目的建设成本影响较大，直接关系到项目盈利水平的高低。当利率上升时，房地产开发商和经营者的资金成本会增加，消费者的购买欲望随之降低。因此，整个房地产市场将形成一方面生产成本增加，另一方面市场需求降低。这无疑会给投资者经营者带来损失。

2.3 项目控制风险

在该项目运作中，开发公司对项目建设的整体控制能力是决定投资成败的关键，由于项目建设周期内存在着自然、经济、社会、人为等因素的不确定性，必然隐含着一些投资风险，在项目控制中，主要存在以下几种风险。

1. 成本控制风险

房地产开发与其他项目建设一样，受原材料价格变化、劳动力成本增加、工期迟延、通货膨胀、汇率波动、利率变化以及环境和技术等方面的影响而增加投资风险。同时，房地产开发也有其自身的特殊性。

房地产开发不同于建设工程总承包。建设工程总承包只负责建设工程施工，即根据建设工程总承包合同约定的合同总价或计价办法、建设工期、质量标准等要求，按照建设方提供的设计资料完成施工任务，其成本控制仅是施工过程中的成本，不包括项目前期工作、项目设计等成本构成，成本的可控性较高。而在房地产开发过程中，从项目的征地、可行性研究开始，到项目的规划、施工图设计、施工、销售，到最后项目的竣工交付使用，开发商几乎承担了项目建设中的所有成本风险，无论是哪一环节成本控制出现偏差，都会导致整个项目成本控制的不确定。

2. 建设工期、质量、安全控制的风险

工程能否在规定的工期内按照合同约定的质量、安全标准完工，将直接关系到房地产公司的投资赢利。作为一个开发项目，控制项目工期、安全、质量也是成本控制的重要环节。如工期不能按照合同要求，或者是工程的安全、质量出现问题，一方面资金占用时间延长，资金成本增大；另一方面，会造成房屋销售合同交房时间的违约而引发赔偿；更重要的是会造成社会上的不良反应，使企业的信誉受到损害。

2.4 项目的经营风险

经营风险是由于房地产投资经营上的失误（或其可能性），造成实际经营结果偏离预期望值的可能性；经营风险起源于投资内部问题和项目的经济环境情况，如市场分析能力、管理水平、管理效率低，使用经营费用超过预计值，房屋空置率高，租金回笼等问题，都将使企业的营业收入小于预期值。经济环境可能不理想，对房地产的需求偏低，会产生比预期高的空置率。

1. 市场风险

市场风险是指由于房地产价格的变动而引起的投资损失。房地产市场是一个特殊的市场，由于房地产的不可移动性，房地产时常一般只受区域性因素的影响。土地市场一般可分为一级出让市场和二级转让市场，垄断性较强。房地产市场供求的变化在很大程度上牵制着房地产投资收益的实现及其大小。例如房地产市场价格水平的波动、房地产消费市场的局限等都是引起市场风险的原因。

2. 购买力风险

购买力风险主要是指市场中因消费者购买能力变化而导致房地产商品不能按市场消化，造成经济上的损失。购买力风险是一种需求风险，在市场经济体制中，需求是一个非常不定的因素。由于消费者的购买力是不断发生变化的，受工作环境、生活环境、社会环境、消费结构等影响，如果整体市场上需求下降，将会给房地产投资商经营者带来损失。

3. 资金变现风险

资金变现风险就是将非货币的资产或有价证券兑换成货币。不同性质的资产或证券其变成货币的难易程度是不同的，一般来说，储蓄存款、支票等的变现性能最好，股票外汇、期货和债券投资等的变现性能次之，房地产投资的变现性能较差。房地产资金变现风险主要是指在交易过程中可能因变现的进展和方式变化而导致房地产商品不能变成货币或延迟变成货币，从而给房地产经营者带来损失。

4. 商业风险

商业风险是房地产投资在房地产置业投资和由于经营费用超过经营收入而引起的投资损失。商业风险是一种综合性风险，是多种因素综合作用的结果，这些因素作用具有不确定性。但投资者仍可通过各种手段对商业风险进行防范，例如投资者可以通过抵押贷款的方式，利用固定利率将投资部分风险转移给银行。投资者也可以通过委托物业管理的方式，将投资的部分商业风险转移给物业管理公司。

2.5 其他不可抗力风险

由于自然因素的不确定性、不可抗性（如地震、洪水、风暴、火灾等）以及土地的自然地理和技术经济特性带来的风险。

3. 项目投资风险防范措施

3.1 对房地产市场进行全面的调查，作出科学的预测

仔细分析房地产开发周期并预测其变动，选择最佳开发时机；分析房地产开发所涉及的地理环境条件并预测其变化以及早投资开发具有价值增长潜力的地块；充分了解国家政策并预测国家未来对房地产政策有何变化，是限制还是鼓励，特别对《关于调控房地产市场的六条政策（国六条）》以及建房部建住房［2006］165号文件的精神都要进行专业的分析；同时，要分析社会对房地产市场的需求类型和需求量并预测其变化，以确定开发项目和开发规模；要利用一切可能得到的信息资料，充分考虑到其他开发项目的竞争，尽可能准确地预测拟开发项目的费用与收益。对现有的本项目进行系统的可行性研究分析，并选择在适当的时候开发适当的项目，抓住机遇，这样既可以创造效益，又可以大大减少不必要的风险投资费用。

3.2 采用多样化(或组合化)投资

看准房地产市场,把资金有选择地投放到不同时期开发的项目上,投资建造不同收入层次居民所需的不同类型住宅、写字楼、商店和娱乐场等,以减少未来收益的不确定性。因为各种不同类型房地产的开发风险大小不一,收益高低相应不同。一般而言,开发项目收益率相对较高的风险大,开发项目收益率相对较低的风险小。如果资金分别投入到不同的房地产开发项目,整体开发风险就会降低,其实质就是用个别房地产开发的高收益去弥补个别低收益的房地产损失,最终获取一个较为平均的收益。房地产多样化投资的关键是如何合理地确定投入不同类型的房地产的资金比例,使得既可降低开发风险又可获取较高的收益率。所以我们在本项目设规划过程中,结合本地的实际情况,既设计有多层住宅,也有小高层、高层住宅,还有连排别墅、商业办公用房等。

3.3 以财务方式控制风险

(1)通过正当、合法的非保险手段(如合同条款的拟定)将风险转嫁给其他经济单位。将施工中危险性较高的工作转包给其他的专业性施工单位,从而减少自己的风险责任。实行项目股份化和项目风险抵押承包,将经营风险分散到全体股东身上。

(2)通过向保险公司投保,以缴纳保险费为代价,将风险转移给保险公司承担。保险作为一种及时、有效、合理的分摊损失和实施经济补偿的方式,一直是处置风险的主要手段。

(3)增加融资渠道,加强与当地商业银行的合作以取得良好的贷款信誉度,加大房屋预售力度,所得预售款项重新投入项目的工程建设。同时通过“宏图”计划也为项目的融资提供了更多的资金来源。

3.4 科学规划、合理定位,提高品味,促进销售

房地产开发项目的市场定位包括项目的产品定位、建筑产品的质量定位、建设环境的品质定位,都是根据充分的市场调查、项目的经济技术分析、项目可行性研究报告做出的,可以作为指导项目决策、项目设计、项目营销策划方案等前期工作的依据。我们根据市的实际情况,高起点地对项目进行了市场定位,做大做强,力争将该项目做成一流品味、一流环境的综合居住社区,并以此来带动销售,真正做到一流的品牌,成为本地区的开发企业的领头军。

3.5 通过签约尽量固定那些对利润敏感的变量

例如,利息支出增长的风险可通过签订固定利率贷款合同来减小,建造费用增加的风险可通过与建筑企业签订固定预算合同来减小,工程不能按期完工的风险可通过承包合同中延期罚款的条款来降低。

3.6 加强管理,缩短工期

尽早完成开发项目,以降低在开发期内由于社会经济条件的变化而带来的风险,并在开发过程中加强项目管理,控制成本,保证安全、保证质量。

此外,还应根据开发的需要有针对性地对从事房地产开发的人员进行培训。根据企业自身的资产负债能力与获取资本的能力,合理确定开发方式。

4. 结论

总之,房地产投资是一种特殊的投资方式,投资周期长、投资量大、收益大,同时投资的物体具有不可移动性、投资易受政策影响等特点也造成风险大。但只要我们针对不同类型、不同

概率和不同规模的风险，采取相应的措施和方法，就能避免房地产投资风险或使房地产投资过程中的风险减到最低程度。通过以上种种风险分析以及应对措施的设计，对于本项目的开发项目我们相信有能力规避主要风险，并将次要风险减到最低程度，力争将该项目建成一流的居住社区。

2010 年 6 月 28 日

附录7　安全生产评价表

施工企业安全生产评价表

企业名称(公章)

年　　月　　日

封面

表1　安全生产管理制度分项评分

序号	评分项目	评分标准	评分方法	总分	减分	得分
1	安全生产责任制度	未按规定建立安全生产责任制度或制度不齐全,扣10~25分 责任制度中未制定安全管理目标或目标不齐全,扣5~10分 承发包合同中无安全生产管理职责和指标,扣5~10分 有关层次、部门、岗位人员以及总分包安全生产责任制未得到确认或未落实,扣5~10分 未制定安全生产奖惩考核制度或制度不齐全,扣5~10分 未按安全生产奖惩考核制度落实奖罚,扣3~5分	查管理制度目录、内容,并抽查企业及施工现场相关记录	25		
2	安全生产资金保障制度	未按规定建立制度或制度不齐全,扣10~20分 未落实安全劳防用品资金,扣5~10分 未落实安全教育培训专项资金,扣5~10分 未落实保障安全生产的技术措施资金,扣5~10分		20		

续表

<table>
<tr><th>序号</th><th>评分项目</th><th>评分标准</th><th>评分方法</th><th>总分</th><th>减分</th><th>得分</th></tr>
<tr><td>3</td><td>安全教育培训制度</td><td>未按规定建立制度,扣20分
制度未明确项目经理,安全专职人员,特殊工种、待岗、转岗、换岗职工,新进单位从业人员安全教育培训要求,扣5~15分
企业无安全教育培训计划,扣10分
未按计划实施教育培训活动或实施记录不齐全,扣5~10分</td><td rowspan="3">查管理制度目录、内容,并抽查企业及施工现场相关记录</td><td>20</td><td></td><td></td></tr>
<tr><td>4</td><td>安全检查制度</td><td>未按规定制定包括企业和各层次安全检查制度,扣20分
制度未明确企业、项目定期及日常、专项、季节性安全检查的时间和实施要求,扣3~5分
制度未规定对隐患整改、处置和复查要求,扣3~5分
检查和隐患处置、复查的记录或隐患难整改未如期完成,扣5~10分</td><td>20</td><td></td><td></td></tr>
<tr><td>5</td><td>生产安全事故报告处理制度</td><td>未按规定制定事故报告处理制度或制度不齐全,扣5~10分
未按规定实施事故的报告和处理,未落实“四不放过”,扣10~15分
未建立事故档案,扣5分
未按规定办理意外伤害保险,扣10分;意外伤害保险办理率不满100%,扣1~10分
未制定事故应急预案,未建立应急救援小组或指定专门应急救援人员,扣5~10分</td><td>15</td><td></td><td></td></tr>
<tr><td colspan="4">分项评分</td><td></td><td></td><td></td></tr>
</table>

注:“四不放过”指事故原因未查清不放过,职工和事故责任人受不到教育不放过,事故隐患不整改不放过,事故责任人不处理不放过。

评分员:　　　　　　　　　　　　　　　　　　　　　年　　月　　日

表2　资质、机构与人员管理分项评分

序号	评分项目	评分标准	评分方法	总分	减分	得分
1	企业资质和从业人员资格	企业资质与承发包生产经营行为不相符,扣30分 总分包单位主要负责人、项目经理和安全生产管理人员未经过安全考核合格,不具备相应的安全生产知识和管理能力,扣10~15分 其他管理人员、特殊工种人员等从业人员未经过安全培训,不具备相应的安全生产知识和管理能力,扣5~10分	查企业资质证书与经营手册,抽查上岗证及教育培训记录,抽查施工现场	30		
2	安全生产管理机构	企业未按规定设置安全生产管理机构或配备专职安全生产管理人员,扣10~25分 无相应安全管理体系,扣10分 各级未配备足够的专、兼职安全生产管理人员,扣5~10分	查企业安全管理组织网络图,安全管理人员名册清单等	25		
3	分包单位资质和人员资格管理	未制定对分包单位资质资格管理及施工现场控制的要求和规定,扣15分 缺乏对分包单位资质和人员资格管理及施工现场控制的证实材料,扣10分 分包单位承接的项目不符合相应的安全资质管理要求,扣15分 50人以上规模的分包单位未配备专、兼职安全生产管理人员,扣3~5分	查企业对分包单位管理记录、合格分包方名录,抽查施工现场管理资料	25		
4	供应单位管理	未制定对安全设施所需材料、设备及防护用品的供应单位的控制要求和规定,扣20分 无安全设施所需材料、设备及防护用品供应单位的生产许可证或行业有关部门规定的证书,每起扣5分 安全设施所需材料、设备及防护用品供应单位所持生产许可证或行业有关部门规定的证书与其经营行为不相符,每起扣5分	查企业对分供单位管理记录、合格分供方名录,抽查施工现场管理资料	20		
	分项评分					

注:表中涉及的大型设备装拆的资质、人员与技术管理,应按表4中"大型设备装拆安全控制"规定的评分标准执行。

评分员:　　　　　　　　　　　　　　　　　　　　年　　月　　日

表3 安全技术管理分项评分

序号	评分项目	评分标准	评分方法	总分	减分	得分
1	危险源控制	未进行危险源识别、评价,未对重大危险源进行控制策划、建档,扣10分 对重大危险源未制定有针对性的应急预案,扣10分	查企业及施工现场相关纪录	20		
2	施工组织设计(方案)	无施工组织设计(方案)编制审批制度,扣20分 施工组织设计中未根据危险源编制安全技术措施或安全技术措施无针对性,扣5~15分 施工组织设计(方案,包括修改方案)未经技术负责人组织安全等有关部门审核、审批,扣5~10分	查企业技术管理制度,抽查企业备份或施工现场的施工组织设计	20		
3	转向安全技术方案	专业性强、危险性大的施工项目,未按要求单独编制转向安全技术方案(包括修改方案)或专项安全技术方案(包括修改方案)无针对性,扣5~15分 专项安全技术方案(包括修改方案)未经有关部门和技术负责人审核、审批,扣10~15分 方案未按规定进行计算和图示,扣5~10分 技术负责人未组织方案编制人员对方案(包括修改方案)的事实进行交底、验收和检查,扣5~10分 未安排专业人员对危险性较大的作业进行安全监控管理,扣3~5分	抽查企业备份或施工现场的专项方案	20		
4	安全技术交底	未制定各级安全技术交底的相关规定,扣15分 未有效落实各级安全技术交底,扣5~15分 交底无书面交底记录,交底未履行签字手续,扣3~5分	查企业相关规定或企业备份及施工现场交底资料	15		
5	安全技术标准、规范和操作规程	未配备现行有效的、与企业生产经营内容选的安全技术标准、规范和操作规程,扣15分 安全技术标准、规范和操作规程配备有缺陷,扣5~10分	查企业规范目录清单,抽查企业及施工现场的规范、标准、操作规范	15		
6	安全设备和工艺的选用	选用国家明令淘汰的设备或技术,扣10分 选用国家推荐的新设备、新工艺、新材料,或有市级以上安全生产技术成果,加5分	抽查施工组织设计和专项方案及其他记录	10		
分项评分						

注:表中涉及的大型设备装拆的资质、人员与技术管理,应按表4中“大型设备装拆安全控制”定性的评分标准执行。

评分员: 年 月 日

表4　设备与设施管理分项评分

序号	评分项目	评分标准	评分方法	总分	减分	得分
1	设备安全管理	未制定设备(包括应急救援器材)安装(拆除)、验收、监测、使用、定期保养、维修、改造和报废制度或制度不完善、不齐全,扣10~25分 设备未按规定安装(拆除)、验收、监测、使用、定期保养、维修、改造和报废,扣5~15分 向不具备相应资质的企业和个人出租或租用设备,扣10~25分 无企业设备管理档案台账,扣5分 设备租赁合同未约定各自安全生产管理职责,扣5~10分	查企业设备安全管理制度,查企业设备清单和管理档案,抽查施工现场设备及管理资料	25		
2	大型设备装拆安全控制	装拆由不具备相应资质的单位或不具备相应资格的人员承担,扣25分 大型起重设备装拆无经审批的专项方案,扣10分 装拆未按规定做好监控和管理,扣10分 未按规定检测或检测不合格即投入使用,扣10分	抽查企业备份或施工现场方案及实施记录	25		
3	安全设备和防护管理	企业对施工现场的平面布置和有较大危险因素的场所及有关设施、设备缺乏安全警示标志的统一规定,扣5分 安全防护措施和警示、警告标示不符合安全色与安全标志规定要求,扣5分	查相关规定,抽查施工现场	20		
4	特种设备管理	未按规定制定管理要求货物专人管理,扣10分 未按规定检测合格后投入使用,扣10分	抽查施工现场	15		
5	安全检查测试工具管理	未按有关规定配备相应的安全监测工具,扣5分 配备的安全监测工具无生产许可证和产品合格证或证件不齐全,扣5分 安全监测工具未按规定进行复检,扣5分	查相关记录,抽查施工现场监测工具	15		
分项评分						

评分员：　　　　　　　　　　　　　　　　　　　　　年　　月　　日

表5　安全生产业绩单项评分

序号	评分项目	评分标准	评分方法	总分	减分	得分
1	生产安全事故控制	安全事故累计死亡人数2人,扣30分 安全事故累计死亡人数1人,扣20分 重伤事故年重伤率大于0.6%,扣15分 一般事故年平均月频率大于3‰,扣10分 隐瞒重大事故,扣30分	查事故报表和事故档案	30		
2	安全生产奖惩	受到降级、暂扣资质证书处罚,扣15分 各类检查中项目因存在安全隐患被指令停工整改,每起扣5~10分 受到建设行政主管部门警告处分,每起扣5分 受到建设行政主管部门经济处罚,每起扣10分 文明工地,国家级每项加15分,省级每项加8分,地市级每项加5分,县级每项加2分 安全标化工地,省级每项加3分,地市级每项加2分,县级每项加1分 安全生产先进单位,省级每项加5分,地市级每项加3分,县级每项加2分	查各级行政主管部门管理信息资料,各类有效证明材料	25		
3	项目施工安全检查	按《建筑施工安全检查标准》(JG 59—99)对施工现场进行各级大检查,项目合格率低于100%,每低1%扣1分;检查优良率低于30%,每低1%扣1分 省级及以上安全检查通报表扬,每项加3分;地市级安全检查通报表扬,每项加2分 省级及以上通报批评,每项扣3分;地市级通报表扬,每项扣2分 因不文明施工引起投诉,每起扣2分 未按建设安全主管部门签发的安全隐患整改指令书落实整改,扣5~10分	查各级行政主管部门管理信息资料、各类有效证明材料	25		
4	安全生产管理体系推行	企业未贯彻安全生产管理体系标准,扣20分 施工现场未推行安全生产管理体系,扣5~15分 施工现场未推行安全生产管理体系推行率低于100%,每低1%扣1分	查企业相应管理资料	20		
	单项评分					

评分员:　　　　　　　　　　　　　　　　年　　月　　日

施工企业安全生产评价汇总表

企业名称：　　　　　　　　　　　　　　经济类型：

资质等级：　　　　　　　　　　　　　　上年度施工产值：　　　　　　　　　　在册人数：

<table>
<tr><td colspan="3">安全生产条件单项评价</td><td colspan="2">安全生产业绩单项评价</td></tr>
<tr><td>序号</td><td>评分分项</td><td>实得分
（满分 100 分）</td><td rowspan="6">单项评分实得分
（满分 100 分）</td><td rowspan="6"></td></tr>
<tr><td>①</td><td>安全生产管理制度</td><td></td></tr>
<tr><td>②</td><td>资质、机构与人员管理</td><td></td></tr>
<tr><td>③</td><td>安全技术管理</td><td></td></tr>
<tr><td>④</td><td>设备与设施管理</td><td></td></tr>
<tr><td colspan="2">单项评分实得分
①×0.3+②×0.2+③×0.3+④×0.2</td><td></td></tr>
<tr><td colspan="2">分项评分表中的实得分为零
的评分项目数/个</td><td></td><td>分项评分表中的
实得分为零的评
分项目数/个</td><td></td></tr>
<tr><td colspan="2">单项评价等级</td><td></td><td>单项评价等级</td><td></td></tr>
<tr><td colspan="2">安全生产能力
综合评价等级</td><td colspan="3"></td></tr>
</table>

评价意见：

<table>
<tr><td>评价负责人
（签名）</td><td></td><td>评价人员
（签名）</td><td></td></tr>
<tr><td>企业负责人
（签名）</td><td></td><td>企业签章</td><td></td></tr>
</table>

评分员：　　　　　　　　　　　　　　　　　　　　　　　　年　　月　　日

附录 8　项目质量管理计划模板(目录)

项目质量管理计划

项目名称：
顾客：
合同号：
版本：

编制：
审核：
批准执行：
受控状态：
发放编号：

年　月　日发布　　　年　月　日实施

封面

目录

一、工程概况
二、质量目标
三、质量管理组织机构
　1. 组织体系图
　2. 工作机构图
四、质量生产责任制
　1. 指挥部质量生产责任制
　2. 项目部质量生产责任制
　3. 作业层质量生产责任制
五、工程质量过程控制

1. 测量控制
2. 设计文件及技术标准审查
3. 施工技术交底
4. 变更设计管理
5. 技术资料及质量记录的管理和控制
6. 物资采购和进货检验控制
7. 检验、测量和试验仪器控制
8. 关键工序和特殊工序质量控制
9. 对不合格品的控制
10. 劳务队伍的质量管理和控制

六、质量管理制度

1. 工程质量检查制度
2. 工程质量自纠制度
3. 工程质量事故申报制度
4. 隐蔽工程检查签证制度
5. 质量教育制度
6. 质量分析会制度
7. 纠正和预防制度
8. 质量跟踪卡制度

七、工程质量检查程序

1. 工程质量检查制度
2. 施工工序检查
3. 隐蔽工程检查
3. 检验批及分项、分部、单位工程检查
5. 工程竣工检查

八、现场管理(含质量管理)检查评比制度

九、关键工序质量控制及防范措施

1. 防范技术失误造成工程事故的措施
2. 防原材料质量不合格的措施
3. 防范施工延期事故的措施
4. 房屋建筑工程

附录9　某市建设项目施工安全管理目标合同书

甲方:××市建设工程质量安全监督站

乙方:(施工企业)

根据《中华人民共和国建筑法》《中华人民共和国安全生产法》《建设工程安全生产管理条例》等有关法律、法规和条例及国家、省、市关于加强建设工程安全生产管理的各项规定,为搞好我市建设行业安全生产管理,明确甲、乙双方在项目施工过程中各自的安全管理责任,创造良好的安全生产环境,实现我市各建设项目施工现场安全管理标准化、减少工伤事故、遏制死亡事故和杜绝重特大事故发生的管理目标,特制定如下责任书。

一、甲方责任

(1)对乙方承建的在建工程项目负有安全生产监督责任,认真履行安全监管职责,并委派专职安全监管人员对施工现场进行监督和指导。

(2)负责对乙方工程项目开工前的安全生产状况进行现场核查,乙方提供的相关资料不全,安全防护费、文明施工措施未落实,未办理该工程项目的建筑施工人员意外伤害保险及场地和设施准备不到位等,不符合安全生产条件的,不得允许开工建设。

(3)向乙方传达上级关于加强安全生产工作的各项指示精神,并根据工作需要随时对在建工程项目的安全生产情况进行检查、调查和索取有关资料。

(4)对乙方的安全生产管理保证体系和工程项目安全生产专项费用的计提和使用管理情况进行核查。对项目经理、施工员、安全员、总监和监理工程师等施工管理人员和特种作业人员的持证上岗情况进行复验。

(5)指导乙方对从业人员进行安全培训教育,宣传建设工程安全生产有关的法律、法规、条例、规范标准及管理规定等,监督乙方对施工安全进行技术交底和安全自检。

(6)监督乙方对施工现场的安全管理,包括安全作业卫生环境、文明施工、安全防护措施的落实等内容,同时督促隐患整改,消除安全隐患。

(7)对乙方项目从开工到竣工不少于三次全面的安全检查评分和验收,并根据历次的检查评分情况搞好项目的竣工验收备案管理,如乙方安全隐患整改不到位,或没有整改回复报告的,不得办理工程竣工验收手续。

二、乙方责任

(1)必须建立健全该项目的安全生产责任制等保证体系,建立以项目经理为本项目安全生产第一责任人、专职安全员为项目安全生产管理主要负责人的安全生产领导小组,所有施工管理人员都要持证上岗,坚守工作岗位,强化对项目施工安全隐患的排查和落实整改工作。

(2)必须严格执行国家、省、市制定的有关建设工程安全生产的法律、法规、政策、规范标准及管理办法,认真搞好施工现场的安全管理和防护,经常开展安全隐患自查和整改工作。自觉接受、服从甲方的监督和下达的安全隐患整改指令,认真落实整改措施,对隐患整改的落实要有回复意见，确保施工安全，不得使用禁用的脚手架、机械设备和伪劣防护器材等。

(3)认真搞好项目部所有从业人员的三级安全教育工作，做好班组班前、班中、班后安全教育、技术交底和检查工作，分部分项工程的每次安全交底必须有记录，从业人员受教育面要达到100%，岗前教育不到位的不准从事施工作业。特种作业人员要持证上岗，无证人员不准从事相应工作，不得接收未成年工、童工、逃避计划生育管理和雇用身份不明人员从事施工活动，严禁酒后、疲劳和带病作业。

(4)乙方必须按规范要求文明施工，并随时接受上级质安监管机构的检查。

(5)乙方应根据工程进度，及时如实做好项目施工安全技术资料。人员培训、隐患查处、落实整改、检查评分等情况，历次都要清楚记录在案，不得弄虚作假。

三、责任追究

甲、乙双方应自觉履行职责，不得有任何违规行为发生。

(1)甲方自觉接受乙方及社会对履职行为的监督，查实存在失职、渎职和吃拿卡要等不良行为，将严肃追究相关人员责任。

(2)乙方未取得建设工程施工许可证擅自施工的，按照有关法律法规等进行处罚。

(3)对安全生产条件较差、不按要求落实整改措施、安全生产不合格的项目，甲方将不予办理竣工验收和备案手续。

(4)对不认真履行安全生产职责的责任主体单位和项目相应管理人员，将采取报记不良行为记录、报处行政处罚、上报扣证、上报吊销从业资格等处罚。

(5)对不认真履职造成重大责任事故的相应人员，将由有关部门依法追究法律责任。

(6)乙方使用无证作业人员、未成年人员和与《中华人民共和国劳动合同法》相违背的人员，视情节轻重给予处罚。

甲方：　　　乙方：

××市建设工程质量施工企业(盖章)

安全监督站(盖章)

年　　月　　日

附录 10　竣工结算书样表

1. 结算书封面

结算书封面通常包括工程名称、建设单位、施工单位、编制人员（即造价员、造价工程师）、编制时间。我国不同地区、不同单位要求不同，有些地区要求在结算书封面之前加上结算报送申请表等。

工程名称： 编号： **建设工程结算书** 建设单位： 施工单位： 造价工程师： 编制时间： 封面

2. 编制说明

编制说明一般包括编制依据、编制概况、工程概况和施工范围、其他补充说明等。

编制说明

一、编制依据

1.（支撑编制本结算的相关文件等）

2.

二、编制概况

1.（编制结算书的情况说明）

2.

三、工程概况和施工范围

工程名称：

建筑面积或容积：

建筑层高/总高：

工程设计主要特点概述：

四、其他说明

1.（对前几点未尽事项的补充说明）

2.

3. 目录

1）工程项目造价汇总表

2）单项工程费用表

3）单位工程汇总表

4）分部分项工程费增（减）表

5）措施项目费增（减）表

6）其他项目费增（减）表

7）零星工作项目费增（减）表

8）主要材料、设备增减表（乙供材料、设备表）

9）主要材料、设备增减表（甲供材料、设备表）

4. 工程费用表

5. 工程结算费用汇总

工程计算费用汇总表的数据展现的是修建整个过程实际产生的费用总和，它的数据支撑来源于后续的多个明细表。

工程项目造价汇总表

工程名称：　　　　　　　　　　　　　　　　　　　　　　　　　　第　　页共　　页

序号	单项工程名称	合同价/元	送审增减价/元	送审价/元	备注
1					
2					
	合　　计				

单项工程费用表

工程名称：　　　　　　　　　　　　　　　　　　　　　　　　　　第　　页共　　页

序号	单位工程名称	合同价/元	送审增减价/元	送审价/元	备注
1					
2					
3					
	合　　计				

单位工程费用表

工程名称：　　　　　　　　　　　　　　　　　　　　　　　　　　第　　页共　　页

<table>
<tr><th>序号</th><th>单项工程名称</th><th>合同价/元</th><th>送审增减价/元</th><th>送审价/元</th><th>备注</th></tr>
<tr><td>1</td><td>分部分项工程费</td><td></td><td></td><td></td><td></td></tr>
<tr><td>2</td><td>措施项目清单费</td><td></td><td></td><td></td><td></td></tr>
<tr><td>3</td><td>其他项目清单费</td><td></td><td></td><td></td><td></td></tr>
<tr><td rowspan="4">4</td><td>规费</td><td rowspan="4"></td><td rowspan="4"></td><td rowspan="4"></td><td rowspan="4"></td></tr>
<tr><td>劳动定额测定费</td></tr>
<tr><td>劳动保险费</td></tr>
<tr><td>安全监督费</td></tr>
<tr><td>5</td><td>税金</td><td></td><td></td><td></td><td></td></tr>
<tr><td></td><td>合　　计</td><td></td><td></td><td></td><td></td></tr>
</table>

分部分项工程费增(减)表

工程名称：　　　　　　　　　　　　　　　　　　　　　　　　第　　页共　　页

序号	项目编号	项目名称	计量单位	工程数量		综合单价/元		合价/元		备注
				合同量	送审增减量	合同价	送审增减价	合同价	送审增减价	
1										
2										
3										
4										
		本页小计								
		合　计								

措施项目费增(减)表

工程名称：　　　　　　　　　　　　　　　　　　　　　　　　第　　页共　　页

序号	项目名称	合同价/元	送审增减价/元	增减原因说明
1				
2				
3				
	合　计			

其他项目费增(减)表

工程名称：　　　　　　　　　　　　　　　　　　　　　　　　第　　页共　　页

序号	项目名称	合同价/元	送审增减价/元	增减原因说明
1	招标人部分			
	小　计			
2	投标人部分			
	合　计			

分部分项工程费增(减)表

工程名称：　　　　　　　　　　　　　　　　　　　　　　第　　页共　　页

序号	名称	计量单位	数量		综合单价/元		合价/元		增减原因说明
			合同量	送审增减量	合同价	送审增减价	合同价	送审增减价	
1	人工								
	小　计								
2	材料								
	小　计								
3	机械								
	小　计								
	本页小计								
	合　计								

主要材料、设备增减表一

乙供材料、设备表

工程名称：　　　　　　　　　　　　　　　　　　　　　　第　　页共　　页

序号	材料编号	材料名称	规格、型号等特殊要求	单位	工程数量		综合单价/元		增减原因说明
					合同量	送审增减量	合同价	送审增减价	
1									
2									
3									
4									

主要材料、设备增减表二

甲供材料、设备表

工程名称：　　　　　　　　　　　　　　　　　　　　　　第　　页共　　页

序号	材料编号	材料名称	规格、型号等特殊要求	单位	工程数量		综合单价/元		增减原因说明
					合同量	送审增减量	合同价	送审增减价	
1									
2									
3									
4									

附录 11　竣工决算报表

基 本 建 设 项 目 竣 工 财 务 决 算 报 表

建设单位(盖章)：

建设项目名称：

建设单位负责人(签章)：　　　　建设单位财务负责人(签章)：

联系电话：　　　　　　　　　　联系电话：

编报日期：　　年　　月　　日

封皮

基本建设项目概况表

建竣决01表

<table>
<tr><td>建设项目（单项工程）名称</td><td colspan="3"></td><td>建设地址</td><td></td><td rowspan="9">基建支出</td><td>项目</td><td>概算/元</td><td>实际/元</td><td>备注</td></tr>
<tr><td>主要设计单位</td><td colspan="3"></td><td>主要施工企业</td><td></td><td>建筑安装工程</td><td></td><td></td><td></td></tr>
<tr><td rowspan="3"></td><td rowspan="3">设计</td><td rowspan="3">实际</td><td rowspan="3">总投资/万元</td><td>设计</td><td>实际</td><td>设备、工具、器具</td><td></td><td></td><td></td></tr>
<tr><td rowspan="2"></td><td rowspan="2"></td><td>待摊投管</td><td></td><td></td><td></td></tr>
<tr><td>其中：建设单位支出</td><td></td><td></td><td></td></tr>
<tr><td rowspan="2">新增生产能力</td><td colspan="3">能力（效益）名称</td><td>设计</td><td>实际</td><td>其他投资</td><td></td><td></td><td></td></tr>
<tr><td colspan="3"></td><td></td><td></td><td>待核销基建支出</td><td></td><td></td><td></td></tr>
<tr><td rowspan="2">建设起止时间</td><td>设计</td><td colspan="2">竣工</td><td colspan="2"></td><td>非经营项目转出投资</td><td></td><td></td><td></td></tr>
<tr><td>实际</td><td colspan="2">竣工</td><td colspan="2"></td><td>合　　计</td><td></td><td></td><td></td></tr>
<tr><td>设计概算批准文号</td><td colspan="10"></td></tr>
<tr><td rowspan="3">完成主要工程质量</td><td colspan="5">建议规模</td><td colspan="5">设备（台、套、吨）</td></tr>
<tr><td colspan="3">设计：</td><td colspan="2">实际：</td><td colspan="2">设计：</td><td colspan="3">实际：</td></tr>
<tr><td colspan="3"></td><td colspan="2"></td><td colspan="2"></td><td colspan="3"></td></tr>
<tr><td rowspan="5">收据工程</td><td colspan="3">工程项目、内容</td><td colspan="2">已完成投资额</td><td colspan="2">尚需投资源泉</td><td colspan="3">完成时间</td></tr>
<tr><td colspan="3"></td><td colspan="2"></td><td colspan="2"></td><td colspan="3"></td></tr>
<tr><td colspan="3"></td><td colspan="2"></td><td colspan="2"></td><td colspan="3"></td></tr>
<tr><td colspan="3"></td><td colspan="2"></td><td colspan="2"></td><td colspan="3"></td></tr>
<tr><td colspan="3">小计</td><td colspan="2"></td><td colspan="2"></td><td colspan="3"></td></tr>
</table>

填表规则：1. 表中各有关项目的设计、概算等指标，根据批准的设计、概算等文件确定的数字填列。实际指标根据项目建设的实际完成情况填列。2. 表中基建支出各项数字是指建设项目从开工之日起至达到办理竣工财务决算之日止发生的全部基本建设支出。基本建设单位管理费是指建设单位从筹建之日起至办理竣工财务决算之日止发生的管理性质的开支。3. 表中设计概算批准文号根据实际批准的文件填列，包括各次经批准调整（修正）的概算文件文号。4. 表中收尾工程指建设项目竣工验收后还遗留的少量尾工（由于规划、设计等原因暂时无法完成而又必须实施的单位、分部分项工程），这部分工程的成本如果没有施工图预算（标底），可根据设计概算填列，如果已编制施工图预算，则按施工图预算（标底）填列，但均应事先报计划、财政部门同意，并做出详细说明，待完工后再将具体实施情况报计划、财政部门，可不再编制竣工财务决算。

基本建设项目竣工财务决算表

建竣决 02 表　　　　　　　　　　　　　　　　　　　　　　万元

资金来源	金额	资金占用	金额
资金来源		一、基本建设支出	
一、基建拨款		1. 交付使用资产	
1. 预算拨款		2. 在建工程	
2. 基建基金拨款		3. 待核销基建支出	
其中:国债专项资金拨款		4. 非经营项目转出投资	
3. 专项建设基金拨款		二、应收生产单位投资借款	
4. 进口设备转账拨款		三、拨付所属投资借款	
5. 器材转账拨款		四、器材	
6. 煤代油专用基金拨款		其中:待处理器材损失	
7. 自筹资金拨款		五、货币资金	
8. 其他拨款		六、预付及应收款	
二、项目资本		七、有价证券	
1. 国家资本		八、固定资产	
2. 法人资本		固定资产原价	
3. 个人资本		减:累计折旧	
4. 外商资本		固定资产净值	
三、项目资本公积		固定资产清理	
四、基建借款		待处理固定资产损失	
其中:国债转贷			
五、上级拨入投资借款			
六、企业债券资金			
七、待冲基建支出			
八、应付款			
九、未交款			
1. 未交税金			
2. 其他未交款			
十、上级拨人资金			
十一、留成收入			
合计			

补充资料：基建投资借款期末余额：　　　　　应收生产单位投资借款期末数：　　　　　基建结余资金：

填表规则：1. 表中资金来源项下“基建拨款”各项、“项目资本”“项目资本公积”“基建借款”“上级拨入投资借款”“企业债券资金”和资金占用项下“交付使用资产”“待核销基建支出”“转出投资”等项目，填列自项目开工建设至竣工止的累计数。

2. 表中其余各项目填列办理竣工验收时的结余数。

3. 表中要注意几个明细科目的填报口径：①“预算拨款”指纳入基本建设支出预算并列报“基本建设支出”科目的预算内拨款，与附表 5 第 4 栏一致；②“自筹资金拨款”项下的“地方财政性资金”“单位、部门资金”分别与附表 5 第 6 栏、第 15 栏相一致；③“其他拨款”主要指社会集资、个人资金、其他单位拨入资金、捐赠等，应与附表 5 第 16 栏相一致；④“待冲基建支出”是专用的备抵科目，核算待冲销的用基建投资借款购建完成的已转至生产单位的交付使用资产；⑤“待核销基建支出”“转出投资”与附表 3 相应的栏目合计数一致，其中：“待核销基建支出”中形成资产部分予以扣减。

4. 补充资料的“基建投资借款期末余额”反映竣工时尚未偿还的基建投资借款数。

5. 资金占用总额等于资金来源总额。

基本建设项目交付使用资产总表

建竣决 03 表　　　　　　　　　　　　　　　　　　　　　　　　　　　元

序号	单项工程项目名称	总计	固定资产								流动资产	无形资产	递延资产
			合　计	建安工程			设备			其他			
				小计	购建金额	待摊投资摊入	小计	购建金额	待摊投资摊入				
1	2	3=4+12+13+14	4=5+8+11	5=6+7	6	7	8=9+10	9	10	11	12	13	14
2													
3													
4													
5													
6													
7													
8													
9													

交付单位：　　　　　　　负责人　　　　　　　　　　　接受单位：　　　　　　　负责人

盖章　　　　　　　　年　　月　　日　　　　　　　　盖章　　　　　　　　年　　月　　日

填表规则：按单项工程分行填列。表中各栏数字应根据“基本建设项目交付使用资产明细表”（建竣决 04 表）中相应单项工程项下各明细项的数字汇总填列，其总计数的加总应分别与建竣决 02 表中的“交付使用资产”及建竣决 04 表中的各单项工程的总计数加总相一致

基本建设项目交付使用资产明细表

建竣决 04 表

序号	单项工程项目（资产）名称	总计	固定资产											流动资产	无形资产	递延资产
			合计	建（安）筑工程				设备、工具、器具、家具								
				结构	面积/平方米	金额/元	待摊投资摊入	规格型号	单位	数量	金额/元	设备安装费/元	待摊投资摊入			
1	2	3=4+15+16+17	4=7+8+12+13+14	5	6	7	8	9	10	11	12	13	14	15	16	17

交付单位：　　　　　　　　　　　　　　　　接受单位：

盖章　　　　年　　月　　日　　　　　　　　盖章　　　　年　　月　　日

填表规则：本表是用来反映交付使用资产的详细内容，编制时，应对建竣决 03 表中各单项工程项下的内容作分类明细填列，并按单项工程进行小计，各小计行中各栏数字应与建竣决 03 表中相应的栏目相一致。

附表1

基本建设项目资产损失明细表

项目	名称	规格型号	计量单位	数量	金额/元			
					账面价值	现存(处理)价值	保险及责任人赔款	净损失
固定资产损失								
	合计							
设备盘亏及毁损								
	合计							
器材处理亏损								
	合计							

项目	账户名称	对方单位	金额/元			发生时间	原因
			账面价值	收回价值	净损失		
坏账损失							
	合计						

项目	单项工程名称	实际支出/元					鉴定、审批部门
		合计	建安投资	设备投资	待摊投资	其他投资	
报废工程损失							

审批意见	主管部门:	财政部门:
	经办人: 公章　年　月　日	经办人: 公章　年　月　日

填表规则:表中固定资产损失。设备盘亏及毁损、器材处理亏损、坏账损失、报废工程损失应分项(户)明细填列,在报经同级财政部门批准(单项工程报废必须经有关部门鉴定)后,据其合计数分别填列待摊投资明细表(附表2)第12~16项。

附表2

待摊投资明细表

元

序号	项目	上报数	核实数	序号	项目	上报数	核实数
1	建设单位管理费			17	中介机构审查(计)费		
	①工资及福利				其中:概预算审查费		
	②各类基本保险费				结算审价费		
	③施工现场津贴			18	借款利息		
	④旅差交通费费				减:存款利息		
	⑤办公费				减:财政贴息		
	⑥业务招待费			19	国外借款手续费及承诺费		

续表

序号	项目	上报数	核实数	序号	项目	上报数	核实数
	⑦竣工验收费			20	汇兑损益		
	⑧其他			21	临时设施费		
				22	工程质量监理费		
2	土地征用及迁移补偿费			23	设备检验费		
3	土地复垦及补偿费			24	负荷联合试车费		
4	项目评估费			25	各项税金		
	其中:贷款项目评估费			26	航道维护费		
5	可行性研究费			27	航标设施费		
6	勘察设计费			28	航测费		
7	初步(扩初)设计费			29	其他待摊投资		
	其中:方案设计费				①白蚁防治费		
	施工图设计费				②基础设施费		
8	招投标(含标底编制)费				③人防费		
9	经济合同仲裁(公证)费				④中小学校附加费		
10	诉讼费				⑤小区公共设施费		
11	律师代理费				⑥墙体材料改造基金		
12	固定资产损失				⑦散装水泥专项资金		
13	设备盘亏及毁损						
14	器材处理亏损						
15	坏账损失						
16	报废工程损失				合　　计		

附列资料：建设单位管理费总控制数　　　万元；　其中:业务招待费控制数　　　万元。

填表规则:各明细项按实际发生数填列,其合计数应分别与基本建设概况表基建支出中的待摊投资及基本建设支出计算明细表(附表4)中的待摊投资相一致。

对于已发生和归集的待摊投资,应由各项应分摊待摊投资的交付使用资产和移交其他单位的未完工程来共同负担。各项应分摊待摊投资的交付使用资产包括建筑安装工程投资;在安装设备投资;其他投资中的基本畜禽支出和林木支出。

各项不应分配待摊投资的资产是指运输设备及其他不需要安装设备投资、工器具投资以及其他投资中的房屋购置、办公生活家具器具、可行性研究固定资产购置。

待摊投资中,土地征用及迁移补偿费应随同房屋、建筑物资产成本直接计入其相关的交付使用资产成本中,其余的待摊投资都要按一定的分配方法分配计入各有关资产的交付使用资产成本中去。常用的分摊方法是:

$$\text{实际分辨率}=\frac{\left(\begin{array}{c}\text{上年结转和本年发生的待摊投资合计}\\\text{(扣除土地征用及迁移补偿费)}\end{array}\right)}{\left(\begin{array}{l}\text{上年结转和本年发生的建筑安装工程}\\\text{投资、在安装设备投资和其他投资中}\\\text{应负担待摊投资部分}\end{array}\right)}\times 100\%$$

$$\begin{array}{l}\text{某项交付使用}\\\text{资产应负担的}\\\text{待摊投资}\end{array}=\left(\begin{array}{l}\text{该项资产直接发生的建筑安装工程}\\\text{投资、需要安装设备投资和其他投}\\\text{资中应负担待摊投资部分合计}\end{array}\right)\times\text{实际分摊率}$$

附表 3

其他投资、转出投资及待核销基建支出明细表　　元

其他投资			待核销基建支出			项目转出投资			
项目内容	上报数	核实数	项目内容	上报数	核实数	项目内容	上报数	核实数	接受单位
房屋购置			城市绿化			专用道路			
无形资产			水土保持			专用通讯设施			
递延资产			退耕还林(草)			送变电站			
			飞播(补助)造林、			地下管道			
			江河清障、河道清淤						
			取消项目可行性研究费						
			项目报废						
			其中:形成的资产						
			合计						
合计			待核销数			合计			

填表规则:各明细项按实际发生数填列,其合计数应分别与基本建设概况表基建支出中的其他投资、转出投资及待核销基建支出及基本建设支出计算明细表(附表4)中的其他投资、转出投资及待核销基建支出相一致。

附表 4

基本建设支出计算明细表　　元

一	建安工程支出					
1	送审项目	送审数	审定数	核增数	核减数	施工(供应)单位
①						
②						
③						
减:	甲供材料					

续表

一	建安工程支出					
加:	自行采购材料					
	小计					
2	未送审项目	上报数	核实数	合同价	实际支出	未送审原因
①						
②						
③						
	小计					
二	设备支出					
1	送审设备、工器具	送审数	审定数	核增数	核减数	施工(供应)单位
①						
②						
③						
	小计					
2	未送审设备、工器具	上报数	核实数	合同价	实际支出	未送审原因
①						
②						
③						
	小计					
三	待摊投资支出			根据附表2填列		
四	其他投资支出			根据附表3填列		
五	待核销基建支出			根据附表3填列		
六	非经营性项目转出投资			根据附表3填列		
	合计					

填表规则:表中合计数应与基本建设概况表中基建支出的合计数相同(指上报数与核实数)。在填制建安工程支出及设备支出时,若送审及未送审项目较多,可按表式另附详细表。

附表5

(非经营性)基本建设项目结余资金处理意见表

元

项目	项目资金来源																基建支出	资金结余	未归还贷款	
	合计	中央、省级预算资金				地方财政性资金				贷款				单位部门资金	其他拨款				
		小计	国债补助	省补专项	其他	小计	市财政补助	镇(街道)配套	村上交(自筹)	其他	小计	国债转贷	商业银行贷款	其他贷款					合计	其中：转贷
	1	2	3	4	5	6	7	8	9	10	11	12	13	14	15	16	17	18	19	20
上报数																				
核实数																				

项目	结余资金分配																	备注
	归还贷款		结余资金余额	建设单位留成(30%)					归还投资各方(70%)									1=2+6+11+15+16=批准概算 17=附表4合计数 18=1-17 21=用结余资金归还贷款数 23=18-21=24+29 24=23×30%=25+26+27+28 29=23×70%=31+33+34 30=2÷(2+6+15) 32=6÷(2+6+15) 31=30×29 32=32×29 34=29-31-33=35+36+37
	合计	其中：转贷		合计	配套设施建设	职工奖励	工程质量奖		合计	中央、省		地方财政		单位、部门				
										比例	金额	比例	金额	小计				
	21	22	23	24	25	26	27	28	29	30	31	32	33	34	35	36	37	
上报数																		
核实数																		

填表规则：表中资金来源各栏目要与基本建设项目竣工财务决算表(建竣决02表)中相应栏目一致，如有项目资本则应根据项目资本的组成分别填入相应的资金来源中(非经营性项目一般应无项目资本)。结余资金的具体分配要经同级财政部门批准后方可进行分配及账务处理。

参 考 文 献

[1] 中华人民共和国建设部. 建设工程项目管理规范[M]. 北京:中国建筑工业出版社, 2006.
[2] 丛培经. 实用工程项目管理手册[M]. 2 版. 北京:中国建筑工业出版社, 2005.
[3] 丁士昭. 中国工程项目管理[M]. 北京:中国建筑工业出版社,2006.
[4] 卢有杰. 现代项目管理学[M]. 北京:首都经济贸易大学出版社,2005.
[5] 殷焕武,王振林. 项目管理导论[M]. 北京:机械工业出版社,2005.
[6] 邱菀华. 现代项目管理导论[M]. 北京:机械工业出版社,2009.
[7] 阿迪德吉 · B · 巴迪鲁,P. 施铭 · 巴拉特. 项目管理原理[M]. 王瑜,译. 北京:清华大学出版社,2003.
[8] 建设工程项目成本管理编委会. 建设工程项目成本管理[M]. 北京:中国计划出版社,2007.
[9] 张青林. 项目管理与建筑业[M]. 北京:中国建筑工业出版社,2006.
[10] J. D. 弗雷姆. 新项目管理[M]. 郭宝柱,译. 北京:世界图书出版公司,2001.
[11] 乌云娜. 项目管理策划[M]. 北京:电子工业出版社,2006.
[12] 李佳升. 工程项目管理[M]. 北京:人民交通出版社,2007.
[13] 全国二级建造师职业资格考试用书编写委员会. 建设工程施工管理[M]. 北京:中国建筑工业出版社,2010.
[14] 中国建设监理协会. 建设工程质量控制[M]. 北京:中国建筑工业出版社,2003.
[15] 廖长江,建设工程经济[M]. 北京:中国建筑工业出版社,2007.
[16] 李涛,张莉. 项目管理[M]. 北京:中国人民大学出版社,2005.
[17] 戚安邦. 项目管理学[M]. 天津:南开大学出版社,2003.
[18] 王祖和. 项目质量管理[M]. 北京:机械工业出版社,2007.
[19] 毛勇. 论建筑工程项目的成本管理[J]. 中国商务技术企业,2008(24).
[20] 郭小平,廖志江. 管理学原理[M]. 兰州:兰州大学出版社,2005.
[21] 任宏,张巍. 工程项目管理[M]. 北京:高等教育出版社,2010.

教师教学支持方案

（教学课件）

建设立体化精品教材，向高校师生提供整体教学解决方案和教学资源，是天津大学出版社“服务高校教育”的重要方式。

为支持相应课程的教学工作，我们配套出版了该书的教学课件，向采用本教材的教师免费提供。该课件仅为教师获得并服务，授课教师如果想享受个性化的服务，可到天津大学出版社网址 www. tjup. com“下载中心”的工程造价及管理专业课程教材栏目中下载填写“工程造价及管理专业教师资源库”入库信息表，并详细填写如下开课情况证明，以邮寄或者传真方式一并交与我们，我们将在收到后一周内寄出相关课件或与您联系相关事宜。

通信地址：天津市南开区卫津路 92 号天津大学出版社

邮编：300072

电话：022-27404717　028-86707829

传真：022-27401094

E-mail：ccshan 2008@ sina. com

联系人：崔成山

开课证明

兹证明____________________大学____________________学院____________________系____________________专业第____________________学年开设的____________________课程，已采用天津大学出版社出版的____________________（书名、作者）作为本课程教材，本专业共________________班，授课老师共________位，学生共________人。

授课老师需要与本教材配套的教学课件。

联系人：

通信地址：

邮编：

电话：

E-mail：

系（院）主任（签字）：

（系院办公室签章）

年　月　日